KB099704

플레이

플레이 Play

게임 키드들이 모여 글로벌 기업을 만들기까지,
넥슨 사람들 이야기

김재훈 신기주

민음사

길을 찾는 사람들의 이야기

역삼동 성지하이츠II 오피스텔 2009호를 찾아간 적이 있었다. 21년 전 넥슨의 첫 번째 사무실이었던 곳이다. 1994년 12월 26일 크리스마스 다음 날이었다. 김정주와 유정현과 송재경이 이곳에서 넥슨을 창업했다. 넥슨의 발원지인 셈이다. 지금도 사무실로 쓰이고 있는 모양이었다. 안을 들여다보고 싶었다. 벨을 눌렀다. 답이 없었다. 손으로 쾅쾅 두드려봤다. 그제야 인기척이 들렸다. "누구세요?" 머리 희끗한 사장님 한 분이 문을 열어줬다.

구태여 20여 년 전 오피스텔까지 찾아간 건 넥슨이란 기업을 한번 일목요연하게 보고 싶어서였다. 『플레이』를 쓰는 작업은 퍼즐을 분해한 다음 재조립하는 작업과 비슷했다. 기업은 다양한 사람들의 집합체다. 맨 꼭대기 사장을 만난다고 해서 기업의 모든 실체를 파악할 수 있는 건 아니다. 사장도 기업의 일부일 뿐 전부는 아니다. 이사회와 본부장과 실장과 부장과 차장과 과장과 대리와 평사원의 생각이 사장의 머릿속과 언제나 일치할 순 없다. 수많은 주주들은 말할 것도 없다. 사장의 목소리에만 집중하는 건 편리한 취재지만 정확한 취재는 아니다. 나머지 99퍼센트의 생각이 배제되기 때문이다.

기업을 온전히 분석하려면 그 구성원들을 하나하나 만나는 수밖에 없다. 물론 실제로 이렇게 취재한다는 건 불가능하다. 넥슨 정도 규모의 회사라면 말할 것도 없다. 사실 직원들을 모두 면담한다고 해서 기업의 실체를 파악할 수 있는 것도 아니다. 저마다 품고 있는 퍼즐 조각의 크기와 모양이 다르기 때문이다.

게다가 기업에 관한 책을 쓰려면 분석 해체하는 데서 멈추면 안 된다. 거기까지라면 증권사 리포트다. 기업서의 목적은 기업에 관한 사실과 진실의 극적인 재구성이다. 기업이라는 거대한 퍼즐을 조각조각 낸 다음 이야기 구조에 따라 논리 정연하게 다시 구성해야 한다. 일단은 핵심 구성원들이 가진 정보들에 의존할 수밖에 없다. 그들의 기억과 의견을 기초로 사실과 진실의 뼈대를 세운다. 그런 다음 최대한 많은 구성원들을 만나서 뼈대에 살을 붙인다. 핵심 구성원들의 기억과 의견이 실체적 진실에 부합하는지 검증도 한다. 이래도 부족하다. 재구성된 기업의 모습은 실제 기업의 반영에 지나지 않는다. 기업 주변을 취재하고 시중에 돌아다니는 온갖 정보의 조각들을 긁어모아서 부족한 부분을 채우는 수밖에 없다.

『플레이』를 쓰는 과정은 이렇게 넥슨 내부와 외부에 흩어져 있는 수많은 퍼즐 조각들을 모아서 글로써 재구성하는 작업이었다. 『플레이』에서 재구성된 넥슨의 모습이 실제 넥슨의 모습과 일치하게 만드는 게 목적이었다. 역사가들의 작업이 이럴까. 퍼즐 조각은 많았지만 꼭 필요한 조각은 모자랐다. 사실과 의견 사이에서 길을 잃은 적도 여러 차례였다.

문득 넥슨이 한눈에 들어올 만큼 작았던 그 시절이 궁금해졌다. 퍼즐 조각이 두 개 혹은 네 개에 불과했던 초창기 넥슨을 보면 지금의 거대해진 넥슨을 더 잘 통찰할 수 있지 않을까. 마치 영화 「넥슨 비긴스」를 보러 가는 기분이었다. 그래서 역삼동 성지하이츠II 2009호를 찾았다. 오피스텔만큼 작았던 시절 넥슨의 원형질이 그곳에 있었다.

초로의 사장님이 살짝 열어준 문 틈으로 빠끔히 안을 훔쳐봤다. 별건 없었다. 한가운데에 책상이 놓여 있었고 양편으로 책장이 세워져 있었다. 여직원 두엇이 컴퓨터를 들여다보고 있었다. 21년 전 저쪽에 청년 사장 김정주가 앉아 있었다. 이쪽엔 유정현이 사다 놓은 빵들이 수북이 쌓여 있었다. 한쪽 구석에 놓인 2층 침대엔 게임 천재 송재경이 누워 있었다. 대학생 알바 서민이 들락거렸다. 정상원은 김정주와 회사 바깥에서 경쟁하던 사이였다. 현대자동차에 다니던 갑님 이재교 사원이 오피스텔 안을 감시하고 있었다. 넥슨이 거기에 있었다. 넥슨이 보였다.

제주도에 있는 NXC가 떠올랐다. NXC는 넥슨의 지주 회사다. 한눈에도 창업 당시 넥슨과 지금의 NXC가 쌍둥이처럼 닮아 있다는 걸 알 수 있었다. 김정주 사장과 유성현 감사 부부가 일하고 있는 제주도 NXC 사무실은 구조와 구성에서도 묘하게 성지하이츠II를 연상시킨다. 물론 건물은 더 크고 더 번듯하지만, 사람들이 오며 가며 일하고 쉬는 모습은 성지하이츠II 시절과 별다르지 않다. 적은 인원이 서로 마주 보고 앉아서 아옹다옹 옹기종기 일을 한다. 보고하고 결재하는 절차 따윈 없다. 떠오르면 실행하고 생각나면 말한다.

시가총액 10조 원에 육박하는 기업 맨 꼭대기에 작은 벤처를 재현한 조직이 자리하고 있다는 건 의미심장하다. 심지어 NXC에는 21년 전 넥슨에서 일했던 직원들도 돌아와 일하고 있다. NXC 제주도 사옥 옆 넥슨컴퓨터박물관에는 성지하이츠II에서 개발했던 〈바람의나라〉를 1996년 버전으로 복원해서 전시해놓았다.

복잡다단한 퍼즐 맞추기 같았던 『플레이』는 그때부터 술술 풀렸다. 넥슨이란 퍼즐의 중심에 여전히 21년 전의 벤처기업 넥슨이 존재한다는 걸 알았기 때문이다. 스물한 해 동안 많은 변화를 거쳤지만 넥슨이 도전과 혁신과 변화를 추구하는 기업이란 사실엔 변함이 없다. 적어도 그런 회사로 남아 있으려고 최선을 다하고 있다는 건 분명하다. 넥슨 안엔 아직도 넥슨이 있다.

넥슨은 그동안 바람처럼 성장했다. 넥슨이 남긴 산업사적 의미는 한두 가지가 아니다. 넥슨은 1990년대 초반에 태동한 한국 인터넷 산업이 남긴 최고의 유산 가운데 하나다. OS도 오피스 프로그램도 만들기 어려웠던 한국 IT 산업의 한계를 게임 콘텐츠로 돌파해냈다. 온라인 캐주얼 게임이라는 장르를 개척해냈다. 세계 최초로 부분 유료화 모델을 개발했다. 실리콘밸리 뺨치는 공격적인 인수 합병으로 정상에 섰다. 한국 IT 기업으로는 최초로 도쿄 증시에 상장해서 명실상부한 글로벌 기업이 됐다. 창업자 김정주 사장은 이젠 불세사라면 시리오 주시 부효다.

그런데, 넥슨이란 기업엔 이렇게 밖으로 확장되려는 원심력만큼이나 강력한 구심력이 존재한다. 끊임없이 처음 출발했던 곳으로 되돌아가려는 구심력이다. 김정주 사장은 넥슨 창업 10주년을 즈음해서 당시 스물일곱 살이었던 신입 사원을 넥슨코리아의 대표로 임명한 적이 있었다. 파격이었다. 그때 김정주 사장은 이렇게 말했다. "우리가 넥슨을 창업했던 스물일곱 살 시절처럼 회사를 되돌리고 싶습니다." 당시의 결정에는 찬반이 있을 수 있다. 그러나 김정주 사장이 넥슨 안에 구심력을 만들고 싶어 했던 건 분명하다.

1999년 12월 6일 김정주 사장은 넥슨의 전 직원들에게 이런 이메일을 보낸 적도 있다. 넥슨이 성지하이츠II 2009호를 다섯 번째 사무실로 다시 쓰게 됐단 내용이었다. "사실 역삼동 성지하이츠는 넥슨이 처음 시작된 곳이기도 합니다. 1994년 12월 그곳에 지금 2층에 깐 마루를 깔고 당시 IBM 서버실에서 들어낸 10년 된 모듈 책상 3개와 2층 침대 하나 — 아마 이건 5층 어딘가에 있을 겁니다 — 와 함께 넥슨을 시작했었습니다. 이때의 비디오가 8밀리 비디오테이프에 담겨서 어딘가에 있고요." 김정주의 메일엔 성지하이츠II에 대한 애틋함이 깊이 배어 있다. "하여간 추억의 그 사무실을 다시 꾸미 책상 8개를 넣기로 했구요, 침대는 없이." 넥슨은 늘 넥슨을 그리워했다. 자신의 원형질을 한시도 잊지 않았다.

　　넥슨이 성공한 비결은 이것이다. 바깥으로 성장하려는 원심력과 초심을 잊지 않으려는 구심력의 균형을 지켜왔기 때문이다. 한 기업이 이렇게 내적 균형을 유지한다는 건 쉬운 일이 아니다. 균형의 가치조차 모르는 기업이 태반이다. 심지어 넥슨의 노력은 치열하고 집요하기까지 했다.

　　넥슨 초기 정상원마저 떠나게 만들었던 상장 논쟁이 대표적이다. 상장이라는 원심력과 그걸 거부하고 벤처기업 같은 본질을 지키려는 구심력이 정면충돌했다. 신규 개발에 열중할 것이냐 라이브 개발*에 치중할 것이냐의 논쟁도 마찬가지다. 창의성과 효율성 사이의 내적 균형은 지금도 넥슨의 숙제다. 넥슨의 20년 역사는 성장의 원심력과 초심의 구심력 사이를 쉴 새 없이 오간 흔적이다.

● 론칭한 게임의 유지·보수·업데이트 등을 개발하는 작업.

김정주라는 경영인의 탁월함도 균형 감각에 있다. 김정주는 일찍부터 기업 조직의 내적 균형을 인식했다. 회사는 수단 방법을 안 가리고 돈만 벌면 그만이라는 구태의연한 기업관에서 벗어났다. 김정주는 기업의 탐욕을 잘 알고 있었다. 넥슨이라는 기업이 자신의 초심을 잊지 않도록 견제했다. 스스로한테도 마찬가지였다. 5조 원의 주식을 가진 거부가 됐지만 20여 년 전의 마음가짐을 유지하려고 자신을 끊임없이 견제했다.

덕분에 넥슨은 수많은 모순적 가치를 동시에 품은 독특한 기업으로 진화할 수 있었다. 수평적이면서 수직적이고 개방적이면서 폐쇄적이고 성장하는 동시에 내실을 다질 수 있었다. 김정주는 필요하다면 넥슨 바깥에서 새로운 퍼즐 조각들을 가져오기도 했다. 탁월한 균형 감각으로 퍼즐과 퍼즐의 무게중심을 맞춰나갔다. 이게 김정주식 퍼즐 경영이다.

균형 감각은 넥슨이란 조직의 DNA가 됐다. 2014년부터 새롭게 넥슨을 이끌고 있는 오웬 마호니와 박지원과 정상원 체제는 넥슨의 원심력과 구심력의 절묘한 균형을 찾아냈다. '돈슨'이라고 불릴 만큼 돈벌이에 능하면서도 동시에 새로운 게임을 만들어야 한다는 강박에 밤잠을 설친다. 2015년 NDC^{넥슨개발자컨퍼런스}에서 오웬 마호니 넥슨 일본 법인 대표는 넥슨의 새로운 비전으로 '패스파인더^{Pathfinder}'를 제시했다. 게임의 본질인 재미로 되돌아가겠다고 공언했다. 새로운 경영진은 김정주 사장이 없이도 창업 세대 못지않은 내적 균형을 유지하고 있다.

『플레이』는 기획부터 취재와 집필까지 3년여의 시간을 들였다. 이 책의 기획 자체가 넥슨의 구심력에 해당된다고 할 수 있다. 이제까지 넥슨이 걸어온 길을 되돌아보면서 내적 균형을 찾으려는 시도다. 과거의 넥슨이 현재의 넥슨보다 위대했다는 얘기가 아니다. 마냥 과거를 미화해 봐야 자기 복제로 흐를 뿐이다. 전설을 박제화하면 현재와 미래는 이상화된 과거에 얽매인다.

　　이 책의 진정한 목적은 넥슨의 과거를 이상화하는 게 아니다. 오히려 반대다. 지금 넥슨은 성공한 실패와 실패한 성공 사이에서 새로운 길을 찾으려고 애쓰고 있다. 창의성과 효율성 사이에서 새로운 균형을 찾아내려고 연구하고 있다. 패스파인더의 길이다. 그러자면 넥슨은 자신의 과거부터 넘어서야 한다. 넥슨은 과거에도 때론 균형을 잃고 비틀거렸다. 실수투성이였다. 하지만 실수에서 성공의 비결을 찾아내곤 했다. 넥슨의 과거에서 미래의 새로운 균형의 길을 찾아내는 게 이 책의 목적이다.

　　독자들 역시 이 책을 통해 자기만의 새로운 길을 발견할 수 있을 것이다. 이 책은 넥슨이 정답이란 얘기가 아니기 때문이다. 한국에서 청년 창업이 성공하려면 이렇게 해야 한다는 공식을 제시하지도 않는다. 꿈과 열정을 가지라고 무책임하게 떠들어대지 않았다. 다른 생각을 갖고 도전했고 새로운 길을 탐구했던 어떤 사람들의 이야기다. 21년 전 크리스마스 다음 날 역삼동의 작은 오피스텔에서 시작된 긴 이야기다.

2015년 가을
신기주

기업의 이야기는 사람에서 시작된다. 때론 우연으로 때론 필연으로 만나, 협력하고 싸우고 헤어지고 경쟁하고 다시 만나는 일의 반복 속에 역사가 생겨난다. 넥슨의 스물한 해 이야기에는 숱한 인물들이 등장한다. 그중 이 책에 자주 등장하는 주요 인물을 먼저 소개한다.

김정주

넥슨의 창업주. 넥슨 내에서는 제이(J) 사장으로 통한다. 1994년 스물일곱의 나이에 넥슨을 창업했다. 대기업의 부품이 되기보다는 마음 맞는 사람들과 새롭고 재미있는 일을 하는 회사를 만들고 싶었다. 그 후 21년, 넥슨이 글로벌 콘텐츠 기업이 된 지금까지 회사 안, 책상 앞에 있던 시간보다 회사 밖 사람들을 만나기 위해 다닌 시간이 더 많다. 넥슨이 정체성을 잃지 않고 한길만 파는 게임 회사로 남아있도록 때론 깊숙이, 때론 한발 떨어져 넥슨만의 색깔을 설계하고 채워가고 있다.

송재경

〈바람의나라〉의 아버지. 엔씨소프트에서 〈리니지〉를 만들었다. 넥슨에서 세계 최장수 상용화 그래픽 온라인 게임인 〈바람의나라〉를 기획하고 개발하다 돌연 바람처럼 회사를 떠났다. 엔씨소프트에서 〈리니지〉를 만들어 게임 업계에 돌풍을 일으킨다. 현재 엑스엘게임즈 대표로 새로운 게임 개발에 매진하고 있다.

정상원

넥슨의 큰형님. 〈바람의나라〉뿐만 아니라 수
많은 게임들의 어머니. 넥슨의 경쟁사에 있
다 김정주의 제안으로 넥슨에 합류, 골조만 있
던 〈바람의나라〉에 색을 입히고 다듬고 키워
세상에 내보냈다. 넥슨의 〈택티컬 커맨더스〉,
네오위즈의 〈피파 온라인〉 등의 게임 개발을
진두지휘했다. 현재 띵소프트 대표이자 넥슨
코리아의 신규 개발을 총괄하는 책임자다.

데이비드 리

넥슨의 전략가. 넥슨을 글로벌 기업으로 발돋
움시킨 장본인이다. 미국에서 변호사로 일하
던 중 손정의 회장을 만나 소프트뱅크에 합
류, 그리고 다시 소프트뱅크에서 김정주 대표
를 만나 넥슨에서 일하게 된다. 넥슨코리아와
넥슨 일본 법인의 대표를 맡아 내부로는 조직
을 체계적으로 정비하고 외부로는 대규모 인
수 합병을 성공시키며 넥슨의 외형을 키우는
역할을 했다.

서민

넥슨의 행동 대장. 정상원 대신 넥슨 개발 조
직을 지켜왔다. 대학 선배 김정주에게 아르바
이트로 불려와 〈바람의나라〉 서버를 담당했
다. 넥슨 개발총괄이사, 네오플 대표이사를
거쳐 넥슨코리아 대표이사를 역임하며 넥슨
에 개발 문화를 되살리기 위해 애썼다.

강신철

넥슨의 관리자. 게임 개발 부서와 비개발 부서
를 이어주는 연결 고리 역할을 해왔다. 대학
동창 서민을 따라 넥슨에 들어왔다. 엠플레
이에서 〈퀴즈퀴즈〉의 서버를 책임지다가 이
승찬과 김진만이 떠난 후 엠플레이를 책임지
며 〈크레이지아케이드 비엔비〉의 개발을 이
끌었다. 서민과 넥슨코리아 공동대표로 넥슨
게임 개발을 총괄하다 네오플 대표이사를 역
임했다. 한국디지털엔터테인먼트협회 회장을
맡고 있다.

이승찬

캐주얼 게임의 선구자. 〈퀴즈퀴즈〉, 〈메이플
스토리〉를 개발한 장본인이다. 넥슨에 병역
특례로 입사, 한쪽 구석에서 몰래 만든 〈퀴
즈퀴즈〉가 우연히 세상에 나오게 되고 인기
를 끌며 캐주얼 게임 시대를 연다. 병역특례
를 끝내고 넥슨을 나와 친구 김진만과 위젯을
설립, 〈메이플스토리〉를 만든다. 그 뒤 넥슨
에 다시 입사해 개발본부를 이끌다 다시 퇴
사한다.

김진만

〈메이플스토리〉의 마법사. 이승찬과 중학교
때부터 둘도 없는 친구 사이로 〈퀴즈퀴즈〉 개
발, 위젯 창업, 〈메이플스토리〉 개발, 시메트
릭스페이스 창업을 함께한다. 게임의 아기자
기함을 살리는 능력이 탁월하다. 현재 넥슨
으로 돌아와 〈메이플스토리 2〉 개발 총괄
을 맡고 있다.

김상범

넥슨의 슈퍼 게임 천재. 김상범에게 불가능
한 개발은 없다. 고교 시절부터 컴퓨터 천재
로 불렸다. 카이스트에서 송재경, 김정주를
만나 넥슨의 시작을 함께했다. 〈바람의나라〉
부터 넥슨의 무수한 게임의 개발 난제들을 풀
어내는 역할을 했다.

김동건

데브캣 스튜디오의 소영주. 〈마비노기〉를 통
해 넥슨의 자존심이 됐다. 카이스트 선배 김
상범의 권유로 넥슨에 입사, 〈마비노기〉를 개
발하며 회사 내 독립 구조의 데브캣 스튜디오
를 만든다. 오로지 게임, 개발이 좋아 데브캣
스튜디오 내에서 자리를 지키며 완성도 높은
게임을 만들고 있다.

최승우

넥슨의 외교관. 해외 사업팀을 이끌어왔다. 글로벌 시장 개척의 주역이다. 대우에서 일하다가 대학 시절 김정주와의 인연으로 넥슨에 합류, 넥슨의 해외 사업을 책임진다. 미국, 일본에 넥슨 법인을 만들고 실패와 성공을 거듭하며 해외 시장을 개척한다. 2011년 넥슨 일본 법인의 대표로 재직할 당시 넥슨의 일본 상장을 이끌었다.

오웬 마호니

넥슨의 살림꾼. 글로벌 넥슨의 총괄 책임자다. 글로벌 게임 기업 EA에서 10년 넘게 일하다 넥슨 일본 법인에 합류, 최고재무책임자CFO로서 넥슨의 도쿄 증시 상장을 성공시켰다. 세계 게임 산업 동향에 정통한 인물로 2014년부터 넥슨 일본 법인 대표이사를 맡고 있다.

박지원

넥슨의 혁신가. 치밀하고 냉철한 경영으로 넥슨의 혁신을 주도하고 있다. 김태환과 성과관리팀에서 일하다 넥슨 일본 법인으로 이동, 넥슨의 상장 실무를 챙겼다. 자료와 논리에 근거해 결정하는 꼼꼼하고 냉철한 성격의 소유자다. 2014년 넥슨코리아의 대표를 맡아 새로운 넥슨을 만들고 있다.

김태환

넥슨의 사회자. 특유의 친화력으로 넥슨 조직을 하나로 묶어냈다. 데이비드 리 대표 시절 함께 넥슨의 성과관리 프로젝트를 수행했다. 이후 전략기획팀에서 일하다 넥슨코리아의 부사장으로 개발과 비개발 조직을 아우르며 갖가지 사업을 챙겼다.

일러두기

● 이 책은 김재훈, 신기주 작가가 넥슨 관련 인물들을 여러 차례 각각 인터뷰하고 조사한 자료를
바탕으로 자신의 관점에서 구성한 책이다. 대부분의 내용은 관련자들 및 법률 자문의 검토를
거쳤으나, 혹시 사실과 다른 내용이 포함되어 있을 경우 이후 성실히 바로잡을 예정이다.

● 넥슨은 1994년 한국에서 설립된 글로벌 온라인 및 모바일 게임 회사다.
부분 유료화 모델을 세계 최초로 업계에 도입하는 등 글로벌 시장을 선도하고 있으며,
전 세계 150개 이상의 국가에서 약 150종의 게임을 서비스하고 1.5억 명 이상의 유저를 보유하고 있다.
'넥슨'은 지주사인 NXC 산하에 모회사인 넥슨(Nexon Co., Ltd. 도쿄증권거래소 1부 상장)과
자회사인 넥슨코리아, 넥슨아메리카, 넥슨유럽 등으로 구성되어 있다.

● 이 책에 표기된 기업명은 독자의 이해를 돕기 위해 아래와 같이 표기했다.
'넥슨'은 '넥슨컴퍼니' 전체를 아우르는 컴퍼니 브랜드 명이며
모회사인 넥슨(Nexon Co., Ltd.)은 '넥슨 일본 법인'으로 표기했다.
'네이버' 또한 NHN(주), 네이버(주)를 아우르는 컴퍼니 브랜드 명으로 사용했다.

차례

회장님을 위한 안락의자는 없다

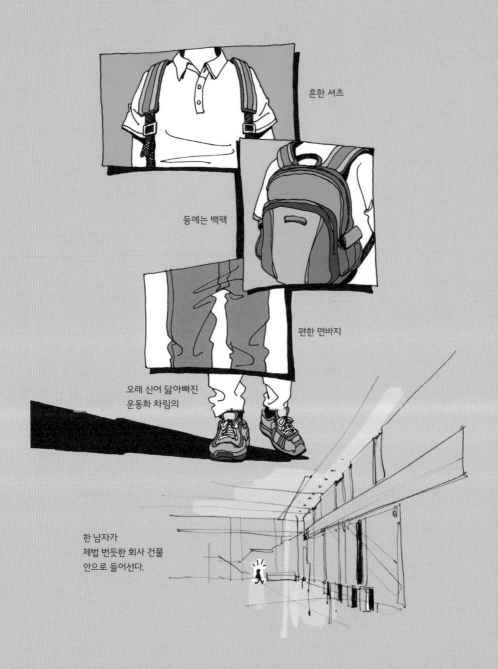

흔한 셔츠

등에는 백팩

편한 면바지

오래 신어 닳아빠진
운동화 차림의

한 남자가
제법 번듯한 회사 건물
안으로 들어선다.

뉴스 화면이나 TV 드라마 등을 통해 우리에게 익숙한 큰 기업 오너의 모습은 이렇지 않은가? 어딜 가나 직원들을 긴장시키고

회장님 오실 때 됐다. 얼른 카펫 깔아.

예, 예, 부장님 넥타이 비뚤어졌습니다.

늘 수행원들을 대동하고 다니면서

이쪽입니다, 회장님.

결코 실수나 재미 따위를 허용하지 않고 빈틈없는 권력을 누리는 모습

회장님 커피 한잔 부탁드려요.

절마 누고?

저 시키가 처돌았나?

절마 짤라!

저 위의 위까지 다 자르겠습니다.

하지만 넥슨은……

규모나 실적으로 치면 대기업에 못지않은데……

실제로 김정주 대표는 수행 비서나 운전기사는 물론이고 회사 어디에도 개인 비서를 두지 않고 있으며

길이 막히네.

전체 계열사를 통틀어 그가 혼자 업무를 볼 수 있는 공간이라곤 제주에 있는 지주회사 건물의 아담한 사무실 하나가 고작이다.

여기 제일 더운 방 쓰시면 됩니다.

그리고 그 공간에는 여느 체어맨들이 자신만의 우월한 공간을 빛내기 위해 들여놓는 마호가니 책상이나 안락의자도 없다.

왜 그럴까?

왜 그는 높디높은 등받이와
관능적인 푹신한 쿠션으로
치장한 안락의자에
편하게 몸을 파묻은 채
거대한 조직의 수장으로서
마땅히 누릴 수 있는
특권을 마다하는 걸까?

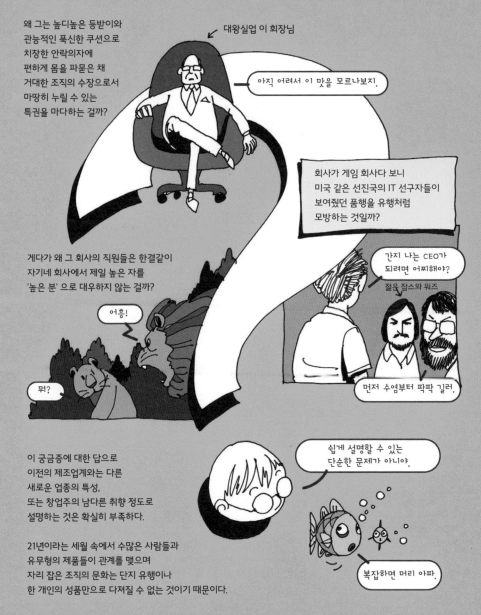

대왕실업 이 회장님

아직 어려서 이 맛을 모르나보지.

회사가 게임 회사다 보니
미국 같은 선진국의 IT 선구자들이
보여줬던 품행을 유행처럼
모방하는 것일까?

게다가 왜 그 회사의 직원들은 한결같이
자기네 회사에서 제일 높은 자를
'높은 분'으로 대우하지 않는 걸까?

간지 나는 CEO가
되려면 어찌해야?

젊은 잡스와 워즈

어흥!

뭐?

먼저 수염부터 팍팍 길러.

이 궁금증에 대한 답으로
이전의 제조업계와는 다른
새로운 업종의 특성,
또는 창업주의 남다른 취향 정도로
설명하는 것은 확실히 부족하다.

쉽게 설명할 수 있는
단순한 문제가 아니야.

21년이라는 세월 속에서 수많은 사람들과
유무형의 제품들이 관계를 맺으며
자리 잡은 조직의 문화는 단지 유행이나
한 개인의 성품만으로 다져질 수 없는 것이기 때문이다.

복잡하면 머리 아파.

그래서 어쩌면
넥슨이라는 조직의 특별한 문화를
들여다볼 수 있는 열쇠를 얻으려면

창업주를 비롯해
오래전 회사가 꾸려지던 때부터
많은 일들을 함께 겪었던 사람들의
기억 속으로 들어가 봐야 할지도 모른다.

지금 이곳에 있기까지
나는 그들에게 어떤 의미였을까?
그리고 그들은 나에게 또 어떤……

우리 게임을 만들었지만 오히려
우리 자체가 게임이었지.

회사나 조직을 종종 하나의 유기체에 비유하는 것처럼

글로벌 기업을 꿈꾸며 성장한 스물한 살 넥슨에게도 그들만의 경험이 있을 테다.

그리고 그 경험 속에는 돌이켜서 기분이 좋아지는 유쾌한 기억들만 있지는 않을 거다.

회상한다는 것은 과거의 낭만을 들추어서 기분을 들뜨게 하는 것이 아니다. 회상한다는 것은 그 속에 담긴 온전한 희로애락을 다시 가져와서 오늘의 모습에 겹쳐보는 것이다. 그래서 넥슨의 이야기는 때로는 기쁘기도 하고 또 때로는 아프기도 하다.

지금 넥슨이라는 이름을 가진 적잖이 빼어난 외모의 청년이 꿈꾸고 성취하고 웃었던, 슬퍼하고 분노했던, 서로 기대하고 또 기대를 저버리며, 상처를 주고받으며 그 과정에서 드라마나 게임에 못지않은 이야기들을 만들었던 진솔한 이야기라면 말이다.

김정주와
바람의 나라

1장

시작

카이스트의
게임 벌레들

"야, 너 졸업이 안 된다더라?" 1990년 겨울이었다. 김정주는 학교에서 전화 한 통을 받았다. 학점 미달로 학부 졸업을 할 수 없다는 통지였다. 하필이면 스키장 슬로프에서 넘어져 온몸이 만신창이였다. 찢어지고 부러져 겨우 목발을 짚고 집으로 돌아왔다. 김정주는 학생처 직원에게 되물었다. "도대체 왜요?" 건조한 대답이 돌아왔다. "학생은 교양 필수 과목을 빼먹었네요." 김정주는 할 말을 잃었다.

김정주는 학부를 졸업하면 같은 과 동기 송재경과 카이스트 대학원에 진학하기로 정해져 있었다. 입학 허가도 다 받아놓은 상태였다. 김정주와 송재경은 대학원 진학을 앞두고 유럽 배낭여행을 다녀올 참이었다. 두 사람 다 공대 석사과정이 어떤지 잘 알고 있었다. 연구실 도제 관계에 얽매인 노예 처지가 될 것이고, 그렇게 석박사 6년 동안 연구실 과제에 매달리다 보면 20대가 휙 지나가 버릴 터였다. 김정주와 송재경은 유럽에서 학부 생활의 마지막 자유를 만끽하고 싶었다. 그런데 송재경

때문에 틀어졌다. 병무청에서 출국 허가를 내주지 않았다.

김정주는 대신 스키장에서 겨울을 나기로 했다. 김정주는 매해 겨울을 스키장에서 보내곤 했다. 이번에도 유럽 배낭여행을 못 가게 되자 곧장 스키장으로 향했다. 김정주는 겁이 없었다. 초중급 코스를 건너뛰고 상급자 코스부터 미끄러져 내려오곤 했다. 가끔씩 최상급자 코스에서 활강을 해버려 주변 사람들의 가슴을 철렁하게 만들었다. 아니나 다를까 학부 졸업을 앞두고 만신창이가 됐다. 집에서 기다리는 건 청천벽력이었다. 이런 게 설상가상이었다.

별난 공대생,
김정주와 송재경

김정주는 무척 자유롭게 학교를 다녔다. 친구들 사이에서도 유명했다. 공대생이 음대에 가서 오케스트라 수업을 들었다. 교양 필수인 사회학 개론을 들어야 하는데 교양 선택인 범죄심리학을 수강했다. 김정주에게 중요한 건 호기심이었다. 학점이니 졸업이니 그런 건 나중 문제였다. 들어야 하는 수업보단 듣고 싶은 수업이 먼저였다.

호기심에는 나름의 맥락이 있다. 김정주는 중학교 때까지 바이올린을 했다. 상당한 실력이었다. 1979년 이화경향콩쿠르에서 초등부 우승을 했다. 그게 공대생이 오케스트라 수업을 들은 이유였다. 김정주의 어머니는 늘 아들의 바이올린 실력을 아까워했다. 개론도 좋아했지만 각론에도 관심이 많았다. 큰 그림과 작은 그림을 다 보고 싶어 했다. 사회학 개론 대신 범죄심리학을 수강한 명분이었다.

학교 바깥에서는 더 활개를 펴고 다녔다. 2학년이 되던 1987년 겨

김정주와 바람의 나라

울부턴 유정현이라는 예쁜 새내기 여대생과 연애도 시작했다. 3학년이 되던 1988년 여름엔 일본항공이 보내주는 대학생 연수 프로그램에 참여했다. 거기서 최승우라는 외교학과 후배와 친해졌다. 88서울올림픽 자원봉사를 하느라 날밤도 지새웠다. 대덕전자라는 회사에서 공장 일도 배워봤다.

김정주는 학교 안팎에서 많은 걸 배웠다. 학교는 시키는 대로 배우지 않는다고 질책했다. 세상과 사회와 제도가 요구하는 걸 수행하는 것과 개인이 원하고 궁금하고 필요로 하는 걸 욕망하는 것은 언제나 갈등을 일으킨다. 대부분은 갈등을 피하기 위해 시키는 대로 한다. 김정주는 하고 싶은 대로 했다. 틀 안팎을 들락날락하다 끝내 발목을 잡혔다.

김정주는 겨우내 절룩거리며 교무처와 교수 연구실을 들락거렸다. 나중에는 총장실 앞에서 무릎을 꿇고 빌어도 봤다. 소용없었다. 만나주지도 않았다. 학교 입장에서 김정주는 유별난 경우도 아니었다. 매년 대여섯 명씩 생겨나는 낙제생일 뿐이었다. 김정주만 예외로 해줄 이유도, 명분도 없었다. 김정주는 꼼짝없이 대학교를 1년 더 다녀야 했다. 1990년 김정주는 대학교 5학년이 됐다.

김정주는 카이스트 대학원에도 갈 수 없게 됐다. 학부 졸업을 못했으니 당연했다. 무엇보다 송재경과 떨어지게 된 것이 아쉬웠다. 김정주는 송재경을 '마음이 잘 맞는 유일한 동기 친구'라고 했다. 송재경은 김정주를 '베프 오브 베프'라고 불렀다.

김정주와 송재경은 1986년 서울대학교 컴퓨터공학과 새내기 시절부터 둘도 없는 절친이었다. 두 사람은 대학교 1학년 1학기 때 눈이 맞았다. 김정주가 먼저 말을 걸었다. 송재경도 김정주가 마음에 들었다. 김정주는 송재경을 당시 합정동에 있던 집으로 초대했다. 김정주 집엔 개인 컴퓨터도 있고 게임 타이틀도 즐비했다. 그렇게 친해졌다.

겨울방학 땐 둘이서만 남도 여행을 했다. 원래 다른 친구들도 함께 갈 계획이었다. 서울역에 나타난 사람은 송재경과 김정주뿐이었다. 어차피 목적지도 없었다. 무조건 제일 멀리 가는 기차를 잡아탔다. 순천행이었다. 둘은 7박 8일 동안 씻지도 않고 걸어 다녔다. 국도 변에서 노숙을 하며 짜파게티를 끓여 먹었다.

두 사람은 학부 4년 내내 붙어 다녔다. 둘 다 전형적인 공대생은 아니었다. 김정주는 호기심이 넓었고, 송재경은 호기심이 깊었다. 둘의 공통분모는 컴퓨터였다. 송재경과 김정주는 정말 컴퓨터가 좋아서 컴퓨터공학과에 입학한 드문 경우였다. 아직 PC가 보편화되기 전이었다. 입학생 중엔 대학교에서 컴퓨터를 처음 만져보는 경우도 적지 않았다. 컴퓨터공학과에 입학해서도 끝까지 컴퓨터와 친해지지 못하는 경우도 많았다. 거꾸로 컴퓨터공학을 학문 측면에서 들이파는 모범생도 있었다. 그런 학생은 하드웨어에 치중했다.

김성수와 송재경은 이실석이었다. 둘은 컴퓨터글 징난김 처림 깆고 놀기 좋아하는 아이들이었다. 컴퓨터에 이런 프로그램도 깔아보고 저런 프로그램도 깔아봤다. 필요하면 아예 프로그램을 만들었다. 둘은 서울대학교 컴퓨터공학과의 희귀한 소프트웨어 전공자들이었다.

둘의 가장 큰 공통 관심사는 게임이었다. 송재경과 김정주 모두 게임을 좋아했다. 컴퓨터를 갖고 놀기에 게임만큼 좋은 프로그램도 없었다. 1980년대는 한국에서 컴퓨터 게임 문화가 발현하던 시기였다. 유명 해외 게임 타이틀이 불법 복제라는 어둠의 경로를 통해 국내로 흘러들어 왔다. 컴퓨터는 어른들에게는 사무용품일 뿐이었지만 아이들한텐 새로운 장난감이었다. 김정주와 송재경이 그런 아이들이었다.

송재경은 예정대로 1990년 3월 카이스트 컴퓨터공학과에 진학했다. 송재경이 카이스트 입학식을 치르는 동안 김정주는 카이스트 입학 포기 각서를 쓰고 있었다. 입학 취소 처분에 대해 나중에라도 문제 삼지 않겠다는 각서였다. 김정주는 낙오했다.

낙제라는 선물

김정주는 갈 데가 없었다. 눈치가 보여 집엔 있을 수가 없었다. 친척들한테 전화가 올 때 제일 고역이었다. 어쩌다 집 전화라도 받으면 질문이 쏟아지기 일쑤였다. "대전에 있다더니 왜 서울에 있니?", "카이스트 생활은 어떠냐?", "그래, 공부는 잘하고 있고?" 처음엔 대답도 곧잘 했다. 거짓말도 했다가 변명도 했다가 그랬다. 그러나 결국 집에서 도망쳐 나올 수밖에 없었다. 떨어진 것도 아니고 못 간 거라는 걸 설명하기가 참 군색했다.

못 딴 학점을 따야 졸업장을 받을 수 있었기에 학교는 마저 다녀야 했다. 김정주는 자유분방한 공대생이었다. 그렇다고 틀을 완전히 벗어난 적도 없었다. 학교 바깥을 나돌았다고 해도 신분은 엄연한 서울대생이었다. 돌아오면 받아줄 곳이 늘 있었다. 안전한 불안을 즐겼던 셈이다. 선을 넘을 줄은 알지만 돌아오는 길까지 잊어먹지는 않았다.

이제부턴 달랐다. 처음으로 제도권 바깥으로 밀려났다. 어떻게 제도권으로 복귀할지도 가늠이 안 됐다. 스스로 길을 찾아야 했다. 송재경이 카이스트의 연구실에 들어갔다는 소식이 들렸다. 전길남 교수의 연구실이었다. 오늘날 전길남 교수는 한국 인터넷의 아버지라고 불린다. 당시 30대였던 전길남 교수는 연구실의 20대 학생들과 함께 초창기 인터넷을 개발하고 있었다. 김정주한텐 그저 딴 세상 얘기였다.

김정주는 낙오했지만 낙오자가 되진 않았다. 대학교 5학년생 김정주는 스스로 할 일을 찾아다니기 시작했다. 시간은 많았다. 우선 닥치는 대로 선배들의 회사를 찾아갔다. 그 무렵 적잖은 서울대 공대 출신들이 벤처를 차리고 일을 도모하고 있었다. 역시 가서 보니 회사 돌아가는 게 무척이나 재미있었다.

사실 김정주는 대학교 3학년 무렵부터 과외 아르바이트를 하지 않았다. 과외 몇 개만 해도 대학생으로서는 과분한 용돈 벌이를 할 수 있었던 서울대생에게는 쉽지 않은 결심이었다. 대신 이런저런 선배 회사에서 소프트웨어 코딩 일을 받아 했다. 돈벌이도 됐지만 회사 돌아가는 걸 어깨너머로 구경할 수 있어서 좋았다. 과제가 아니라 납품용으로 코딩을 하는 거라 허투루 할 수도 없었다. 김정주의 완벽주의 성격도 큰 도움이 됐다.

대학교 3학년 때는 경기도 안산에 있는 대덕전자에서 공장 자동화 프로젝트에 참여했다. 대덕전자는 지금은 알짜 중견 기업이다. 그때 역시 강소 기업이었다. 생산 현장은 전쟁터를 방불케 했다. 김정주는 제조업 생산의 최전방을 경험할 수 있었다. 김정주는 혼자 힘으로는 해낼 수 없는 일을 여러 사람이 분업을 통해 완수해내는 '회사'라는 조직에 매료됐다. 기업 문화와 기업 철학의 중요성도 배웠다. 대학교 4학년 때는 아예 안산에 방을 얻어놓고 대덕전자로 출퇴근을 했다.

김정주는 대학교 5학년을 차라리 일터와 시장을 좀 더 가까이서 지켜볼 수 있는 기회로 삼기로 했다. 캠퍼스에서 시간을 허송하기보단 회사라는 조직 안으로 더 깊숙이 들어가 보기로 했다.

이때부터 김정주는 본격적으로 창업 의지를 불태우기 시작했다. 선배 회사들을 둘러보면서 열망은 더 커졌으나 무슨 회사를 차릴지는 아직 몰랐다. 잠깐이지만 카페도 차려봤다. 사장 노릇도 해봤다. 이번엔 더 본격적이었던 1년의 방랑 시절이 인생을 바꿔놓고 있었다.

창업은 당시에도 도발적인 선택이었다. 서울대 공대생이라면 유학을 가거나 대기업에 입사하거나 고시에 응시해서 안정을 추구하기 마련이었다. 김정주는 거꾸로 불안과 도전을 좇고 있었다. 대학교 5학년은 창업이라는 김정주의 목표가 더욱 구체화된 시기다. 취직을 했다면 생업에 매몰됐을 수도 있다. 진학을 했다면 아카데미에 갇혔을 수도 있다. 오히려 낙오하면서 시장과 사회에 간접 노출됐다. 김정주의 창업은 생업과 학업의 틈새에서 꿈틀거리고 있었다.

교실 밖의 삶

창업에 대한 김정수의 열망은 오래된 것이었다. 고등학교 때부터 회사를 차리고 싶었다. 변호사였던 아버지의 영향이 컸다. 김정주는 변호사 사무실이라는 작은 회사를 엿보며 자랐다. 아쉬웠다. 합동법률사무소라고 해도 고만고만한 인원이 비슷비슷한 송무를 했다. 더 큰 회사에서 더 큰 인원이 모여서 더 큰 일을 하면 더 큰 재미가 있을 것이란 상상을 하곤 했다.

김정주가 어린 시절을 보낸 1970년대와 1980년대까진 한국에 지식 기반 산업이란 게 없었다. 지식 서비스업이라고 해봐야 개업의나 세무사, 변호사 업무 정도였다. 그 시절 사업이란 무조건 제조업을 뜻했다. 공장이 있어야 회사였다. 김정주 친구들 중에는 그런 회사 집안 자제들도 여럿 있었다. 자동차 부품 공장 집안 아들도 있었고, 신발 공장 딸도 있었다. 김정주는 그런 아이들이 부러웠다. 변호사 사무실처럼 시간당 서비스를 해주는 게 아니라 손을 모아 뭔가 만들어내고 싶었다. 마음 맞는 사람들이 하나의 목표를 위해 힘을 합친다는 게 가장 보람 있어 보였다.

김정주는 중학교 3학년 때 컴퓨터를 처음 만졌다. 어린 나이지만 막연하게나마 컴퓨터의 가능성을 발견했다. 이제까지 큰 기계가 있어야 가능했던 일들을 컴퓨터 하나가 다 해줬다. 김정주는 컴퓨터 하나만 있으면 뚝딱뚝딱 뭔가를 도모해볼 수 있겠다 싶었다. 컴퓨터에 관심을 갖게 된 것도 단순히 신기한 기계여서가 아니었다. 게임이 재미있어서만도 아니었다. 혼자서 해낼 수 있는 사업을 구상할 수 있는 수단이기 때문이었다. 어린 김정주는 본능으로 컴퓨터에서 미래 지식산업의 가능성을 느꼈던 셈이다. 컴퓨터가 김정주의 마음속에 기업가 정신을 제대로 싹틔워 줬다.

대학 시절 선배들 어깨너머로 회사 일들을 배웠다. 김정주가 낙오하자마자 본격적으로 창업 전선에 뛰어들 수 있었던 건 그래서였다. 숭학교 때부터 차근차근 사업을 꿈꿔온 덕분이었다. 선로에서 잠시 이탈했다고 방황할 필요가 없었다. 우선 선배 회사에서 일감을 받아 하청을 했다. 일을 배운다는 생각이었다. 실무로 익힌 컴퓨터 코딩 실력도 꽤 쓸모가 있었다. 회사들마다의 경영 방식도 눈여겨봤다.

무소속으로 보낸 1년 동안 김정주는 자신도 모르게 벤처 사업가로 성장해나가고 있었다. 기술을 연마하고 인맥을 넓히고 경험을 쌓았다. 기술과 인맥과 경험은 그때나 지금이나 스타트업의 성패를 가르는 세 가지 요소다. 물론 불타는 청춘 시절, 일만 했던 건 아니다. 짬짬이 데이트도 했다. 1년이 순식간에 지나갔다.

　　김정주가 서울에서 컴퓨터 사업가가 돼가는 사이에 송재경은 대전에서 컴퓨터 전문가가 되어가고 있었다. 당시는 카이스트가 서울 홍릉에서 대전으로 이전하던 시기다. 교수진은 서울과 대전을 오가느라 바빴고 박사과정 학생들과 주요 연구 장비는 아직 서울에 있었다. 대학원 1학년생들은 무조건 기숙사에서 생활해야 했다. 수업이 끝나고 교수들이 서울로 돌아가면 캠퍼스는 해방구가 됐다. 자연히 대전 카이스트의 컴퓨터 시설들은 컴퓨터공학과 기숙사생들이 독차지하게 됐다. 당시 카이스트엔 초기형 인터넷 네트워크가 구성돼 있었는데, 한국에선 유일무이했다. 말하자면 한국 최초의 PC방이었다. 카이스트 기숙사생들은 한국에서 인터넷에 가장 먼저 노출된 집단이었던 셈이다.

　　송재경은 컴퓨터실에서 가장 오래 시간을 보내는 두 사람 가운데 하나였다. 나머지 한 사람은 송재경보다 1년 선배인 오상수로 나중에 새롬기술을 창업한다. 송재경은 학기 초에 아예 컴퓨터 관리자에 지원한다. 송재경은 컴퓨터실에서 유닉스 운영체제를 좀 연마해보고 싶었다. 어쩌다 보니 끝까지 남아서 불을 끄고 나오는 사람이 되어 있었다. 송재경은 전산실에서 살다시피 했다. 송재경은 한국 최초의 24시간 PC방 알바였다.

　　송재경은 이미 미래에 살고 있었던 셈이다. 7년쯤 뒤에 생겨난 PC방은 어떤 면에선 이 시절 카이스트 컴퓨터실을 본뜬 거나 다름없다. 사람들이 모여서 동시에 네트워크에 접속한다는 신개념이 잉태되려 하고 있었다. 개인이 인터넷을 통해 집단적 네트워크를 이루는 기현상이 벌어질 참이었다. 송재경은 카이스트에서 그런 개념과 현상을 먼저 접했다.

그런 네트워크의 파생성에 일찍부터 흥미를 느꼈다. 인터넷을 통해 모르는 사람과 소통할 수 있는 네트워크 시스템이 구축된다면 뭔가 더 재미난 걸 할 수 있겠구나 싶었다.

인터넷은 송재경이 속한 전길남 박사 연구실의 주된 연구 과제였다. 당시 전길남 교수는 악명이 높았다. 학생들 눈에는 엄격했고, 무서웠다. 쉬는 날에는 다 같이 암벽등반을 가야 했다. 송재경은 오히려 그런 악명에 매력을 느꼈다. 함께 도전하고 싶었다. 결국 전길남 교수는 미국에 이어 세계 두 번째로 인터넷을 개발하는 데 성공한다. 송재경이 그 현장에 있었다.

카이스트에 모인
컴퓨터 천재들

1년이 지났다. 1991년 겨울이었다. 김정주는 카이스트에 재시험을 봤다. 카이스트 교수들은 애석하게도 '오기로 했다가 못 온 그 학생'으로 김정주를 기억하고 있었다. 원래 카이스트엔 재수가 없다. 한 번 떨어지면 끝이었지만, 김정주는 특별했다. 떨어진 게 아니라 못 왔다. 결국 김정주는 우여곡절 끝에 카이스트 대학원에 입학했다.

1년 전의 김정주와 지금의 김정주는 달라져 있었다. 창업에 대한 의지가 더 강렬하고 명료해졌다. 여러 회사들을 거치면서 자기 사업을 할 수 있겠다는 자신감도 얻었다. 그러나 구체적으로 어떤 사업을 일으키겠다는 구상도 없었고, 일단 학업부터 마치는 게 중요했다. 군대 문제도 걸려 있었다. 게다가 카이스트엔 친구 송재경이 있었다.

김정주가 전길남 교수의 연구실로 흘러든 건 순전히 송재경 때문이었다. 송재경을 따라 카이스트에 갔고, 송재경을 따라 전길남 교수의 연구실에 갔다. 인터넷을 연구하는 연구실이란 점도 매력적이었다. 김정주도 인터넷이란 변화가 몰려오고 있다는 것쯤은 알고 있었지만 인터넷 같은 거대한 변화보단 눈앞의 사업 아이템에 더 관심이 많았다.

카이스트에서 김정주와 송재경은 김상범을 만났다. 송재경이 서울대의 컴퓨터 천재라면 김상범은 카이스트의 컴퓨터 천재였다. 카이스트 학부 과정을 마치고 카이스트 전산과에 수석 입학했다. 송재경은 진작부터 김상범의 존재를 알고 있었다. 송재경은 고등학교 2학년 때 제1회 퍼스널 컴퓨터 경진 대회에 출전해 본선에 진출했다. 그때 2등상인 국무총리상을 받은 천재가 김상범이었다. 그 전에도 둘은 만난 적이 있다. 송재경의 친구의 친구가 김상범이었기에 우연히 김상범과 어울린 적이 있었다.

학교에선 컴퓨터 천재로 통했지만 김상범한텐 숨겨진 이면이 있었다. 김상범은 PC통신에 뿌리를 내렸던 당대 컴퓨터 게임계에선 아주 유명한 게임 고수였다. 김상범의 게임 아이디를 모르는 게이머가 없을 정도였다. 김상범이 유명했던 건 게임 실력뿐만이 아니었다. 어마어마한 규모의 게임 타이틀을 보유하고 있었다. 김상범은 일본을 거쳐 한국으로 흘러들어 오는 거의 모든 게임 타이틀을 갖고 있었다. 특히 지역 게임계에선 독보적인 존재였다.

김상범과 대적할 수 있는 유일한 게임 고수가 한 사람 있긴 했다. 코프릴이라는 게임 아이디를 쓰는 사람이었다. 서울의 최고수였다. 코프릴은 지금 엔씨소프트의 부사장인 이희상이다. 당시 이희상과 김상범도 서로의 존재를 알았다. 둘은 각각 엔씨소프트와 넥슨을 대표하는 간판 게임 개발자로 성장한다. 언제나 한 시대를 풍미하는 인재들은 한 우물에서 태어나는 법이다.

송재경은 김상범과 같은 방을 썼다. 당시 룸메이트는 각자 알아서 맺으면 그만이었다. 김상범은 게임 타이틀을 많이 갖고 있었지만 괴짜였다. 게임을 좋아하는 송재경은 김상범을 선택했다. 막 입학한 새내기 김정주의 룸메이트는 이해진이었다. 이해진은 훗날 네이버를 창업한다. 이해진과 김정주는 송재경과 함께 서울대학교 시절부터 잘 알던 사이다. 대학원 진학을 준비하면서 공대에 모여서 함께 스터디를 했다. 공부는 하는 둥 마는 둥 하다가 함께 포커를 쳤다. 세븐 포커나 마이티처럼 복잡한 카드 게임을 즐겼다. 돈은 주로 이해진이 땄다. 그때의 이해진, 김정주, 송재경의 승률이 훗날 네이버와 넥슨과 엑스엘게임즈의 시가총액 순위가 됐다.

자신들은 몰랐지만 김정주와 송재경과 김상범은 이미 작은 스타트업이었다. 한 사람은 사업가였다. 한 사람은 기획자였다. 한 사람은 개발자였다. 세 사람은 서로 다른 길을 거쳐서 우연히 대전의 카이스트 기숙사 방에 모였다. 기숙사 방은 이미 작은 회사 같았다. 단지 그들은 아직 무엇을 함께할지까지는 모르고 있었다. 매일 통닭을 시켜 먹으며 망상에 젖었다. 송재경은 김정주한테 말했다. "우리도 스티브 잡스나 빌 게이츠처럼 뭔가 좀 해볼까." 김정주도 대답했다. "우리도 그런 벤처 같은 건 할 수 있지 않을까."

분명한 게 있었다. 그렇지 않아도 컴퓨터를 좋아하던 세 사람 앞엔 고성능 컴퓨터 네트워크가 놓여 있었다. 막상 프로그래밍을 하려고 나서보니 게임이 자꾸 걸렸다. 운영체제를 만드는 건 무모했다. 오피스 프

김정주와 바람의 나라

로그램을 만드는 건 진부했다. 결국 게임이었다. 우선 재미가 있었다. 세 사람은 게임을 하고 게임을 만들고 게임을 깔았다. 인터넷의 아버지 전길남 교수도 자기가 만든 멍석 위에서 무슨 일이 벌어질지까지는 몰랐다. 그의 제자들은 이미 게임을 선택하고 있었다. 어쩌면 게임이 그들을 선택한 것인지도 몰랐다.

움트는 새로운 미래

인터넷으로 할 수 있는 일은 무궁무진했다. 송재경은 인터넷을 통해 여러 사람이 동시에 게임을 즐길 수 있으면 좋겠다는 생각을 먼저 했다. 사람들을 이어주는 네트워크가 카이스트에 있었다. 사람들끼리 이어주는 게임을 만들면 어떨까 싶은 착상이 떠오른 건 자연스러웠다. 거기에 그래픽을 입혀보면 어떨까도 생각했다.

컴퓨터공학도라면 그래픽 유저 인터페이스GUI의 위력을 이미 알고 있었다. 일반인들한텐 아직 낯설었지만 그래픽이 등장하면서 모든 프로그램 개발의 패러다임이 바뀌고 있었다. 게임에도 그래픽을 적용해볼 수 있었다. 송재경은 24시간 카이스트 PC방 알바를 하면서 그런 생각들을 하고 있었다. 창조경제는 똑똑한 인재들한테 자유롭게 생각하고 놀 시간만 줘어주면 자연히 이뤄진다. 딱 송재경이 그랬다.

그 무렵 김정주는 또 엉뚱한 곳에 있었다. 이웃 경영과학과에 가서 전공 과목하고는 상관없는 수업을 들었다. 송재경은 또 시작이냐며 혀를 찼다. 김정주는 경영과학과에서 또 친구 하나를 물어왔다. 나성균이었다. 나성균은 서울대 경영학과 출신이었다. 넥슨의 창업 동지로 합류하고 나중에 네오위즈를 창업한다. 사실 김정주는 공부만 할 수도 없는 입장이었다. 1년 동안의 낙오기 동안에 벌여놓은 자잘한 사업들이 있었다. 공장도 돌아다녔고 대전에서 수업도 들었다. 게다가 연애도 무르익어 가고 있었다. 김정주는 참 공사다망한 학생이었다.

송재경은 카이스트에서 컴퓨터 앞에만 앉아 있었다. 김정주는 운전대 앞에만 앉아 있었다. 서울과 대전을 오가며 지냈다. 매일 두세 시간씩 음악을 틀어놓고 운전을 했다. 송재경이 네트워크 게임을 구상하고 김상범이 네트워크 게임을 만들고 있었다면 김정주는 게임을 만들 네트워크를 만들고 있었다. 사람과 사람 사이를 오가면서 판을 짜나갔다. 부품을 모았다. 부품을 모아서 이어 붙인 판이 어떤 모습이 될지는 김정주도 알지 못했다. 조각조각을 이어가다 보면 무언가 될 거란 생각만 있었다. 마치 퍼즐을 맞추는 것과 같았다. 단지 완성된 퍼즐의 모양을 모를 뿐이었다.

안타깝게도 당시 김정주는 전길남 교수 눈 밖에 난 상태였다. 전길남 교수는 김정주처럼 사업에 한눈이 팔린 학생을 받아줄 만큼 한가한 사람이 아니었다. 전길남 교수는 내놓고 연구실을 나가라고 심성수에게 말할 정도였다. 김정주는 그런 전길남 교수가 마냥 무서웠다. 여자 친구 유정현과 데이트를 하다가도 멀리서 전길남 교수의 차만 보여도 숨곤 했다. 그럴수록 김정주는 답답하고 무서운 연구실 대신 학교 바깥 넓은 세상을 열망했다.

그 무렵 송재경은 만화책에 빠져 있었다. 중학교 시절부터 워낙 만화를 좋아했다. 수업 시간에도 가끔씩 만화책을 꺼내 보곤 했다. 이현세와 허영만을 보다가 급기야 순정 만화까지 진출했다. 김상범은 그런 송재경을 신기하게 바라보곤 했다. 그때 송재경이 즐겨 읽은 만화가 김혜린 작가의 『북해의 별』과 강경옥 작가의 『별빛 속에』, 그리고 신일숙 작가의 『아르미안의 네 딸들』이었다. 만화방에 가선 뒤통수를 긁적거리며 『아르미안의 네 딸들』을 빌려가곤 했다. 그리고 송재경이 즐겨 보던 만화가 하나 더 있다. 김진 작가의 『바람의 나라』였다.

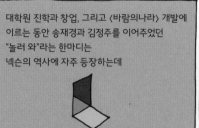

대학원 진학과 창업, 그리고 〈바람의나라〉 개발에
이르는 동안 송재경과 김정주를 이어주었던
"놀러 와"라는 한마디는
넥슨의 역사에 자주 등장하는데

그 말을 들은 사람은
송재경뿐만이
아니었다.

어이! 놀러 와!

한때 넥슨코리아
대표였던 서민

넥슨코리아 부사장
정상원

〈퀴즈퀴즈〉와
〈메이플스토리〉의
주역 이승찬

〈마비노기〉의
김동건

넥슨 일본 법인
명예회장 최승우 등.

창업에서부터 회사가 성장을 거듭하기까지 여러 분야에서 중요한 역할을 했던 모든 사람들은
넥슨, 그리고 김정주와 인연을 맺던 시절에 이 말을 들었던 기억을 떠올린다.

자주 놀러 와!

왜지 자꾸만
놀러 오다가
크게 엮일 듯한 예감.

대수롭지 않은 그 말에 이끌려 회사를
드나들다 보니 어느새 자기도
넥슨인이 되어 있더라는.

나는 어쩌다가
여기까지 온 걸까?

보통의 경우 회사에 필요한 사람을 구할 때 사주는 탐나는 인재에게
사업에 대한 확신과 장밋빛 미래의 보장 등 거창한 비전을 제시하는 법이다.

우리 함께하세!

커다란 꿈을 갖고!!

한번 해보는 거야!!!

하지만 김정주는 비장한 각오와 비전을 공유하는
미사여구들을 놔두고 그저 놀러 오라고
했을 뿐이고,

남부럽지 않은 실력과 학력을 자부하던
숱한 젊은이들은 잘나가는 대기업이 아닌
넥슨을 놀이터로 선택했다.

아버지 저 내일부터 넥슨이라는 회사에
정식으로 놀러 다니게 되었습니다.

뭐라 카노?

그곳은 정말 회사라기보다는 놀이터였다.
업무 지침도, 정해진 직책이나 역할도 없었고

저 왔는데요?

고용주는 이렇게만 말했다.

그럼 잘해봐!

그렇다고 제대로 된 놀이 기구가 있는
놀이동산도 아니었다.
뭘 해야 할지, 뭘 가지고 놀아야 할지도
놀러 온 사람들이 정하고
만들어야 하는 상황이었다.

글쎄 출근했더니
내 책상도 없더라고요.

집에서 하나
가져오지 그랬어?

그렇게 자율적으로 일을 만들고 즐기면서 일하는 다양한 습관들은
자연스레 회사의 조직 문화로 자리 잡았고 그 특별한 문화는
회사가 큰 규모로 성장할 때까지 꽤 오래 지속되었다.

하고 싶은 일을 하니까
노는 것처럼 일했죠.

딱히 놀러 갈 데도 없으니까
그냥 회사에서 놀았죠.

월급 적게 주니까
일 안 하고 놀았죠.

어쩌면 그것은 제품을 설계하고 정해진 목표를
달성해야 하는 기존의 회사와 달리

재미있는 놀잇거리인 게임 콘텐츠를
만드는 회사에 적합한 조직 문화였을 거다.

"향하여!"

세계 반도체 시장
1등을 향하여!!

게임 안 만들고
어디 갔다 왔냐?

게임하고
왔는데요?

그 시절 넥슨은 그런 곳이었다.
애초부터 창업주가 놀러 오라고 해서 놀러 간 그곳에서는,
누구나 게임에서처럼 자기 역할과 미션을 선택해서 수행하는 게임의 주인공들이었다.
그래서 재미있게 오래 머무는 이들도 있지만 싫증이 나서
떠나고자 하는 이를 굳이 붙잡지도 않는 놀이터였다.

빼어난 내 실력에 비해 성과급도 적고
상장도 안 하니까 이제 나가서
새 놀이터를 함 만들어볼라구요.

그래! 이담에
또 놀러 와.

창업이라는 응전

흔히 창업을 도전이라고 표현한다. 멋지게 틀린 말이다. 창업은 응전이다. 창업은 개인이 자발적으로만 선택하는 것이 아니다. 시장경제가 개인한테 창업이란 선택을 강요하는 측면이 있다. 창업 외에 대안이 없어진 자들만이 창업을 결행한다. 창업은 리스크 테이킹이기 때문이다. 인간에겐 리스크를 회피하려는 본능이 있다. 더 이상 리스크를 회피할 수 없을 때 우리는 창업 전선에 나선다. 자신을 압박해 들어오는 시장경제의 각종 압력들에 위험을 감수하고 응전하는 경제활동이 창업이다.

김정주도 그랬다. 김정주는 학교나 직장에서 버텨낼 수 없는 자유분방한 사람이었다. 스스로도 그 사실을 잘 알고 있었다. 연구원이나 월급쟁이로 살아갈 자신이 없었던 김정주한텐 남은 길은 창업뿐이었다. 김정주는 졸업이 늦어지면서 우연히 대오에서 이탈했다. 낙오자는 남보다 애타게 길을 찾기 마련이다. 그렇게 찾아낸 길이 또 창업이었다. 김정주한테도 주어진 환경에 대한 응전이 창업이었단 얘기다.

개인적 기질도 있다. 흔히 말하는 사업가 기질이다. 리스크를 즐기는 인간형을 말한다. 모든 성공한 창업자는 결국엔 리스크를 즐기는 사업가가 된다. 끝내 리스크에 중독되는 경우도 있다. 그렇다고 모두가 창업할 당시부터 용감무쌍하게 위험을 감수했다고 신화화해선 곤란하다. 넥슨의 초기 멤버들 상당수도 창업했다가 안 되면 유학을 가겠다는 식의 복안을 갖고 있었다. 개개인은 나름 창업의 위험을 헤지hedge해놓고 있었단 얘기다. 창업은 위험을 무릅쓰고 도전하는 영웅신화 따위가 아니다. 자신한테 주어진 불리한 환경 속에서 뒤가 아니라 앞으로 한 발짝 내딛는 선택일 뿐이다.

김정주와 송재경은 행운아였다. 우연히 남보다 먼저 미래를 살아볼 수 있었다. 창업은 미래 예측에 기반해야 한다. 커피 전문점 하나를 내도 골목 상권의 예상 유동 인구를 뽑아보는 게 기본이다. 매일 치열한 기술 경쟁이 벌어지는 IT 업계에선 말할 것도 없다. 피터 드러커는 "미래를 예측하는 가장 좋은 방법은 미래를 만드는 것"이라고 말했다. 카이스트 전산실은 미래가 만들어지는 곳이었다.

적잖은 분야에서 한 시대를 여는 한 세대의 인재들이 우연찮게 한 자리에 모여 있는 경우가 있다. 대전 카이스트 기숙사엔 김정주, 송재경, 이해진 같은 기라성 같은 IT 거물들이 모두 모여 있었다. 엘리트 창업의 전형적인 특징이다. 게임 같은 IT 산업은 전형적인 엘리트 리그다. 한 줌 정도의 인재들만이 기획과 개발을 이해하고 시장의 미래를 이끌어갈 수 있다. 엘리트들이 필요로 하는 지식과 정보가 집약돼 있는 곳은 많지 않다. 그래서 대학교든 연구소든 어느 지점으로 집결하게 된다. 다만 교육기관이 이런 엘리트들의 창업욕을 억누를 때 진화가 저해된다. 한국 대학들은 대체로 엘리트들에게 창업보단 취업이나 학업을 강권한다. 때마침 대전 카이스트가 해방구였던 것이야말로 김정주나 송재경한텐 일생일대의 행운이었다. 창조 활동을 위한 충분한 자원을 제공해주면서 간섭도 하지 않기란 거의 불가능하다. 이렇게 창업은 언제나 우연과 필연의 일치다.

2장

사업

웹에이전시가 된 넥슨

"그럼 우리 한 달 동안 그래픽 머드 게임*이나 만들어볼까?" 송재경이 눈을 반짝이며 물었다. "그러지 뭐." 이희상이 대답했다. 송재경과 이희상은 일을 분담했다. 송재경은 서버 프로그램을 짰다. 이희상은 클라이언트 프로그램을 짰다. 한 달 동안 MMORPG**를 뚝딱 만드는 게 가능할 리 없었다. 흐지부지되어 짜다 만 프로그램 더미는 쓰레기통에 처박혔다.

1994년이었다. 송재경과 이희상은 함께 한글과컴퓨터에서 병역특례를 하고 있었다. 송재경은 일단 박사과정을 중퇴했다. 어차피 군대 문

* 머드 게임은 통신에 접속한 사용자들이 게임 진행을 주도하는 컴퓨터 게임으로, 이때까지는 텍스트 대화 위주로 게임을 진행하는 형태였다. 이에 그래픽을 가미한 그래픽 머드 게임은 머그 게임이라고도 불렀다.

** 대규모 다중 사용자 온라인 롤플레잉 게임(Massive Multiplayer Online Role Playing Game) 또는 다중 접속 역할 수행 게임은 한 명 이상의 플레이어가 인터넷을 통해 모두 같은 가상공간에서 즐길 수 있는 롤플레잉 게임의 일종이다.

제도 해결해야 했고, 선택지도 몇 개 없었다. 한글과컴퓨터와 삼보컴퓨터, 휴먼컴퓨터 정도였다. 셋 다 오피스 프로그램을 만들고 있었다. 한글과컴퓨터는 흔글을 만들었고 삼보컴퓨터는 보석글, 휴먼컴퓨터는 문방사우를 만들었다. 송재경은 한글과컴퓨터를 선택했다.

준비된 우연

삼보컴퓨터의 이용태 회장과 송재경의 스승인 전길남 교수는 끈끈한 사이였다. 삼보컴퓨터로 갔다간 연구실 생활의 연장이 될 수 있었다. 전길남 교수는 송재경에게 거는 기대가 컸다. 틈만 나면 송재경을 허진호나 정철과 비교하곤 했다. 허진호와 정철은 전길남 교수의 애제자이자 송재경의 박사과정 선배들이다. 세계에서 두 번째로 인터넷망을 개통한 역전의 용사들이다. 허진호는 아이네트를 창업했고 나중에 인터넷기업협회장과 네오위즈인터넷 사장을 거친다. 정철은 삼보컴퓨터 사장이된다.

송재경은 이들과는 세대도 성향도 좀 달랐다. 인터넷망 자체, 또는 운영체제나 오피스보다 그 위에서 살아 움직이는 소프트웨어에 시선이 꽂혔다. 당장은 선배들이 쳐놓은 울타리 안에 갇혀 있을 수밖에 없었다. 송재경은 한글과컴퓨터로 도망쳤다.

정작 한글과컴퓨터도 오피스 프로그램을 개발하는 회사였다. 답답하긴 매한가지였다. 송재경은 한글과컴퓨터에서 단순 프로그래밍 작업을 맡았다. 지루했다. 그때 프로그램 팀장이 한 달간 자리를 비웠다. 송재경은 이때다 싶어 같은 팀 이희상을 꼬셨다. 한 달 동안 하고 싶은 거나 실컷 해보자고 의기투합했다. 그런데 한 달 가지고는 어림도 없었다. 팀장이 복귀했다. 다시 지루한 나날들이었다.

1994년 여름이었다. IBM코리아의 직원이 송재경이 그래픽 머드 게임이란 걸 개발하다 말았단 얘기를 우연히 전해 들었다. IBM코리아는 송재경에게 투자 의사를 밝혔다. 수익이 나면 반씩 나누는 조건이었다. 송재경은 귀가 솔깃했다. 한글과컴퓨터는 따분하던 참이었는데 기회가 넝쿨째 굴러 들어왔다. 당장 하고 싶었다. 우선 김정주와 상의했다.

마침 김정주도 대학원 박사과정에 진학했으나 학업에는 별 감흥이 없던 참이었다. 여전히 창업에 대한 미련을 못 버리고 회사를 몇 개씩 차려봤지만 다 안됐다.

김정주는 서울에서 사업을 하다가 망하면 다시 대전 카이스트로 수업을 들으러 내려가길 반복했다. 전길남 교수는 김정주처럼 마음이 사업 콩밭으로 간 학생한텐 특히 엄했다. 김정주는 이미 전길남 박사의 연구실에선 쫓겨나다시피 했다. 전길남 교수는 송재경을 앉혀놓고 쓴소리를 한 적이 있었다. "사업과 공부 가운데 하나를 선택해야 한다." 김정주한테 하려던 이야기였지만, 정작 본인은 늘 자리에 없었다. 김정주도 박사과정에 들어가면서 전길남 교수 대신 이광형 교수의 연구실에 몸을 의탁했다.

송재경은 김정주한테 말했다. "야, 난 드디어 사표 낸다." 김정주는 눈이 휘둥그레졌다. "정말이야?" 송재경이 말했다. "이제 우리도 마침내 회사를 시작할 때가 온 거야." 김정주는 기뻐하지 않을 수 없었다. 드디어 창업이었다. 이번엔 절친 송재경과 함께였다. 김정주는 송재경이 필요했다.

솔직히 송재경은 IBM코리아의 제안이 아리송했다. 김정주가 말했다. "한번 만나나 보자." 송재경은 절친 김정주한테 사업 수완이 있다고 믿었다. 송재경도 김정주가 필요했단 얘기다. 그렇게 김정주와 송재경과 IBM코리아 담당자가 삼자대면을 했다. 주로 IBM코리아 담당자가 이야기했다. 한참 듣던 김정주가 말했다. "하시죠."

취미가 사업으로

사실 송재경은 카이스트 석사 시절부터 혼자 그래픽 머드 게임 개발에 도전했다. 카이스트 대학원에서 초창기 인터넷을 접하던 시절부터 송재경의 화두는 운영체제도 오피스 프로그램도 아니었다. 게임이었다. 그것도 네트워크 안에서 사람들이 다 같이 즐기는 다중 접속 온라인 게임이었다.

송재경 앞엔 자신의 상상을 실현할 수 있는 장비들이 있었다. 가만히 있을 수가 없었다. 송재경은 수업 시간에도 간단한 다중 접속 게임을 만들곤 했다. 사실 그건 당시 프로그램 좀 한다 하는 카이스트 전산과 학생들의 공통된 취미였다. 김상범이 제일 잘 만들었다. 송재경조차 김상범의 프로그래밍을 보고 놀랄 정도였다. 원래는 좀 더 엄숙한 연구 과제를 위해 활용했어야 하는 장비였다. 하지만 그땐 게임 같은 콘텐츠를 만들어도 잔소리할 사람이 카이스트엔 없었다. 교수들은 대전과 서울을 오가느라 바빴다. 인터넷 산업의 성장판이 열려 있던 시기다. 규제와 규율보단 자유와 방임이 우선하던 절묘한 순간이었다. 게임은 그 틈새에서 자라났다.

이전에도 머드 게임은 있었다. 명령창에 명령어를 입력하면 다음

김정주와 바람의 나라

미션이 수행되는 텍스트 머드 게임이었다. 윈도우가 보편화될 무렵, 송재경은 이제 머드 게임 역시 그래픽 인터페이스를 가져야 한다고 생각했다. 당연하지만 혁신적인 아이디어였다.

당시 송재경은 시대를 앞서 있었다. 우선 인터넷을 활용해서 사람과 사람끼리 게임을 한다는 상상을 했다. 소통의 도구라는 인터넷의 본질을 꿰뚫어 봤다. 실시간으로 게임을 하면서 게임 캐릭터의 동작을 시각적으로 구현한다는 상상을 했다. 사람들은 더 이상 텍스트만으로 이루어진 게임을 하고 싶어 하지 않았다. 눈으로 보고 느끼고 싶어 했다. 탄탄한 이야기가 있는 게임의 모습을 상상했다. 이야기는 게임에 상상력을 불어넣어서 가상현실을 완성한다. 인터넷 안에 새로운 세계를 구축할 수도 있었다.

김정주도 송재경이 무슨 게임 같은 걸 뚝딱거리고 있다는 건 알고 있었다. 취미 생활이란 것도 알았다. 1993년 여름 김정주는 송재경이 만든 엉성한 게임을 처음 봤다. 제대로 살펴본 건 그때가 처음이었다. 그래픽이 있는 것도 아니고 스토리가 있는 것도 아니었다. 김정주는 이걸로 사업을 해보면 어떨까 싶었다. 창업 열망이 가득했던 김정주는 게임에서 그 가능성을 보았던 것이다. 그때가 김정주가 게임 사업에 대해 처음 관심을 가진 순간이었다.

김정주도 몇몇 성공한 게임 업체들에 대해선 알고 있었다. 송재경이 만든 게임과는 개념이 좀 달랐다. 대부분 CD타이틀을 통해 게임을 유통했다. 컴퓨터에 CD를 넣고 컴퓨터와 게임을 했다. 닫힌 게임이었다. PC통신으로는 머드 게임이 유행하던 때였다. 하나하나 명령어를 넣어서 게임을 진행시키는 형태였다. 김정주는 송재경의 게임이 한 차원 높은 그래픽 머드라는 건 알았다.

김정주는 송재경의 게임을 갖고 투자를 받아볼 작정을 했다. 우선 게임이 일반 PC에서 돌아가도록 송재경이 바꿔줬다. 그때까지는 카이스트 연구실에서만 가동됐다. 서울에 있는 투자자들에게 대전 카이스트 컴퓨터실까지 내려오라고 할 수는 없는 노릇이었다. 대학원생의 인맥이란 게 뻔했고 투자는 난항이었다. PC에 담긴 게 돈이 될 물건이란 걸 설명하기도 쉽지 않았다. 인터넷의 개념조차 보편화되기 전이었다. 인터넷에서 돌아가는 게임을 이해하기란 쉽지 않았다.

그사이 김정주는 유정현과 결혼도 했다. 대학교 2학년 때 만난 그 여대생이었다. 카이스트엔 박사과정 학생은 결혼하면 안 된다는 불문율이 있었기에 박사과정에 들어가기 전에 결혼을 서둘러야 했다. 김정주는 대전에 신접살림을 차렸다. 학생, 사업, 결혼이란 삼중 생활이었다.

IBM코리아가 투자 의사를 비친 건 바로 그 무렵이었다. 필연적 우연이었다. IBM코리아는 어쩌면 당시 한국에서 인터넷이라는 개념이나 온라인 게임이란 개념을 이해할 수 있는 유일한 투자자였다. IBM코리아는 한국 시장에 고가의 인터넷 장비를 팔아야 했다. 하드웨어를 더 많이 팔려면 소프트웨어에도 시드 머니seed money를 뿌려줘야 했다.

투자 결정은 났으나 입금을 받을 수가 없었다. 투자를 받을 법인이 없었기 때문이다. 회사부터 차려야 IBM코리아에서 돈이 나온다. 김정주가 해결해야 할 몫이었다. 다급해진 김정주는 부랴부랴 1989년부터 있었던 법인 명의를 빌려왔다. 김정주의 아버지가 등록해둔 (주)가승이란 법인이었다. 그러나 IBM코리아가 막상 입금을 하려고 보니 이번엔 너무 적은 자본금이 문제였다. 김정주는 자본금도 부랴부랴 1억 원까지 늘렸다. 겨우겨우 투자금 4800만 원이 들어왔다. 물론 계약서도 썼다. IBM코리아가 가칭 〈둠바스〉라는 게임에 투자를 한다는 내용이었다.

1994년 12월,
넥슨의 출발

　사무실부터 냈다. 김정주는 아버지에게 손을 벌릴 수밖에 없었다. 김정주로선 배수의 진이었다. 김정주도 이미 결혼한 가장이었다. 삼성전자나 현대전자 같은 대기업에 들어가서 평범한 직장인으로 살 수도 있었다. 사실 김정주는 삼성 장학생이었다. 삼성에서 학비 지원을 받아서 대학원에 다녔고, 졸업하면 삼성전자에 들어가야 마땅했으나 죽기보다 싫었다. 7·4제 때문이었다. 당시 삼성전자는 7시까지 출근해서 4시에 퇴근하는 7·4제라는 출퇴근 제도를 시행하고 있었다. 삼성전자는 경기도 기흥에 있었고 7시 전에는 기흥까지 가야 했다. 광화문 삼성생명 앞에서 출발하는 출퇴근 버스를 타려면 늦어도 5시에는 집을 나서야 했다.

　김정주가 창업에 목을 맨 건 먼저 그런 삶을 거부하고 싶어서였다. 쉽진 않았지만 이번엔 이전 실패를 교훈 삼았다. 이전에도 오피스텔을 얻어서 창업을 한 적이 있었다. 월세를 감당할 수가 없었다. 이번엔 아예 아버지에게 오피스텔 한 칸을 얻어달라고 했고 아버지는 말 없이 도와줬다. 삼성 직원으로 사는 인생보다 자기 인생을 살아갈 수 있게 이끌어준 아버지가 고마웠다. 신혼인 아내 유정현에게도 미안했다. 주변의 삼성 장학생 가운데 삼성전자에 가지 않은 사람은 김정주 하나였다. 유정현은 김정주한테 아무것도 강요하지 않았다. 아무도 김정주한테 정해진 길을 가라고 강요하지 않았다. 그렇게 제멋대로 사는 것도 이번이 마지막 기회다 싶었다.

김정주는 내심 송재경을 믿었다. 김정주가 게임을 선택했던 건 순전히 송재경과의 인연 때문이었다. 김정주는 회사 이름을 넥슨NEXON이라고 지었다. 넥스트 제너레이션 온라인 서비스Next Generation Online Service 의 줄임말이었다. 다가올 미래의 온라인 콘텐츠 비즈니스에 대한 기대와 비전을 담은 이름이었다.

1994년 12월 26일이었다. 김정주, 송재경과 유정현은 성지하이츠II 2009호에 마주앉았다. 성지하이츠II는 1994년 5월에 입주를 시작한 최신식 오피스텔이었다. 역삼역 4번 출구 바로 앞에 있어서 오가기도 편리했다. 우선 책상 두 개를 이어 붙여서 작업대를 만들었다. 안쪽 방엔 2층 침대도 들여놓았다.

테헤란로 인근의 오피스텔들은 한국 벤처 산업의 요람이다. 미국 실리콘밸리에서는 차고에서 사업을 시작하는 스타트업들이 적지 않다. 스티브 잡스도 부모님의 차고에서 애플을 창업했다. 스타트업 초창기엔 사무실 임대료도 부담이라 싼값에 빌릴 수 있는 사무 공간이 필수다. 부동산 환경이 스타트업 생태계 환성의 무뢴 번수단 애기다. 실리콘밸리에서 차고가 했던 역할을 한국에선 월세 오피스텔들이 해줬다. 교통이 편리하고 숙식이 용이하며 인근에 투자자들이 몰려 있는 테헤란로 오피스텔은 스타트업들이 서식하기에 안성맞춤이었다. 넥슨도 오피스텔에서 출발했다.

성지하이츠II 2009호에서 송재경과 김정주는 밤샘 작업을 시작했다. 김정주의 아내 유정현도 창업 동지로 합류했다. 유정현은 대학에서 교육공학을 전공했다. 교육 소프트웨어를 직접 만들 정도로 솜씨도 있었으나 무엇보다 유정현의 역할은 넥슨의 안살림이었다. 끼니와 간식을

김정주와 바람의 나라

챙기는 건 유정현의 몫이었다. 덕분에 넥슨은 가난해도 먹을 건 늘 풍족했다.

송재경이 주도하고 김정주가 도우면서 본격적인 게임 코딩이 시작됐다. 가끔은 후배들이 도우러 왔다. 정식 직원은 아니었다. 송재경과 김정주는 서울대와 카이스트에서 후배들을 데려다가 밥도 사주고 술도 사주면서 코딩 작업을 시켰다. 어차피 둘이서 다 할 수 있는 작업이 아니었다. 서민도 이때 잡혀 온 후배였다. 서민은 김정주와 송재경의 서울대 컴공과 직계 후배다. 훗날 넥슨코리아의 사장이 된다.

가칭 〈둠바스〉는 오브젝티브C로 짠 게임이었다. 오브젝티브C는 지금은 아이폰 운영체제의 프로그래밍 언어로 잘 알려져 있다. 당시만 해도 마이너 언어였다. 다들 비주얼C++만 다룰 때 오브젝티브C로 프로그래밍을 한다는 건 이상한 일이었다. 송재경은 한글과컴퓨터를 다니면서 짬짬이 〈둠바스〉를 개발했다. 송재경은 새로운 프로그램 언어도 익힐 겸 〈둠바스〉를 오브젝티브C로 작업했다. 덕분에 〈둠바스〉 개발은 난제일 수밖에 없었다. 오브젝티브C를 다룰 줄 아는 개발자가 많지 않았다.

송재경은 기획자 역할도 했다. 우선 게임의 스토리라인을 짜야 했다. 쉬운 일은 아니었다. 송재경은 문득 『바람의 나라』를 떠올렸다. 『바람의 나라』는 《댕기》라는 격주간 순정 만화 잡지에 연재 중이었다. 송재경은 『바람의 나라』의 그림과 이야기를 가제 〈둠바스〉의 얼개로 쓰면 어떨까 생각했다.

1995년 3월 무렵이었다. 김정주와 송재경은 김진 작가를 찾아갔다. 김진 작가는 당시에 벌써 노트북을 쓰고 있었다. 컴퓨터 게임에 대해서도 꽤 해박했다. 그때부터 컴퓨터로 그림을 그리고 채색을 했다. 김정주와 송재경은 고작해야 대학원 박사과정 중퇴생들이었다. 김진은 젊은이들이 하는 말을 귀담아들었고, 김정주는 김진한테 말했다. "지금 당장 큰돈을 드릴 수는 없어요. 나중에 판권료는 충분히 드리겠습니다. 저희는 세계 최초의 온라인 그래픽 게임을 만들려고 합니다." 세계 최초라는 말이 김정주의 입에서 나온 건 그때가 처음이었다. 김진은 잠자코 계약서에 사인을 했다. 김정주는 타고난 협상가였다.

스타트업의 함정

김정주는 IBM코리아에서 투자받은 4800만 원이면 몇 년은 돈 걱정 없이 지낼 수 있을 줄 알았다. 아직 학생 사업가였다. 사무실 집기도 산 게 별로 없었고, 용산에서 부품 사다가 조립한 PC 몇 대가 전부였다. 그런데 투자금은 반년도 안 돼서 바닥을 드러냈다. 오피스텔 관리비에 각종 잡비에 들고 나는 사람들의 인건비로 순식간에 증발해버렸다. 시작할 땐 뚝딱 하면 될 줄 알았다. 온라인 게임이란 개념노 없던 시절이다. 개빌하는 데 돈이 얼마나 들고 시간이 얼마나 걸릴지 아무도 몰랐다. 김정주는 돈이 손가락 사이로 모래처럼 새 나가고 있다고 느꼈다. 사업은 현실이었다. 오피스텔 안쪽 골방에선 송재경이 게임을 만들었다. 바깥 세상에서 회사를 꾸려나가는 건 김정주의 몫이었다. 김정주는 초조해졌다. 난생처음 입술이 타들어 갔다.

김정주와 넥슨도 스타트업의 함정을 피해 가진 못했다. 스타트업 초창기에는 생각보다 큰 매몰 비용 탓에 당황하기 십상이다. 연구 개발이나 마케팅 같은 회사의 핵심 역량에 투자하는 돈보단 먹고 마시고 자느라 쓰는 일반관리비가 더 크다. 사람이 전부인 지식산업의 특징이다. 사람은 유지비가 많이 든다. 그렇다고 컴퓨터나 서버 같은 자산은 아니다. 개발자 몇 명이 들고 나면 인건비만 버리기 일쑤다.

1995년 여름 무렵이었다. IBM코리아 쪽에서 연락이 왔다. "잘 돼 가세요?" 김정주는 솔직하게 대답했다. "뭐, 노는 거나 마찬가지네요." 물론 노는 건 아니었다. 결과물이 없었을 뿐이었다. 다들 낮밤을 바꿔가며 게임 코딩에 매달렸지만 그것만으론 매출이 생기지 않았다.

그즈음 IBM코리아는 한국 기업들에 대형 인터넷 서버를 판매하고 있었다. 인터넷 시대라는 건 다들 알고 있었다. IBM코리아는 서버를 팔면서 각 기업의 홈페이지까지 구축해줬다. 값비싼 서버를 구매한 기업 담당자들은 홈페이지를 보고서야 비로소 안심을 했다. 눈에 보여서였다.

IBM코리아는 서버를 구매한 기업들의 홈페이지를 대신 구축할 하청 업체를 찾고 있었다. 사실 홈페이지를 구축한다는 건 컴퓨터를 조금이라도 다룰 줄 아는 개발자라면 어려운 일이 아니었다. HTML 언어만 조금 쓸 줄 알면 됐다. IBM코리아 담당자는 김정주한테 말했다. "이거라도 하실래요?" 투자받은 돈은 벌써 다 썼고 찬밥 더운밥 가릴 때가 아니었다. 김정주는 말했다. "하겠습니다." 넥스트 제너레이션 온라인 서비스가 넥스트 웹에이전시가 되는 순간이었다.

번창하는 웹에이전시

넥슨이 맨 처음 맡은 일은 현대자동차의 홈페이지를 구축하는 업무였다. 현대자동차는 IBM코리아에 중요한 고객이었다. 1년에 수십억 원어치씩 기계를 사줬다. 아무한테나 홈페이지 제작 하청을 맡길 수도 없었다. IBM코리아 입장에서 넥슨은 괜찮은 대안이었다. 넥슨은 서울대 졸업생과 카이스트 박사과정 학생들로 이뤄진 회사였다. 당시로선 이 정도 조건을 갖춘 하청 업체는 드물었다.

현대자동차는 갑이었다. IBM코리아는 을이었다. 넥슨은 병이었다. 당시 김정주와 유정현한테 갑 중 갑은 현대자동차 홍보팀의 윤지영 대리와 이재교 사원이었다. 넥슨이 현대자동차 홈페이지 용역을 맡았을 무렵 이재교가 성지하이츠II 2009호로 찾아왔다. 넥슨은 신생 회사였다. 일을 맡겨도 될 만한 하청 업체인지 염탐하러 온 것이다. 당시 이재교도 신입 사원이었다.

이재교의 눈에 넥슨은 회사도 아니었다. 일단 사무실 분위기는 어수선했다. 한 뼘 남짓한 사무실에서 아직도 학생 티가 풀풀 나는 직원들이 퀭한 눈으로 컴퓨터 모니터만 응시하고 있었다. 전혀 미덥지 않았다. 넥슨을 둘러본 이재교는 직속 상사인 윤지영에게 보고했다. "작아요."

윤지영과 이재교는 현대자동차 자랑의 세원을 공땡 홈페이지에 올려놓고 싶어 했다. 현대자동차에서 생산하는 자동차가 한두 종이 아니었다. 김정주는 브로셔를 보고 크기와 성능과 가격을 하나하나 입력했다. 힘들 땐 유정현도 도왔다. 하나라도 오류가 있으면 갑님한테서 불호령이 떨어졌다. 나중에 윤지영과 이재교는 넥슨에 합류한다. 윤지영은 넥슨의 웹에이전시를 이끌었다. 이재교는 지금까지도 넥슨에 몸담고 있고, 지주회사인 NXC의 홍보이사다.

넥슨의 웹에이전시 사업은 뜻밖에도 날로 번창했다. IBM코리아 담당자는 김정주한테 매일같이 전화를 해댔다. "공부 안 하는 무늬만 학생 사장님인 거 아니까 나오세요." 아시아나항공 홈페이지를 만들었고, SK의 열두 개 계열사 홈페이지도 독식했다. 넷츠고 홈페이지도 넥슨이 만들었다. KBO 홈페이지를 통한 실시간 인터넷 야구 중계 서비스도 만들었다. 삼성 일도 했다. 김정주는 한 달에 프레젠테이션만 열 개 넘게 하고 다녔다. 정신 차려 보니 넥슨은 웹에이전시 시장의 선두 주자가 돼 있었다.

그날 이후 김정주는 카이스트 경영과학과를 기웃거리다 끌어들인 나성균한테 웹에이전시 사업을 일임한다. 이제 웹에이전시 사업은 엄연히 나성균의 업무였다. 온라인 게임은 송재경의 업무였다. 넥슨은 웹에이전시 부서와 게임 개발 부서로 나뉘었다. 나성균 덕분에 넥슨의 웹에이전시 사업은 날로 번창했다. 그러나 송재경의 〈바람의나라〉는 어느 바람에 완성될지 알 수 없었다.

요즘의 스타트업 개념으로 보면 넥슨은 스타트업의 교과서였다. 흔히 스타트업을 뚜렷한 창업 아이템을 믿고 모여든 사람들의 집단이라고 착각하기 쉽다. 그러나 착상 단계를 넘어섰을 때 백 퍼센트 만족스럽게 작동하는 기획은 없다. 기획이 뜻대로 전개가 안 될 때 스타트업은 내홍을 겪기 쉽다. 스타트업 창업의 기반은 빛나는 아이디어가 아니라 끈끈한 인간관계다. 김정주와 송재경, 유정현이 그랬다. 온라인 게임을 보고 창업을 한 것은 맞다. 그러나 온라인 게임이 아니라도 상관없었다. 김정주와 송재경은 함께 뭐든 해보고 싶었다. 예기치 않게 웹에이전시 사업에 치중하게 됐을 때도 결국 게임으로 가는 과정이라고 받아들였다. 사고를 가둬놓고 사업을 하면 새로운 생각을 하기 어렵다. 넥슨은 유연했다.

김정주는 게임 마니아라기보다는 비즈니스 마니아였다. 대부분의 사업이란 눈앞의 문제를 하나하나 해결해나가는 일이다. 먼 미래의 비전은 그걸 생각할 수 있는 순간에 고려할 일이다. 평소에 비전만 찾아선 전진할 수 없다. 김정주는 본능적으로 그걸 알고 있었다. 김정주는 타고난 사업가였고, 현실주의자였다.

당시 웹에이전시 시장은 넥슨뿐만 아니라 그 무렵 스타트업들의 자금줄이었다. 다음커뮤니케이션도 웹에이전시로 출발했다. 웹에이전시 사업은 말하자면 대기업의 자본이 젊은 벤처로 흘러드는 통로였다. 정부 용역도 젖줄 역할을 했다. 넥슨은 정보통신부가 발주한 가상 회의 시스템 용역을 따냈다. 은행 문턱은 여전히 높았고, 시중 자금은 이때도 대기업에 몰려 있었다. 오피스텔이란 독특한 부동산 상품이 벤처의 요람이 됐다면 웹에이전시라는 반짝 시장이 벤처의 젖줄 역할을 해준 셈이다. 그 안에서 넥슨이 무럭무럭 자라고 있었다.

송재경이 넥슨을 떠난 건 그 무렵이었다. 김정주가 웹에이전시 사업을 키워가는 동안 송재경은 여전히 〈바람의나라〉를 만들고 있었다. 송재경을 비롯해서 몇몇 개발자늘이 밤낮으로 삭업을 했나. 〈바딤의나라〉는 한창 기초공사가 진행 중인 건물 같았다. 화면에선 그래픽을 입힌 캐릭터가 아니라 글자가 돌아다니고 있었다. 아직 건물 꼴을 갖추기 전이었다.

송재경이 〈바람의나라〉에 매달린 지도 1년 가까이 되어가고 있었다. 당시 송재경의 나이 스물아홉. 1995년 12월 15일 송재경은 개인 신상 문제로 넥슨을 떠나게 된다. 단짝 김정주도 송재경을 놓아줄 수밖에 없었다. 송재경의 빈자리는 당시 아르바이트생이었던 서민에게 넘겨졌다. 앞으로가 문제였다. 송재경의 머릿속에만 담겨 있던 게임의 나머지 부분

김정주와 바람의 나라

은 여백으로 남겨졌다. 송재경은 〈바람의나라〉에 바람처럼 왔다가 바람처럼 떠났다. 〈바람의나라〉도 바람 앞의 등불이 됐다.

김정주와 송재경은 같은 대학교 같은 학과에서
컴퓨터공학을 전공했고,
같은 대학원 같은 연구실에서 공부했지만,
미래에 대한 꿈은 서로 달랐다.
김정주는 보다 많은 사람들이 모여서 일하는
회사를 경영하고 싶어 했고

송재경은 틈날 때마다 게임 구상을 하면서
꾸준히 자기 머릿속에 있는 재밋거리들을
구체화할 궁리를 했다.

세상엔 재미있고 다양한
생각을 가진 사람들이 많아.

내 손으로 재미있는 걸
만들고 싶어.

성향이 다르고,
장래에 관한

인생 설계가 달랐지만,
그 타이밍에

둘에게는 공통점이
있었다.

재경아, 다른 생각을 가진 사람들을
이어주는 공통점이 뭘까?

음…… 공동 관심사라…… 여자 친구?

컴퓨터라는
장난감이었다.

어제 빌려 간 프로그램 다 깔았냐?

응, 깔아봤다.

그럼 돌려줘.

두 번 더 깔아보고.

"저걸 어디에 쓸까?"

컴퓨터.

문자의 시대에 새로운 연산 언어를 소통의 매개로 사용하는 물건.

까만 화면에 깜박거리는 커서,

그리고 나머지 텅 빈 여백에 숨겨져 있을 듯한 무한한 잠재력.

컴퓨터는 미래 문화의 중심이자 원천이 될 운명을

갖고 태어난 기계 아닌 기계였다.

386, 486, 펜티엄이라는 이름으로 이 물건을 대한 자들이

평평하지만 심연 같은 그 공간을 들여다보며

꿈꾼 미래는 어떤 것이었을까?

텔레비전과 같은 새로운 미디어가 여명을 밝히던 시절에 빌렘 플루서라는 미디어 학자는
과거에 2차원적 평면으로 세계를 인식하던 인류가 선형적인 문자를 발명하고
인쇄 기술로 커뮤니케이션의 폭발을 경험했던 것처럼,
이제 곧 0차원의 코드로 이루어지는 새로운 그림이
문화와 세계 인식의 새 지평을 열 거라 이야기한 바 있다.
그것은 곧 다름 아닌 오늘날 컴퓨터와 인터넷, 그리고
모바일 환경에 대한 예견이었다.

새로운 코드를 읽을 수 없는 사람은
글을 몰랐던 과거의 사람이 그랬던 것처럼
적어도 급진적인 의미의 문맹자이다.

"이제부터 너랑 나, 둘만 있으면
세상에 안 되는 일이 없을 거래."

Vilém Flusser

PC의 보급으로 여러 분야의
업무에 효율성이 높아지기는 했지만

본격적인 인터넷 시대가 열리기 전까지
컴퓨터는 그저 편리한 기계에 지나지 않았다.

와! 빨리 끝냈다,
퇴근하고 놀러 가야지.

프로그램이나 깔면서
놀아야시.

기계는 기계인데, 그렇다고
기계는 아닌 것 같고, 대체 뭐지?

컴퓨터가 문화의 코드가 될 거란 생각은
아직은 뜬구름이었다.

정체를 알 수 없다는 건
그만큼 가능성이 크다는 거지.

그러나 컴퓨터의 가공할 문화적 잠재력을 먼저 깨달은 전 세계의 실험적인 선구자들,
컴퓨팅 키드들은 뜬구름 속에 파묻혀 상상하며, 굴뚝에서 연기를 내며 만드는 제품이 아닌,
상상력을 원료로 하는 신세기의 문화 상품을 설계하고 있었다.

사업은 생물과 같다

창업을 할 때 맨 먼저 생각해야 할 건 자신의 좌표다. 인터넷이든 스마트폰이든 혁신의 물결엔 늘 기승전결이 있다. 기승전결의 각 단계마다 적합한 창업 기획이 따로 있다. 지금 혁신의 단계가 어느 정도까지 진행됐는지, 자신은 그 단계의 어디쯤에 위치해 있는지 좌표를 정확하게 읽는 게 창업의 원점이다.

김정주와 송재경이 스타트업 전선에 뛰어들었을 때 인터넷 혁신 물결은 다음 단계로 진화하고 있었다. 도로와 교량은 놓였다. 이제 길 위를 달릴 자동차와 사람이 필요했다. 김정주와 송재경이 운영체제와 오피스가 이미 늦었다고 봤던 건 정확했다. 다음 단계는 콘텐츠였다. 그래서 게임에 몰두했다. 단지 컴퓨터 게임을 좋아해서만은 아니었다. 게임을 좋아해서 잘 알았기 때문에 게임이 다음 단계라는 걸 일찍 깨달았을 뿐이다. 게다가 송재경은 컴퓨터 게임을 혁신했다. 게임에 네트워크성을 부여했다. 온라인 게임의 개념을 구체화시켰다.

누구도 스타트업의 함정을 피해 갈 순 없다. 우선 창업 과정에서 가장 큰 위협은 사람한테서 온다. 지식 기반 산업은 결국 사람의 두뇌에 의존한 비즈니스다. 사람은 컴퓨터나 서버나 사무실이나 책상보다 훨씬 유지 관리가 어려운 장비다. 스타트업의 경우엔 뛰어난 두뇌가 필요하지만 동시에 충분한 보상을 해주기 어렵다. 결국 사람들이 자꾸 들고 난다. 당연히 인건비가 줄줄 샌다. 이때 나가는 인재만큼 새로운 인재를 끊임없이 영입할 수 있어야 한다. 비즈니스맨으로서 김정주의 탁월함은 여기에 있다. 송재경이 나가도 정상원을 불러올 수 있었고 나성균과 서민을 끌어들일 수 있었다.

　사업은 창업할 때의 최초 비전과는 다른 방향으로 흘러가기 쉽다. 넥슨의 경우엔 게임 회사가 웹에이전시로 변모했다. 사업은 생물이다. 어떤 방향으로 자라날지는 아무도 모른다. 원하지 않는 모습이라고 가지를 쳐버려선 뿌리도 자라나지 못한다. 다만 애초에 무엇을 위해 창업을 했는지 잊어선 안 된다. 돈벌이에 매몰되기 때문이다. 넥슨의 경우엔 웹에이전시로 돈을 벌었지만 목표는 온라인 게임이었다. 김정주는 그걸 잊지 않았다. 한쪽 눈으론 현재를 보면서 다른 눈으론 미래를 봤다.

3장

도약

〈바람의나라〉를
세우다

정상원과 김정주는 처음엔 적으로 만났다. 1995년 겨울 무렵이었다. 웹에이전시 시장에 큰 배가 들어왔다. KBO^{한국야구위원회}의 홈페이지를 구축하는 프로젝트였다. KBO 사무실엔 장안의 내로라하는 웹에이전시가 다 모여들었다. 김정주의 넥슨과 정상원의 블루버드도 있었다. 김정주와 정상원은 KBO 실무신 앞에서 프레젠테이션을 했다. 두 사람은 그때 서로를 처음 봤다. 당시 넥슨은 웹에이전시 시장의 최강자였다.

결과는 김정주와 넥슨의 승리였다. 넥슨은 KBO의 하청 업체가 됐다. 그러나 정작 넥슨도 KBO 용역을 혼자 다 하긴 무리였다. 김정주다웠다. 일단 일을 따고, 수습은 그다음이었다. 재하청을 줄 작정이었다. 1996년으로 해가 바뀌고 넥슨은 블루버드에 재하청을 제안했다. 정상원과 블루버드도 마다할 입장은 아니었다. 넥슨이나 마찬가지 처지였다. 두 회사 모두 원래 목적은 게임 개발이었으나 생각보다 시간과 돈이 많이 들었다. 궁여지책으로 웹에이전시 사업에 뛰어들었다. 갑자기 시장이 커졌고 주객이전도됐다. 김정주의 전화를 받고 정상원은 대답했다. "합시다."

　　블루버드 사무실은 구로에 있었다. 넥슨은 마침 성지하이츠II 2009호에서 선릉역 인근의 해동빌딩으로 이사를 한 참이었다. 웹에이전시 사업이 커지면서 인원도 부쩍 늘었다. 해동빌딩은 김정주가 대학 시절에 일했던 대덕전자 김영재 사장이 소유한 건물이었다. 김영재 사장은 김정주를 아꼈다. 김정주는 정상원한테 제안을 했다. "사무실 임대료도 아낄 겸 그냥 해동빌딩에서 같이 일하죠?" 블루버드는 넥슨과 같은 층에 세를 들었다.

적에서 동지로

　　정상원은 넥슨이 무슨 일을 하고 있는지 궁금했다. 김정주는 넥슨이 개발하는 온라인 게임도 구경시켜줬다. 〈바람의나라〉라는 게임이었다. 정상원은 내심 충격을 받았다. 블루버드가 개발해온 게임과는 수준이 달랐다. 정상원은 김정주가 부러웠다.

　　하지만 넥슨 사정은 보기와는 달랐다. 〈바람의나라〉는 바닥에 붕 뜬 상태였다. 지난 연말에 송재경이 갑자기 넥슨을 떠나버리면서 개발 속도가 눈에 띄게 느려졌다. 김정주는 웹에이전시 사업만으로도 바빴다. 김정주는 게임 기획자나 개발자라기보다는 사업가에 가까웠다. 누군가 송재경의 빈자리를 채워줬으면 싶었다. 마침 그때 블루버드 안에서 내분이 일어났다.

　　블루버드는 원래 삼성SDS 출신들이 창업한 회사였다. 정상원도 삼성SDS 출신이었다. 정상원은 서울대학교와 대학원에서 분자생물학을 전공했다. 그런데 전공보단 컴퓨터를 더 좋아했다. 컴퓨터공학으로 유학을 가려다 아버지의 권유로 삼성SDS에 입사했다. 삼성SDS에 가면 컴퓨터를 만질 수 있겠다 생각했지만 정작 삼성SDS가 정상원한테 준 업무는 병원 진단서 출력 소프트웨어 개발이었다. 생물학 전공이니 병원 프로그램을 개발하란 논리였다. 정상원은 그런 기계적인 사고에 거부감을 느꼈다. 삼성SDS 안에서 죽이 맞는 친구 몇 명을 만났다. 회사는 때려치우고 온라인 게임이나 한번 만들자며 의기투합해 블루버드를 차렸다.

온라인 게임 개발은 잡으려면 달아나는 파랑새 같았다. 정상원은 답답했다. 게임을 만들려고 창업을 했지 홈페이지 하청 업무를 하려고 회사를 때려치운 게 아니었다. 공동 창업자 이장원은 생각이 달랐다. 이상과 현실이 충돌했다. 결국 정상원은 이장원과 갈라섰고, 파랑새를 찾아 블루버드를 떠났다. 나중에 이장원은 블루버드를 국내 1위의 산업용 PDA 제조업체로 키운다.

정상원은 넥슨에 합류한다. 칸막이 너머로 이직한 셈이다. 넥슨엔 〈바람의나라〉가 있었다. 정상원은 〈바람의나라〉가 지닌 혁신성을 알아봤다. 어떤 텍스트 머드나 온라인 게임과도 달랐다. 김정주는 송재경을 대신해서 게임 개발을 총괄할 기획자가 필요했다. 정상원은 넥슨에서 〈바람의나라〉를 통해 마지막으로 게임 개발에 도전해볼 생각이었다.

넥슨의 큰형님, 정상원

이미 〈바람의나라〉는 1996년 4월 4일 PC통신을 통해 상용화 서비스를 시작한 상황이었다. 말이 좋아서 상용화 서비스였지 안팎으로 부족한 게 너무 많았다. 전화 모뎀선을 이용해서 천리안이나 하이텔 같은 PC통신을 통해 게임 서버에 접속하는 식이었다. 당시 전화 요금이 3분에 20원, PC통신으로 접속하면 여기에 추가로 분당 20원을 과금했는데 이를 PC통신사와 50 대 50으로 나눠 받아서 수익을 냈다. 이용자 입장에선 느리고 비쌌다. 게임 이용자가 있을 리 없었다.

김정주와 아르바이트생 서민을 비롯한 넥슨 직원 열댓 명이 〈바람의나라〉 서버에 맨 처음 접속했다. 한참을 회사 직원들끼리만 게임 안에서 배회했는데 기적 같은 일이 일어났다. 누군가 〈바람의나라〉에 접속한 것이다. 넥슨의 첫 번째 온라인 게임 유저였다. 넥슨 직원들은 신이 나서 이용자에게 말을 걸었다. 함께 놀았다. 시작은 그렇게 작고 소박했다.

정상원이 넥슨에 본격 합류한 건 1996년 5월이었다. 〈바람의나라〉가 PC통신 상용화 서비스를 시작하고 한 달 정도 지난 시점이었다. 〈바람의나라〉는 여전히 갈 길이 멀었고, 정상원은 송재경의 공백을 느꼈다. 〈바람의나라〉에는 설계도조차 없었다. 모든 건 그저 송재경의 머릿속에 있었다. 게임은 텅 빈 건물에 캐릭터가 돌아다니는 수준이었다. 캐릭터의 직업이니 마법이나 맵이니 하는 개념들은 하나도 없었다. 접속한 유저가 있다는 게 신기할 지경이었다.

정상원은 당장 기획 업무부터 챙겼다. 정상원은 한국 최초의 온라인 게임 아키텍트*였던 셈이다. 정상원은 하나씩 하나씩 게임 내용을 추가해나갔다. 개발자 셋과 아르바이트생 하나가 정상원이 설계한 게임을 프로그래밍했다. 정상원이 무게중심을 잡자 마침내 〈바람의나라〉가 전진하기 시작했다.

〈바람의나라〉와 정상원이 만난 건 필연적 우연이었다. 어쩌면 이때부터 김정주는 우연론자가 됐다. 김정주는 송재경처럼 바람 같은 천재는

---

* 게임의 구성요소들을 체계적으로 조직화하는 설계자.

김정주와 바람의 나라

끝까지 〈바람의나라〉를 완성하지 못했을 거라고 직감했다. 〈바람의나라〉는 정상원처럼 곰 같은 우직한 인물이 마무리 지을 역사였다. 김정주는 〈바람의나라〉 작업 결과를 보면서 문득 생각했다. '송재경이 있었으면 다르게 나왔고 정상원이 안 왔으면 안 나왔겠구나.' 송재경이 〈바람의나라〉의 아버지였다면 정상원은 〈바람의나라〉의 어머니였다.

정상원은 게임 사업부뿐만 아니라 넥슨 조직 전체의 구심점이 되었고, 큰형님이라고 불렸다. 모래알 더미 같았던 넥슨에 마침내 구심력이 생긴 것이다. 김정주는 앞서가기 바빴고 모든 안살림은 유정현 엄마와 정상원 형님의 몫이었다. 정상원은 넥슨 직원들이 회사에 불만이 있거나 경력 선택의 기로에 섰거나 인생의 고민이 생겼을 때 맨 먼저 찾는 존재였다. 김정주조차 정상원한테 기댈 때가 많았다.

〈바람의나라〉에서 만난 유저들과 개발자들

초창기 〈바람의나라〉에는 'W키'라는 단축키가 있었다. 누르면 동시 접속한 유저들의 신상이 한꺼번에 떴다. 지금처럼 수십만 명이 동시 접속하는 시절이 아니었다. 많아봐야 수십 명이 전부였다. 넥슨 개발자들은 초창기 유저들과 친구처럼 지냈다. W키를 누르고 전체 사용자 목록을 보고선 자주 접속하는 유저한테 말을 걸었다. 서로 대화가 끊이지 않았다. 신기해서였다. 한 달에 수십만 원씩 나오는 전화비를 내면서 〈바람의나라〉에 접속해서 게임을 하는 유저들은 넥슨 개발자들한테도 신기한 존재들이었다.

당시 아르바이트생 서민이 게임 서버를 담당하고 있었다. 덕분에 서민은 초창기 유저들과 빨리 가까워졌다. 사실 그들은 유저라기보단 〈바람의나라〉의 공동 개발팀이나 다름없었다. 지금도 온라인 게임은 게임 개발자가 게임 유저와 함께 만들어가는 유기체다. 〈바람의나라〉부터 그랬다.

몇 시간씩 게임을 하면서 수십만 원씩 전화비를 무는 유저가 있었다. 개발자들조차 걱정할 정도였다. 알고 보니 부산에 사는 병원장 사모님이었다. 서울에 사는 고등학생도 있었다. 정상원은 고등학생을 바라보면 걱정부터 앞섰다. 저러다 수십만 원씩 전화비가 나오면 부모님한테 혼쭐날 게 뻔했다. 정상원은 고등학생 유저한테는 채팅을 통해 이렇게 말했다. "나중에 대학 붙으면 놀러 오는 게 좋겠어요."

유저들은 게임을 하다가 불편한 점이 생기면 곧바로 개발자에게 얘기했다. 개발자는 프로그램을 그 자리에서 손봤다. 실시간 패치였다. 패치를 적용하려면 서버를 껐다 켜야 했다. 서버 담당 아르바이트생 서민은 이렇게 말하곤 했다. "죄송한데요, 잠깐 리부팅 좀 할게요." 게임 리부팅하는 데 3분 남짓 걸렸다. 잠시 있으면 한 사람 한 사람씩 다시 서버에 접속했다. 그렇게 다 모이면 새로 집어넣은 기능을 써보고 어떤지 말해달라고 물었다. 괜찮은지 편리한지 잘 작동하는지 그 자리에서 알 수 있었다.

〈바람의나라〉는 점점 당대에 게임 프로그래밍 좀 한다 하는 신수들의 공동 창작품에 가까워지고 있었다. 송재경이 외부 설계를 하고 골조 공사를 했다. 정상원이 골조 위에 기둥과 지붕을 세우고 인테리어 설계를 했다. 또 이런저런 개발자들이 집 안에다 등도 달고 벽지도 바르고 인테리어 공사도 끝냈다. 개발자들은 우아하게 코딩만 한 게 아니었다. 〈바람의나라〉에 들어갈 온갖 사운드들도 직접 녹음했다. 개 소리가 필요하면 개발자가 마이크에 대고 개 소리를 했다. "왈왈."

아주 가끔은 송재경이 해동빌딩으로 찾아와선 몰래 코딩을 해놓고 갔다. 송재경이 슬쩍 코딩을 하고 간 다음 날이면 개발자들은 김정주한테

　　　　　　　　　　　　　　　　　　　　김정주와 바람의 나라

묻곤 했다. "어제 재경이 형 왔었어요?" 송재경은 자기 코딩엔 늘 'Written by Jake Song'이라고 서명을 남기는 버릇이 있었다. 지금도 〈바람의나라〉나 〈어둠의전설〉이나 〈일랜시아〉 같은 명작 게임의 서버 코드엔 송재경의 서명이 남아 있다. 가끔 넥슨의 신입 개발자들이 성지순례를 한다.

아르바이트생 서민이 관리했던 〈바람의나라〉 서버는 지금도 게이머들 사이에선 전설로 기억되는 유명한 '둠바스' 엔진이었다. 사실 둠바스 엔진의 기원은 넥슨의 역사보다도 깊다. 둠바스라는 이름이 처음 등장한 건 한글과컴퓨터의 초창기 멤버들인 김형집, 우원식, 이희상, 송재경, 그리고 서민이 함께했던 호프집 술자리에서였다. 막내 서민은 이희상의 하숙집 후배였다. 당시 한글과컴퓨터는 당대 최고의 소프트웨어 엔지니어들의 집결지였다. 술자리에선 앞으로 어떤 기술이 어떻게 미래를 바꿀지를 놓고 갑론을박이 벌어지곤 했다. 너드 토크였다. 상상력은 분방했고 천재성이 번뜩였다. 그러다 튀어나온 용어가 바로 둠바스였다.

둠바스DOOMVAS는 'Distributed Object Oriented Multimedia Virtual Adventure System'의 약자다. 술자리에서 나온 얘기들을 모조리 축약한 단어다. 무슨 「스타워즈」에 나오는 용어 같았다. 다들 이상하게 이 단어를 좋아했다. 미래를 지배할 기술 용어를 하나로 모아놓아서였다. 터무니없이 야심만만한 단어였다. 1994년과 1995년 사이에 한글과컴퓨터에선 둠바스라는 용어를 모르는 개발자가 없을 정도였다. 특히 송재경이 이 단어를 사랑했다. 송재경이 〈바람의나라〉의 프로토타입 게임을 대뜸 〈둠바스〉라고 이름 붙였던 이유다.

당대의 컴퓨터 천재들이 〈바람의나라〉에 아낌없이 애정과 재능을 쏟아부었던 건 그래서다. 김정주가 꼬셔서 컴퓨터 앞에 앉긴 했다. 그러나 김정주가 꼬시지 않았어도 다들 〈바람의나라〉의 코딩을 한번쯤 해보고 싶어 했다. 궁금했고 뿌듯했다. 〈바람의나라〉에는 당대 소프트웨어 산업의 꿈이 담겨 있다. 사실 텍스트 머드 게임을 그래픽 머드 게임으로 전환한다는 생각도 송재경이 마리텔레콤*에서 아르바이트를 할 때 〈단군의 땅〉을 개발한 김지호와 다 같이 떠들었던 주제였다.

사람과 사람이 만날 때 미래가 생긴다. 미래와 미래가 만날 때 현재가 생긴다. 사람과 사람은 언제 어디서나 만날 수 있다. 사람과 사람이 만난 자리마다 미래가 흩어져 있게 된다. 미래와 미래가 만나긴 쉽지 않다. 넥슨에서 미래가 서로 만났다. 〈바람의나라〉라는 현재가 생겼다.

〈바람의나라〉는 온라인 네트워크 게임이다. 네트워크로 연결된 다수가 동시에 게임을 즐긴다. 〈바람의나라〉는 온오프라인 네트워크에서, 사람과 사람 사이에서 창조됐다. 개발자와 사용자가 함께 만들었고 개발자와 개발자들이 함께 만들었다. 김정주는 어렴풋이나마 창조적 생태계의 개념을 깨달아가고 있었다. 훗날 넥슨이란 기업의 방향을 결정한 큰 깨달음이었다.

김정수는 〈바람의나라〉를 통해 혁신이 한 사람의 천재를 통해 이뤄지는 게 아니라는 걸 알았다. 송재경은 슈퍼 천재였다. 파고드는 기질과 트렌드를 잡아내는 감각을 겸비했다. 혁신의 마무리는 정상원처럼 진득한 사람의 몫이었다. 막히면 또 누군가 해결책을 내놓았다. 송재경도 가끔씩 재등판했다. 김정주는 넥슨이 계속 이렇게 수평적이고 열려 있으면 좋겠다고 생각했다. 김정주는 회사 같지 않은 회사, 개방적이고 매우 유연한 조직을 꿈꾸었다.

* 1994년 대한민국 최초의 온라인 텍스트 머드 게임인 〈단군의 땅〉을 출시하고 이후 〈쥐라기 원시전〉 등을 제작해 한국 온라인 게임 시대를 연 게임 회사.

김정주와 바람의 나라

인터넷 사업부 vs 게임 사업부

해동빌딩으로 옮긴 넥슨의 주축은 분명 인터넷 사업부였다. 넥슨은 인터넷 사업부와 게임 사업부로 나뉘어 있었다. 인터넷 사업이란 결국 웹에이전시 용역이었고, 당시 황금 알을 낳는 거위였다. 프로그래밍은 쉽고 보상은 컸다. 비용 대비 수익이 컸다. 게임 개발과는 정반대였다. 인터넷 사업부의 주축 나성균은 웹에이전시 사업을 정말 사업답게 키워냈다.

정상원은 한편으론 인터넷 사업부가 부러웠다. 인터넷 사업부는 하루가 다르게 인원이 늘었다. 게임 사업부는 단출했다. 정상원에게는 인터넷 사업부 쪽 사무실이 더 밝고 넓어 보였다. 정상원의 눈에 인터넷 사업부는 빛이고 게임 사업부는 어둠이었다. 인터넷 사업부는 일사불란했고 그에 비해 게임 사업부는 허술했다. 사실 개발자 다섯 명만으로 세계 최초의 그래픽 온라인 게임을 만든다는 건 어림도 없었다.

김정주는 개발자들을 수시로 끌어왔다. 서울대와 카이스트 학맥이 인재 풀 노릇을 해줬다. 후배들 입장에선 그냥 선배네 회사에 놀러 와서 치킨이고 맥주 좀 얻어먹었는데 정신 차려보니 컴퓨터 앞에 앉게 된 식이었다. 뜨내기 개발자들 일색이었고, 정상원은 그들을 이끌고 〈바람의나라〉를 만들어야 했다.

1996년 초여름이었다. 마침내 빛과 어둠이 충돌했다. 게임 사업부도 인터넷 사업부도 서로에게 불만이 있었다. 인터넷 사업부 입장에선 열심히 돈을 벌어 오면 게임 개발 쪽에만 투자가 되니까 불만이었다. 게임 사업부는 게임 만들겠다고 시작한 넥슨이란 회사의 정체성이 웹에이전시처럼 변하는 게 불만이었다.

사실 게임 사업부는 불만이 있어도 적극 표출할 입장이 아니었다.

4월 4일 PC통신 상용화 서비스를 개시했지만 성과는 보잘것없었다. 결과가 나오기 전엔 기다려보자는 핑계라도 있었지만 이젠 핑곗거리가 없었다. 나성균, 박진환, 김병관이 인터넷 사업부의 웹 3인방이었다. 나중에 김병관은 웹젠의 대표가 되고 나성균과 박진환도 모두 게임 개발에 뛰어든다. 당시엔 입장이 달랐다. 김정주는 당장의 캐시 카우냐 먼 미래의 사업이냐를 두고 선택을 해야 하는 기로에 섰다. 정상원에게는 낯익은 풍경이었다. 블루버드가 먼저 섰던 갈림길에 넥슨도 섰다. 작은 성공을 맛보면 불안한 길을 가기가 더 어렵게 된다. 블루버드는 포기했다. 김정주는 버텼다. 결국 김정주, 유정현과 웹 3인방은 충돌한다.

무더웠던 1996년의 여름도 지나가고 있었다. 〈바람의나라〉엔 바람 한 점 없는 나날들이 계속되고 있었다. 한 달 매출이 300만 원이 채 안 됐다. 기대 이하였다.

〈바람의나라〉는 바람 앞의 촛불이었다. 건국의 아버지 송재경도 떠났다. 게임 사업부와 인터넷 사업부의 갈등은 극에 달해 있었다. 건국의 어머니 정상원조차 떠날 채비를 했다. 1996년의 추운 겨울, 넥슨의 분위기는 흉흉했다. 정상원은 심성무에게 밀궜다. "게임 개발은 그만하실 거죠? 게임 안 할 거면 나도 여기에 더 있을 필요가 없어요. 나도 이만 가보겠습니다." 그때였다. 김정주가 대답했다. "아뇨. 조금 더 기다려보세요. 조금만 더 가볼 겁니다." 정상원은 내심 놀랐다. 이 상황에서 김정주가 더 버티겠다고 나올 줄은 몰랐다.

김정주가 버틴 건 게임이 될 거란 계산 때문은 아니었다. 당장 계산이 안 선다는 건 알고 있었다. 하지만 그렇게 포기할 수는 없었다. 김정주는 〈바람의나라〉를 통해 어떤 가능성을 엿보았다. 그게 정확히 무엇인지 알려면 좀 더 가야 했다. 두려워할 것은 실패가 아니었다. 정상원은 이때 처음으로 김정주의 승부사 기질을 목격했다. 뚝심과 오기와 근성으로 똘똘 뭉친 승부사 기질은 창업주한텐 꼭 필요한 자질이다. 김정주는 성장하고 있었다.

1997년 봄이었다. 결국 나성균과 박진환과 김병관은 넥슨을 떠났다. 웹 3인방이 떠나면서 인터넷 사업부는 큰 위기를 맞았다. 나성균이 머문 기간은 1년 남짓으로, 송재경에 이어 나성균도 바람처럼 넥슨을 스쳐갔다.

김정주는 게임을 선택했다. 역사적 결정이었다. 1997년 1월 〈바람의나라〉 인터넷 시범 서비스가 시작됐다. 알파에서 베타 서비스로 전환한 셈이었다. 김정주는 일보 후퇴하라고 했더니 일보 전진을 선택했다.

무풍지대

윤지영은 현대자동차 홍보팀 대리였다. 현대자동차는 넥슨 인터넷 사업부의 첫 고객이었다. 윤지영은 슈퍼 갑이었고 넥슨에는 유난히 더 깐깐히 굴었다. 윤지영 때문에 눈물을 쏟은 넥슨 식원이 한둘이 아니었다. 그 윤지영이 나성균에 이어서 넥슨 인터넷 사업부를 이끌게 됐다. 처음 소식을 접한 넥슨 인터넷 사업부 직원들은 경악을 금치 못했다. 김정주가 윤지영에게 도움을 요청했다. 넥슨은 웹에이전시 시장의 선두 주자였고 윤지영은 도전할 줄 아는 남자였다. 윤지영은 현대자동차를 떠나서 넥슨으로 자리를 옮긴다. 윤지영은 여전히 동아리 같았던 회사를 하나둘 정비하며 회사처럼 만들기 시작한다. 홍보팀도 신설하며 이재교를 불러들인다. 나성균이 나가고 윤지영이 합류하면서 넥슨의 내분은 봉합됐다.

이제 진짜 〈바람의나라〉가 문제였다. PC통신 상용화 서비스를 시작한 지도 1년이 다 돼가고 있었다. 그런데 여전히 답보 상태였다. 정상원은 〈바람의나라〉에 대해 어느 정도 확신이 있었다. 칼이며 창이며 마법 같은 것들을 집어넣기 시작하니까 텅 빈 송재경의 공간에 정상원의 색깔이 입혀졌다. 완성도가 하루가 다르게 높아졌다. 문제는 속도였다. 모뎀망을 이용해서 온라인 게임을 한다는 건 엄청난 인내력이 요구되는 일이다. 인터넷 인프라가 갖춰지지 않는 한 〈바람의나라〉는 무풍지대로 남을 수밖에 없었다. 생존의 문제였다. 정상원은 1996년부터 몰래 과외 아르바이트를 했다. 삼성SDS 시절 연봉은 2000만 원 정도였지만 넥슨에서 받는 연봉은 800만 원 남짓이었다. 매달 손에 쥐는 월급이 70만 원을 겨우 넘었고 그것만으로는 생계가 막막했다. 마침 정상원의 아내는 석사과정에 입학했다. 정상원이 더 벌어야 했다. 주말엔 학생들을 가르쳤다.

개발팀의 유일한 낙은 먹는 것이었다. 해동빌딩 사무실엔 언제나 먹을 게 넘쳐났다. 유정현은 항상 사무실에 빵을 산더미처럼 사다놓곤 했다. 식대도 무조건 회사 비용으로 처리했다. 당시 넥슨의 사훈은 하나였다. '먹고 죽은 개발자가 때깔도 곱다.' 갈 길 바쁜 김정주를 묵묵히 돕는 사려 깊은 내조였다. 당시 넥슨의 살림살이를 관리하고 있던 유정현은 아무리 힘들어도 먹는 것엔 돈을 안 아꼈다.

시간이 지나면서 사정은 더 어려워졌다. 결국 개발팀 다섯 명 가운데 두 명이 회사를 떠났다. 1997년 1월 아르바이트생 서민이 정식 직원으로 입사했다.

드디어 바람이 불다

속도만 문제가 아니었다. 기술도 한계였다. 〈바람의나라〉는 없던 길을 내며 가야 했다. 막다른 길투성이였다. 맨 처음 문제가 생긴 건 처음으로 동시 접속자가 50명에 도달했을 때였다. 50명이 동시에 서버에 접속하자 게임이 다운돼버렸다. '50장벽'이었다. 서버 담당자인 서민은 도무지 영문을 알 수가 없었다. 미칠 것 같았다. 물어볼 사람도 없었다. 이건 지구상에 존재한 적이 없는 문제였다.

이 문제를 해결하니 접속자가 254명이 되면 서버가 죽는 문제가 또 발생했다. '254장벽'이었다. 동시에 253명이 접속할 때까지만 해도 게임이 잘 돌아갔다. 254명이 접속하면 꼭 서버가 죽었다. 개발자들 사이에선 '마의 254'라고 불렸던 기술적 난제였다. 서버 담당 서민은 입이 바짝바짝 탔다. 바깥에선 유저들이 게임을 할 수 있게 해달라고 아우성이었다. 서민은 머리를 싸맸다. 서민은 미국 출장을 다녀올 일이 생겼다. 미국에서도 이 문제 때문에 게임이 죽어가고 있다는 걸 생각하니 미쳐버릴 것만 같았다. 침대에 누워서도 서버 생각뿐이었다. 그러다 8비트 생각이 탁 떠올랐다. 원인은 8비트 컴퓨터에 있었다. 8비트 컴퓨터로 게임을 만들었기 때문에 2의 8승인 256은 특별한 숫자가 된다. 비트 하나하나가 한 사람의 유저를 뜻했다. 그러다 254가 되면 서버가 다운됐다. 256이 아니었던 건 당시 유닉스 시스템의 입력과 출력에 쓰이는 비트 자리가 하나씩 빠졌기 때문이었다. 결국 두 자리를 뺀 254가 마의 숫자가 됐다. 곧바로 서버에 접속해서 수정을 했다. 유저가 300명을 넘어섰다. 미국 출장길에 다 함께 파티를 벌였다. 지금이야 이 정도는 상식이다. 그러나 당시엔 아무도 몰랐다.

그다음 장벽은 이른바 '1024장벽'이었다. 역시 2의 10승이다. 이번엔 노하우가 생겼다. 마의 254와 같은 문제일 거란 짐작은 했다. 유저 숫자가 1023명을 넘어서면 서버가 죽자 똑같이 해결하면 되겠거니 싶었다.

안 됐다. 당시 〈바람의나라〉는 유닉스 기반이었다. 유닉스로 열 수 있는 파일 개수는 1024개까지가 한계였다. 넥슨 개발자들이 유닉스를 뜯어고치지 않고선 이 문제를 해결할 수가 없었다.

결국 이 문제를 해결하자 유저가 수천 명까지 한달음에 증가했다. 개발자들은 기술적 한계를 넘느라 안간힘을 썼다. 그걸 지켜보는 김정주는 속이 더 바짝바짝 탔지만 한편으로는 내심 안심도 됐다. 처음엔 〈바람의나라〉의 수요가 얼마나 있을지 자신이 없었다. 정작 시장의 수요 장벽보단 개발의 기술 장벽이 더 높다는 걸 확인하는 순간이었다. 속도는 여전히 불편했지만 사용자는 불편을 감수해줬다. 게임에 절대적인 충성과 지지를 보였다. 유일한 희망이었다.

1997년 초여름부터 〈바람의나라〉에 바람이 불기 시작했다. 1997년 초부터 초고속 인터넷 망이 빠르게 확산되기 시작한 것이다. 서서히 속도가 개선되자 1997년 늦여름부터 〈바람의나라〉 유저가 증가했고 가을이 되면서 증가세는 폭발적으로 변했다.

단지 넥슨이나 〈바람의나라〉가 홀로 창출한 수요가 아니었다. 수요는 오랫동안 잠재돼 있었다. 1980년대부터 콘솔이나 아케이드 게임을 즐기는 게임 세대가 생겨났다. 그들은 조이스틱과 함께 오락실에서 초중고교 시절을 보냈다. 이들한테 게임은 이미 오락 문화의 하나로 자리 잡은 지 오래였다. 일찍 영화를 접한 영상 세대가 영화 산업의 중심에 섰던 것과 같았다. 1990년대는 여러 대중문화가 창궐하던 시기였다. 게임도 그중 하나였다. 〈바람의나라〉는 게임을 넘어선 하나의 문화 현상이었다. 게임 세대가 〈바람의나라〉에 몰려들었다.

1997년 12월 3일, 한국은 IMF에 구제금융을 신청한다. 외환 위기로 나라가 초토화됐다. 연쇄 부도와 대량 해고가 이어졌고 실업자들이 거리로 쏟아져 나왔고, 실업자들은 PC방을 전전했다. 1997년부터 초고속 인터넷을 쓸 수 있는 PC방이 확산됐지만 아직 가정마다 초고속 인터넷을 쓰는 분위기까진 아니었다. 외환 위기는 PC방 창업을 가속화했다. 실업자들은 자영업자로 변신했다. 외환 위기가 PC방의 수요, 공급을 모두 확대한 셈이었다. 당시엔 포털 같은 것도 없었고, 막상 인터넷에 접속은 했는데 별로 할 일이 없었다. 콘텐츠가 필요했단 얘기다. 그런데 〈바람의나라〉가 딱 거기에 있었다. 넥슨의 행운이었다.

김정주도, 정상원도, 송재경도, 서민도, 일이 이렇게 풀릴 거라고는 아무도 생각하지 못했다. 아직 20대였던 공학도들이 국가 인프라 전략을 앞서 읽고 시장의 흐름을 예측한 다음 거기에 걸맞은 상품을 먼저 준비한다는 건 불가능하다. 환란을 예측한다는 건 말도 안 된다. 그들은 그저 남들보다 조금 더 무모했고, 누군가 미래를 만들어주길 기다리는 대신 미래를 직접 만들어보고 싶어 했을 뿐이다. 도전했고, 실패했다. 행운이 따라줬고, 불행도 따라왔다. 그리고 부활했다.

〈바람의나라〉는 게임 산업의 판도를 완전히 바꿔버렸다. CD타이틀 위주의 게임 개발에 매달려 있던 기존 게임 개발사들도 비로소 온라인 게임 개발에 관심을 보였다. 게다가 온라인 게임은 콘솔 게임과 달리 유통 비용이 안 들었다. 만들고 싶다고 만들 수 있는 것도 아니었다. 기술력이 있어야 했다. 넥슨은 온갖 장벽들을 혼자서 돌파했고, 그렇게 기술을 축적했다. 온라인 게임에 관한 넥슨의 기술력은 독보적이었다. 〈바람의나라〉는 다른 게임 개발사들보다 3년은 앞서 있었다. 딱 3년 고생한 덕분이었다. 그러나 정작 넥슨의 독주 체제는 얼마 못 간다. 1998년 9월이었다. 〈리니지〉라는 게임이 정식 서비스를 시작한다. 송재경이었다.

혁신은 어떻게 만들어지는가

혁신은 기업의 영원한 화두다. 기업은 스스로 혁신을 일으키려고 애를 쓴다. 그러나 반도체처럼 일방통행식 혁신이면 몰라도 소프트웨어 분야에서 혁신을 일으키는 건 일개 기업 혼자선 벅차다. 애플이 아이폰 개발은 혼자 해도 앱 개발은 앱스토어라는 생태계에 의존하는 이유다. 근본적인 혁신은 혁신가들과 경영자들이 서식하는 창조적 생태계 안에서만 가능하다. 온라인 게임도 그랬다. 온라인 게임은 넥슨이라는 기업 혹은 송재경이라는 천재가 홀로 발명한 외로운 피조물이 아니다. 〈바람의나라〉라는 온라인 게임의 탄생은 당대 한국 기술 생태계와의 협업을 통해서만 가능했다. 그들은 자신의 두뇌 속에 들어 있는 지적 재산을 타인과 공유하는 데 주저함이 없었다. 혁신은 무한 복제 끝에 나타나는 돌연변이다. 타인들의 무수한 생각에 자신의 생각 하나를 덧붙일 때 혁신적 생각이 나타난다. 아무리 거대한 기업도 아무리 대단한 천재도 이런 복제와 돌연변이의 연산을 자기 안에서만 무한 반복하는 건 불가능하다.

김정주는 〈바람의나라〉를 개발하는 과정에서 혁신의 본질을 깨달았다. 김정주가 넥슨을 한사코 열린 회사로 이끌어가려고 애썼던 건 그래서였다. 넥슨이라는 기업 자체가 혁신의 생태계일 순 없는지 끊임없이 고민했다. 지금 한국 게임 업계는 예전의 혁신성을 많이 잃어버린 상태다. 혁신가들과 경영자들이 각자 다른 기업으로 갈려서 서로의 생각을 공유하지 않기 때문이다. 흔히 경쟁이 혁신의 원동력이라고 말한다. 경쟁은 혁신의 동기일 뿐이다. 협업이야말로 혁신의 유일한 방법이다.

　　김정주는 승부사 기질이 있는 경영자다. 사업적 결단은 때론 논리를 초월할 때도 많다. 통계와 논리로 설명하지 못하는 선택을 해야 할 때 경영자에겐 승부사 기질이 요구된다. 승부사 기질은 자신의 결정이 맞다고 상대방을 설득하는 능력이 아니다. 상대방한테 설득당하지 않는 능력이다. 김정주한텐 이게 있었다. 넥슨 사람들이 불평하면서도 존중하는 기질이다. 김정주가 〈바람의나라〉를 포기하지 않았던 건 인터넷 통신망이 확대될 줄 알았다거나 외환 위기로 PC방이 생기고 게임 잠재수요가 폭발할 줄 알아서가 아니었다. 자신의 선택에 대한 확신이 있었을 뿐이다. 시장에 맞서는 인간은 종종 합리적 선택 뒤에 숨고 싶다. 정작 사업은 논리와 비논리를 넘나드는 종합적 행위다. 시장 논리에 충실해야 하지만 시장 밖 비논리까지 이해하지 못하면 큰 기업을 일으키긴 어렵다. 사람은 논리로만 움직이지 않는다. 시장은 크지만 언제나 세상이 더 크다.

2

성장통

4장

쌍생아

〈리니지〉의 도전

내용증명이 날아왔다. 송재경은 내심 '정주답다'고 생각했다. 김정주는 변호사의 아들이다. 〈바람의나라〉 지적 재산권 일체가 넥슨과 IBM코리아의 소유라는 걸 증명한다는 내용이었다. 1996년 6월, 송재경이 아이네트에 몸을 의탁한 지 반년쯤 되어가고 있었다. 아이네트는 카이스트 선배인 허진호가 세운, 한국 최초의 민간 인터넷 접속 서비스 사업체다. 허진호는 후배인 송재경과 김정주를 물심양면으로 도와줬다. 오갈 곳이 없어진 송재경을 아이네트로 거둬준 것도 허진호였다. 송재경은 아이네트에서 심신부터 추슬렀다. 6개월쯤 아무 생각 없이 놀았다. 그러자 슬슬 밥값은 해야겠다 싶어졌다.

그즈음 아이네트 홍보팀에서 보도 자료를 하나 배포했다. 최초의 온라인 게임인 〈바람의나라〉를 지금은 아이네트에 있는 송재경이 만들었다는 내용을 포함한 보도 자료였다. 송재경도 말리진 않았다. 거짓말도 아니었다.

넥슨 입장에선 다르게 느꼈다. 〈바람의나라〉는 아직 갈 길이 멀었고 남은 개발자들은 매일 고생하고 있었다. 이런 상황에서 '송재경이 만든 〈바람의나라〉'라는 얘기가 공식적으로 돌면 넥슨 입장에선 섭섭할 수밖에 없었다. 이건 김정주와 송재경의 문제가 아니었다. 넥슨과 투자사 IBM코리아, 아이네트 사이의 문제였다. 김정주는 아이네트로 내용증명을 보냈고 결국 아이네트는 홈페이지에 사과문을 공지했다.

송재경은 깨달았다. 〈바람의나라〉는 더 이상 자신의 게임이 아니었다. 같이 시작했는데 떠맡기고 나온 꼴이라 그동안은 송재경도 미안했고, 개인적인 미련도 있었다. 문득문득 〈바람의나라〉 일을 거들기도 하면서 아쉬움을 달랬다. 그러나 내용증명으로 송재경과 〈바람의나라〉의 법적 인연은 끊어졌다. 미안함도 미련도 사라졌다. 비로소 새로운 게임을 개발하겠다는 의지가 생겼다.

〈바람의나라〉와 〈리니지〉

송재경은 1996년 8월 한 달을 게임 기획서를 쓰면서 보냈다. 김진 작가에게 전화를 걸어 물었다. "선생님, 신일숙 선생님 전화번호를 좀 알 수 있을까요?" 송재경은 만화가 신일숙의 『아르미안의 네 딸들』을 무척 좋아했다. 그러나 『아르미안의 네 딸들』로 MMORPG를 만들 수는 없는 노릇이었다. 당시 신일숙 작가는 한창 『리니지』를 연재하고 있었다. 송재경은 신일숙 작가가 사는 일산까지 찾아가 『리니지』를 온라인 게임으로 만들 권리를 얻어서 돌아왔다.

송재경은 그 뒤로 1년 넘게 〈리니지〉를 뚝딱거렸다. 쉽진 않았다. 1997년 여름이 다 지났지만 완성까진 아직도 요원했다. 반면에 〈바람의나라〉는 슬슬 바람을 타고 있었다. 송재경이 상상했던 온라인 게임 시장이 마침내 태동하고 있었다. 정작 송재경은 그곳에 없었다. 그때 허진호가 송재경을 불렀다. "회사가 힘드네. 다른 회사를 알아봐라." 외환 위기 직전이었다. 송재경은 졸지에 실업자 신세가 됐다. 〈리니지〉도 공중에 붕뜰 참이었다.

그때였다. 김택진에게서 툭 전화가 왔다. 김택진은 송재경에게 말했다. "너 회사 옮긴다면서? 내가 엔씨소프트란 회사를 차린 건 알고 있지? 그냥 엔씨소프트로 와라."

송재경과 김택진은 송재경이 한글과컴퓨터에 다니던 1993년 무렵에 처음 만났고, 그 뒤로도 인연이 이어졌다. 그때 김택진은 현대정보기술에서 일하고 있었다. 1995년 4월 무렵 송재경과 김정주가 막 창업을 했을 때였다. 김택진이 전화를 걸어왔다. 세 사람은 방배동 카페 골목에서 만나 밤새 이야기를 나눴다. 김정주와 김택진은 그날 처음 본 사이였으나 금세 친해졌다. 1997년, 김택진은 엔씨소프트를 창업했다.

송재경은 1997년 12월 엔씨소프트에 입사한다.

송재경은 〈리니지〉를 개발하면서 〈바람의나라〉와는 다른 선택을 거듭했다. 〈바람의나라〉는 고구려가 배경이었는데, 송재경은 그 시절 자료가 부족해서 고생했다. 〈리니지〉의 배경은 왕과 기사와 요정과 마법사가 등장하는 중세다. 자료가 무궁무진했다. 게임 유저가 게임 서버를 옮길 때도 〈리니지〉는 알아서 옮겨 갈 수 있게 만들었다. 〈바람의나라〉는 하나하나 인증을 받아야 했다. 〈바람의나라〉 때는 틀렸고 〈리니지〉 땐 옳았던 게 아니었다. 지난번엔 저렇게 했으니 이번엔 이렇게 해본 것뿐이었다.

무엇보다 송재경은 〈리니지〉에선 PK를 허용했다. PK는 플레이어 킬Player Kill의 약자다. PK가 되면 게이머들끼리 서로를 공격하고 죽일 수 있다. 원래 송재경은 〈바람의나라〉에서도 PK를 허용했었다. 오픈 전에 정상원이 못 하게 만들었다. 정상원은 PK가 되면 게임이 망가질 거라고 봤다. 덕분에 〈바람의나라〉는 인간 게이머들이 인공지능 몬스터만 죽이는 아름다운 나라가 됐다. 송재경은 생각이 달랐다. 게임이 현실을 더 닮기를 원했다. 〈리니지〉에선 PK를 본격적으로 허용해봤다. 어떻게 될지는 몰랐다. 그래서 궁금했다. 게임 기획자로서 정상원과 송재경의 차이점이었고, 결국 〈바람의나라〉와 〈리니지〉의 차이점이 됐다. 정상원은 게임을 만들고 싶어 했고, 송재경은 세계를 만들고 싶어 했다.

1998년 9월 〈리니지〉가 공개됐다. 〈리니지〉는 단순한 게임이 아니었다. 거대한 현상이 됐다. 창조자 송재경도 깜짝 놀랐을 정도다. 핵심은 PK였다. 온라인 게임은 현실 세계의 사투가 고스란히 이어지는 또 다른 전장이었다. 외환 위기 직후였다. PC방엔 실업자가 넘쳐났다. 그들은 현실에서의 좌절을 게임 안에서 설욕하고 싶어 했다.

김정주와 정상원은 송재경이 〈리니지〉를 개발하는 과정을 가까이에서 지켜봤다. 가끔씩 김정주가 송재경을 염탐하곤 했다. 김정주는 송재경을 찾아가서 〈바람의나라〉에 이런저런 기능을 업데이트했다고 자랑했다. 송재경은 늘 피식 웃으며 그딴 건 이미 옛날에 고쳐놓았다고 응수했다. 정상원이 가운데에서 그 둘을 구경했다.

정상원은 송재경이 PK를 허용했다는 이야기를 듣고 〈리니지〉가 실패할 거라고 확신했다. PK를 허용하면 자칫 약육강식의 무법 게임이 된다. 게임을 시작하는 초보 게이머들은 불리한 생존경쟁을 견디다 못해 게임 자체를 포기하게 된다. 새로운 게이머가 유입되지 않으면 더 이상

약탈을 즐길 수 없게 된 기존 게이머들마저 게임에서 이탈하고, 결국 게임 자체가 고사한다.

결과는 정반대였다. 초보 게이머들은 게임을 포기하기는커녕 이를 악물고 재도전을 했다. PK를 당한 게이머의 30퍼센트 이상이 다시 게임을 시작했다. 송재경조차 예측 못 한 상황이었다. 게다가 게이머들은 동네 친구들까지 규합해서 〈리니지〉 안에 혈맹이란 걸 만들었다. PK를 당하지 않으려면 뭉치는 게 유리했다. 혈맹은 〈리니지〉를 대박 게임으로 만들었다.

〈리니지〉와 〈바람의나라〉는 마주 보는 거울과 같았다. 〈리니지〉는 〈바람의나라〉의 이란성 쌍둥이였고, 놀라운 기세로 시장을 장악했다. 김정주와 정상원은 게임 시장에서 〈리니지〉가 〈바람의나라〉를 차곡차곡 밀어내는 걸 지켜봐야 했다. 〈바람의나라〉는 〈리니지〉에 비하면 너무 착한 게임이었다. 그래서 비현실적이었다. 1999년으로 접어들자 후발 주자 엔씨소프트는 선발 주자 넥슨을 냉큼 추월해버렸다.

추격자가 될 것인가

넥슨은 이미 〈바람의나라〉의 후속작 개발을 마무리한 상태였다. 〈어둠의전설〉이었다. 〈어둠의전설〉은 〈바람의나라〉와 달리 풍족한 환경에서 제대로 개발한 게임이었다. 〈어둠의전설〉은 〈바람의나라〉의 한계를 넘어섰다. 〈어둠의전설〉은 〈바람의나라〉에 비해 움직임이 훨씬 자유로웠다. 여덟 방향으로 움직일 수 있어서 입체감이 살아났다. 〈어둠의전설〉의 배경은 중세로 〈바람의나라〉의 태생적 한계였던 고구려 배경도 극복했다. 그러나 〈어둠의전설〉에도 PK는 없었다. 〈어둠의전설〉은

〈바람의나라〉를 극복했으나 〈리니지〉를 넘어서진 못했다.

〈리니지〉가 등장하면서 온라인 게임 시장은 어른 게임과 어린애 게임으로 양분됐다. 외환 위기 직후 PC방의 주 고객층은 분명 성인 남성들이었고, PC방은 성인들의 오락실이 돼버렸다. 어른 게이머들은 더 격렬하고 더 치열한 게임을 원했다. 〈바람의나라〉나 〈어둠의전설〉 같은 착한 게임에는 만족하지 못했다. 〈리니지〉는 혈맹을 바탕으로 한 공성전* 까지 도입하면서 독주 체제를 굳히는 데 성공했다. 공성전은 그야말로 죽느냐 사느냐의 전쟁이다. 반면 〈바람의나라〉는 OX 퀴즈로 승패를 갈랐다.

〈리니지〉가 버는 돈이 더 많아질 수밖에 없었다. 게이머들은 강렬한 승부욕을 자극할수록 더 많은 돈을 지출했다. 상대를 이기기 위해 아이템 투자를 아끼지 않았다. 〈리니지〉 안에 아이템 밀거래 시장이 형성될 정도였다.

넥슨도 언제까지 기존의 제한에 갇혀 있을 순 없었다. 당장이라도 〈리니지〉 같은 게임을 좇아 약육강식 구조의 게임을 개발하면 간단했다. PK를 도입하는 게 기술적으로 어려운 일도 아니었다. 넥슨도 당장 빠른 추격자로 변신할 수 있었다. 뭐 좀 된다 싶으면 바보 좇아 하는 대기업식 전략 말이다.

사건이 터졌다. 〈리니지〉가 동기가 된 폭력 사건이 일어났다. 게임 아이템을 구하기 위한 일탈 행위로 비롯된 심각한 사건이 연거푸 신문 사회면에 등장했다. 온라인 게임에 대한 부정적인 인식이 확산되기 시작한 것도 그 무렵부터였다.

● 성이나 요새를 빼앗아 점령하기 위해 공격하는 싸움.

정상원은 〈리니지〉가 돈을 좀 번다고 해서 당장 〈리니지〉 흉내를 내고 싶진 않았다. 〈리니지〉가 나쁘다고 생각해서가 아니었다. 정상원은 곰 같은 남자였다. 우직하게 가던 길을 가고 싶어 했다. PK가 없는 〈바람의나라〉나 〈어둠의전설〉도 잘되고 있었다. 벌 만큼은 벌었다. 그 정도면 충분하다고 생각했다. 단지 〈리니지〉만큼 시장을 휩쓸지 못했을 뿐이었다. 정상원은 엔씨소프트는 엔씨소프트고 넥슨은 넥슨이라고 생각했다.

사실 넥슨 안에서 PK에 대해 가장 부정적이었던 개발자는 김상범이다. 김정주한테 이끌려서 넥슨에 합류한 김상범은 슈퍼컴퓨터 역할을 하고 있었다. 김상범의 뛰어난 두뇌만 있으면 안 풀리는 코드가 없었다. 김상범은 게임 개발자이기 전에 게임 애호가였다. 정상원의 고집과 김상범의 신념 덕분에 넥슨 개발팀 안엔 PK에 대한 부정적 여론이 깊이 뿌리내렸다. 넥슨 내부에서도 PK를 도입해서 유행을 좇아보자는 논의가 없진 않았다. 정작 넥슨은 누가 약탈형 게임을 한번 개발해보자고 하면 당장 개발이 시작되는 그런 회사가 아니었다. 김정주의 말조차 잘 통하지 않았다. 김정주도 억지로 강요하지 않았다. 결국 PK 도입 논의는 넥슨 안에선 흐지부지되고 말았다.

넥슨이 〈리니지〉를 추격하지 않은 건 넥슨이 착해서가 아니었다. 순진해서도 아니었다. 넥슨은 넥슨이었기 때문이었다. 넥슨은 상명하복 조직이 아니었고, 조직 안에 서로 다른 여러 목표가 공존하고 있었다. 〈리니지〉는 다른 모든 목표를 포기하면 얼마든지 넥슨이 달성할 수 있는 목표였다. 결국 안 만드는 쪽으로 흘러갔고, 이는 넥슨다운 조직 문화의 결과였다.

상명하복형 조직은 목표가 생기면 수단 방법을 안 가린다. 대신 조직 안의 목표는 늘 단 하나다. 상명하복형 조직의 리더는 끊임없이 목표를 던져줘야 한다. 조직은 스스로 목표를 설정할 줄 모르기 때문이다. 조직 속에서 목표가 자라나고 있지 않아서다. 넥슨은 각 단위가 스스로 목표를 찾는 권한 분산형 조직으로 진화하고 있었다. 이때 이미 넥슨 특유의 수평적 문화가 어느 정도 형성된 셈이다. 다들 정해진 방향성이 없는 게 넥슨의 방향성이라고 느끼고 있었다. 이런 넥슨은 태생적으로 남을 모방하는 빠른 추격자는 될 수 없었다. 넥슨은 싫든 좋든 선도자가 될 수밖에 없었다. 이땐 몰랐다. 넥슨이 선도할 새로운 게임은 엉뚱한 곳에서 이미 잉태되고 있었다.

이승찬의 합류

이승찬은 대학교 3학년 때인 1997년에 처음 넥슨과 인연을 맺었다. 졸업이 얼마 안 남았다고 생각하니까 고민이 많았다. 1~2학년 때는 컴퓨터 좋아하고 게임 좋아하는 걸로 충분했다. 3학년 때는 고시 공부도 좀 했다. 변리사와 회계사를 준비했지만 이승찬이 찾던 정답은 아니었다. 세상이 제시한 답이었다.

마침 그때 서울대 컴공과에서 학과 행사가 열렸다. 후배들은 선배들을 찾아다니며 협찬을 받았다. 당시에는 그다지 별 볼일 없는 작은 회사였지만 넥슨에도 찾아갔다. 김정주는 잉크젯 프린터를 협찬 물품으로 내놓았는데, 대신 조건을 달았다. "세상엔 공짜가 없어요. 잉크젯 프린터 대신에 아르바이트를 할 학생을 하나 뽑아서 데려오세요." 누군가는 이름도 들어본 적 없는 선배 회사에 가서 헐값에 노동을 해줘야 하는 처지가 됐다.

이승찬이 번쩍 손을 들었다. 안 그래도 과외 아르바이트가 지겹던 참이어서, 3학년 때부턴 컴퓨터 관련 아르바이트만 했다. 대학교 3학년 무렵 김정주와 똑같이 자기가 관심 있는 일과 용돈 벌이를 접목할 방도를 찾아다녔다. 이승찬은 김정주와 분명 닮은 구석이 있었다.

김정주와 처음 만난 자리였다. 이승찬은 일단 넥슨에선 아르바이트 두 개를 받았다. 합해서 100만 원짜리였다. 학생한텐 큰돈이었다. KBL 농구공이 나오는 화면 보호기를 만들어주는 일이었다. 이승찬은 대학교 1~2학년 때부터 게임 개발을 좀 했다. 마침 이승찬은 노트북을 들고 있었고, 대학교 2학년 때 만들었던 게임을 김정주한테 보여줄 수 있었다. 우연이었다. 지금 보면 평범하기 짝이 없는 액션 게임이었다.

김정주는 호기심이 생겼다. 그냥 화면 보호기 아르바이트나 시킬 친구가 아니었다. 김정주는 이승찬한테 대뜸 말했다. "너, 넥슨에서 특례해라." 사실 그 무렵 넥슨에서 병역특례를 하기로 했던 친구가 잠수를 타는 바람에 우연히 자리가 하나 비어 있었다. 김정주는 이승찬을 붙잡고 싶었다. 이승찬은 이미 다른 회사에서 병역특례를 하기로 한 상태였다. "특례를 하기로 한 다른 데가 있다"라고 말했지만 내심 흔들렸다. 나쁘지 않을 것 같았다. 어차피 해야 할 병역 의무라면 좀 더 생산적으로 보낼 수 있겠다 싶었다. 이승찬은 넥슨에 합류했다.

이승찬은 1998년 1월 2일 처음 넥슨에 출근했다. 넥슨에 합류하자 이승찬한테 맡겨진 일들 가운데 하나가 〈택티컬 커맨더스〉였다. 사실 이승찬은 〈택티컬 커맨더스〉를 만드는 게 싫었다. 게이머들은 〈택티컬 커맨더스〉를 〈택컴〉이라고 불렀다. 넥슨 초창기를 장식한 전설의 게임이었다. 〈택컴〉은 넥슨이 〈스타크래프트〉를 잡으려고 만든 대항마였다. 1998년부터 시작된 〈스타크래프트〉 열풍은 PC방을 휩쓸고 있었다. 넥슨 입장에선 〈리니지〉도 강적이었지만 〈스타크래프트〉가 더 위협이었다.

정상원은 〈리니지〉하고는 해볼 만하다고 느꼈다. 그러나 〈스타크래프트〉에게는 차원이 다른 벽을 느꼈다. 〈리니지〉보단 〈스타크래프트〉에 도전해보고 싶어졌다.

정작 이승찬은 〈스타크래프트〉를 뛰어넘는 것엔 관심이 없었다. 이승찬은 기왕 할 거면 하고 싶은 일을 해야겠다 생각했다. "만들고 싶은 거 만들면 안 되나요?" 정상원이 답했다. "대신 〈택컴〉 일 할 사람을 잡아다 놓고 가." 이승찬이 데려온 인물이 박종흠이었다. 박종흠은 이승찬의 컴공과 후배였다. 박종흠은 나중에 〈크레이지아케이드〉를 개발하게 된다. 박종흠이 〈택컴〉을 만드는 사이에 이승찬은 회사 구석에서 뚝딱뚝딱 게임 하나를 만들기 시작했다.

우연한 발견, 〈퀴즈퀴즈〉

이승찬은 어렸을 때부터 퀴즈 게임을 즐겼다. 이런 걸 인터넷으로 만들어서 다 함께 즐길 수 있게 해보면 어떨까 싶었다.

〈리니지〉나 〈마법의나라〉 같은 게임들은 남성용이있다. 〈스타크래프트〉는 말할 것도 없었다. 여성들을 위한 게임이 필요했다. PC방이 연인들의 데이트 코스가 돼가던 추세였고, 어두컴컴하기만 했던 PC방에 밝고 화사한 커플석이 생겼다. 여성 게이머도 늘어가고 있었다. 이승찬은 혼자서 시장 수요 조사를 한 셈이었다. 주먹구구식이었지만 상관없었다. 어차피 회사의 개발 자원과 자본을 크게 끌어들여야 하는 게임도 아니었다.

계획은 생각처럼 잘되진 않았다. 김정주와 정상원은 퀴즈 게임엔 별 신경을 안 썼다. 나중엔 회사 바깥으로 용역을 줘서 만들어보라고 했다. 넥슨 개발팀은 〈어둠의전설〉이나 〈택컴〉 같은 주력 게임을 개발하기도 바빴다. 퀴즈 게임 같은 단순한 애들 게임에 투자할 시간이나 인력이 없었다.

그냥 그렇게 흐지부지 사라지나 싶었다. 김정주도 정상원도 결국 퀴즈 게임의 존재 자체를 잊어버렸다. 이승찬은 잊지 않았다. 그때 마침 이승찬의 친한 친구가 제대를 했다. 김진만이었다. 김진만은 이승찬의 동네 친구로 나중엔 이승찬과 〈메이플스토리〉를 함께 만든다. 이승찬은 김진만과 함께 몰래 퀴즈 게임을 만들기 시작한다.

이승찬은 병특으로 모셔 온 인재였다. 이승찬이 맡았던 일 가운데 하나가 전화 접속 프로그램이었다. 네오위즈에서 만든 원클릭*처럼 소비자의 인터넷 접속을 도와주는 프로그램이었다. 이승찬은 낮에는 넥슨 일을 하고 밤이나 주말에는 사무실에 늦게까지 남아서 퀴즈 게임을 계속 만들었다.

이승찬은 회사와 집을 오가면서 서너 달 동안 〈퀴즈퀴즈〉를 뚝딱거렸다. 사실 〈퀴즈퀴즈〉는 개발이 어려운 게임은 아니었다. 〈바람의나라〉 같은 대하 서사시 게임도 아니고 〈택컴〉처럼 폼 잡는 전략 시뮬레이션 게임도 아니었다. 〈퀴즈퀴즈〉는 그저 퀴즈를 푸는 게임이었다.

1999년 여름의 어느 일요일, 김정주는 구석 자리에서 이승찬이 무언가를 만들고 있는 걸 발견했다. 대번에 넥슨 게임이 아니란 걸 알 수 있었다. 〈바람의나라〉도 〈택컴〉도 〈어둠의전설〉도 아니었다. 전혀 다른 DNA를 지닌 게임이었다. 김정주는 호기심이 일어, 그 자리에서 게임을

---

* 당시 인터넷에 접속하려면 여러 단계의 복잡한 절차를 거쳐야 했는데, 원클릭은 클릭 한 번만으로 인터넷에 접속할 수 있는 서비스였다.

해봤다. 단순했다. 재미있었다. 넥슨을 창업한 1세대 개발자들은 대작 게임에 경도돼 있었다. 크고 멋지고 대단하고 그럴듯한 게임을 만드는 데 혈안이 됐다.

넥슨과 엔씨소프트의 경쟁 구도에 〈스타크래프트〉 같은 외국 게임까지 끼어들면서 대작 경쟁은 더 치열해졌다. 게임 산업은 삽시간에 물량 전쟁이 돼버렸다. 돈이 된다 싶으니까 몰려든 투자자들이 부채질을 했다. 모두가 또 다른 대박을 원하고 있었다. 게임의 대형화는 게임 산업의 거품을 보여줬다. 김정주도 그걸 알고 있었지만 다른 길이 없었다. 〈퀴즈퀴즈〉는 발상의 전환이었다. 김정주는 머리를 한 대 얻어맞은 듯했다. 이승찬은 선배 개발자들과는 전혀 달랐다. 김정주는 〈퀴즈퀴즈〉의 가능성을 엿보았고, 회사 차원의 프로젝트로 발전시켰다.

넥슨의 대답

김정주는 당장 〈퀴즈퀴즈〉를 서비스하기로 했다. 〈퀴즈퀴즈〉는 일약 넥슨의 다음 기대작으로 떠올랐다. 우연히 발견한 〈퀴즈퀴즈〉 때문에 넥슨의 방향이 바뀌어가고 있었다. 〈리니지〉에 대한 대응책이 꼭 또 다른 〈리니지〉일 필요는 없었다. 생각지 못한 곳으로 길이 나고 있었다.

〈퀴즈퀴즈〉는 상명하복식 개발 조직이 아니었던 넥슨에서만 가능한 기획이었다. 자기 일을 하고 싶어 하는 이승찬 같은 개발자와, 그런 요구를 받아주고 시간을 내주는 정상원 같은 본부장과, 그 기획의 진가를 알아보고 재빨리 전략을 수정하는 김정주 같은 경영자가 만들어낸 결과다. 그렇다고 넥슨이 일부러 그런 조직을 만든 것도 아니었다. 그보단 각자 자기 이해를 충족하기 위해 최선을 다해서 나온 결론이었다.

당시 넥슨은 엄청난 보상을 해줄 수 있는 기업도 아니었고 각자 업무를 철두철미하게 시키는 조직도 아니었다. 제각각 자기 몫을 찾아 먹어야 하는 회사였다. 덕분에 위에서 시키는 일만 한다는 생각을 하는 조직원이 없었다. 회사가 모든 보상을 해주면 직원은 회사가 시키는 일만 한다. 보상의 역설이다.

〈퀴즈퀴즈〉는 1999년 10월 출시됐다. 이승찬과 김진만은 각자 지역을 정해서 동네 PC방을 돌았다. 몰래 가서 〈퀴즈퀴즈〉를 깔아놓고 오곤 했다. 당시엔 PC방 관리 프로그램이란 것도 없던 시절이어서 재부팅을 해도 지워지지 않았다. 재미가 들린 이들은 삼성전자 홍보관까지 잠입해서 〈퀴즈퀴즈〉를 깔았다. 〈퀴즈퀴즈〉는 출시되자마자 대박이 났다. 두 달 만에 가입자 100만 명을 돌파했다. PC방에선 〈퀴즈퀴즈〉 열풍이 일어났다. 〈리니지〉에 필적하는 기세였다.

〈퀴즈퀴즈〉는 캐주얼 게임 시대를 열었다. 〈퀴즈퀴즈〉 열풍은 한국 게임 산업의 지형도를 바꿀 정도로 컸다. 〈바람의나라〉와 〈리니지〉의 성공으로 모두가 MMORPG만 바라보던 시절이었다. 그러나 작은 게임으로도 큰 성공을 거둘 수 있다는 사실을 알게 됐다. 〈퀴즈퀴즈〉는 MMORPG처럼 크고 거창한 게임이 아니라 쉽고 가벼운 게임이지만 확실히 즐거운 게임이었다. 캐주얼 게임은 여성과 아이들을 게임 시장으로 끌어들였다.

이제까진 개발자들이 만들고 싶은 게임을 만들었다. 송재경의 〈리니지〉와 정상원의 〈바람의나라〉가 그랬다. 1세대식 접근법이었다. 송재경과 정상원이 넥슨 게임 개발의 1세대였다면 이승찬은 1.5세대였다. 사고와 행동이 달랐다. 1세대 시절엔 만들고 싶은 걸 만들면 소비자들은 곧장 호응해줬다. 소비자들은 아직 자신이 무엇을 원하는지 알지 못했다. 당연히 요구도 하지 않았다. 〈퀴즈퀴즈〉는 개발자들에게 퀴즈를 던졌다. '유저는 어떤 게임을 원하는가?' 소비자들이 즐기고 싶은 게임. 그것이 정답이었다. 정상원은 이승찬이 언제나 대중의 반응을 의식한다고 느꼈다. 1.5세대의 접근법이었다.

이승찬은 1.5세대의 송재경이다. 송재경처럼 이때 이승찬은 자기도 모르게 시장의 흐름을 읽어버렸다. 과녁이 어딘지 눈치를 챘다. 곧장 꿰뚫어버렸다. 정작 그들은 자신들이 이룬 성공의 유일한 주인이 아니었다. 송재경과 이승찬은 세상이 흘러가는 방향을 알았지만 세상이 흘러 들어가는 곳에서 기다리고 있었던 건 바로 김정주였다. 김정주는 송재경 같은 천재 개발자도 아니고 이승찬처럼 영민한 게임 기획자도 아니었다. 대신 김정주는 끊임없이 큰 그림을 보고 그려내는 재주가 있었다. 김정주는 늘 회사 바깥을 돌았다. 서류상으로는 넥슨의 사장도 아니었다. 대신 바깥에서 통찰을 얻었다. 이거다 싶은 순간 결단을 내렸다. 〈바람의나라〉를 끝까지 밀어붙인 것도, 〈퀴즈퀴즈〉의 상품성을 알아차린 것도 결국 김정주였다. 김정주가 그때 그자리에 없었더라면 〈바람의나라〉도 〈퀴즈퀴즈〉도 지금과는 다른 운명이었을 것이다.

〈퀴즈퀴즈〉는 넥슨이란 회사의 틀을 영원히 바꿔놓았다. 경영진이 개발 조직을 움직여서 기획한 게임보다 자생적으로 태어난 게임이 더 성공할 수 있다는 전례를 만들었다. 넥슨은 그 뒤로도 오랫동안 〈퀴즈퀴즈〉의 기억을 잊지 않았다. 〈퀴즈퀴즈〉는 넥슨이 내부에서 성공의 씨앗을 찾는 문화를 만들었다. 또 〈퀴즈퀴즈〉는 넥슨 안에 캐주얼 게임 DNA를 심어놓았다. 캐주얼 게임은 지금이야 넥슨의 간판 상품이다. 그러나 당시만 해도 넥슨은 〈바람의나라〉를 만든 MMORPG 개발사라는 자부심이 더 강했다. 현실은 〈리니지〉한테 주도권을 빼앗긴 2등 MMORPG 개발사였다. 〈퀴즈퀴즈〉는 〈리니지〉 앞으로 보내는 넥슨의 대답이었다.

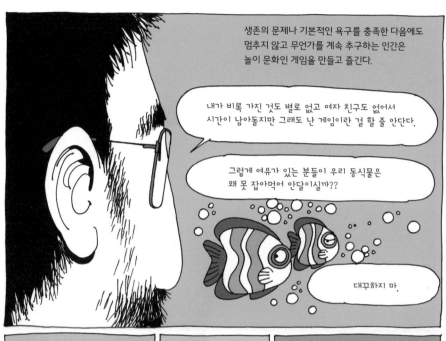

생존의 문제나 기본적인 욕구를 충족한 다음에도
멈추지 않고 무언가를 계속 추구하는 인간은
놀이 문화인 게임을 만들고 즐긴다.

내가 비록 가진 것도 별로 없고 여자 친구도 없어서
시간이 남아돌지만 그래도 난 게임이란 걸 할 줄 안단다.

그렇게 여유가 있는 분들이 우리 동식물은
왜 못 잡아먹어 안달이실까??

대꾸하지 마.

그리고 세상에는 게임의 종류가
많고 많지만

단순하든,
복잡하든

모든 게임에는
규칙이 있다.

쟤 뭐냐?

규칙, 즉 게임의 룰은 참가하는
사람들에게 목표를 정해주고

성패를 결정하는 기준을
마련한다.

룰이 치밀하고 논리적일수록
사람들은 게임에 더 빠져든다.

게임의 성격과 재미를 결정하는
것이 규칙이라면

목표 지점까지 어떤 규칙에 따라
가야 합니까?

언제나 사람들을 자극하는, 이른바
근본적인 게임의 룰은 뭘까?

바보야, 그 규칙을 알아내는 게
바로 이 게임의 룰이야.

패턴 읽기죠.

〈바람의나라〉 개발에도 참여했고
한때 넥슨코리아의 대표이기도
했던 서민은 말한다.

라프 코스터의 『재미 이론』에 따르면 인간이란
존재가 원래부터 유전자 속에 패턴을 눈치채고
분석하려는 속성을 갖고 있어요. 남들보다 먼저
그 패턴을 알아차렸을 때 우리는 쾌감을 얻게 되죠.

"우린 이를테면 자연의
한 가지 패턴으로
존재하는 것들?"

그런 패턴 읽기가 바로 모든 게임의
본질적이고 핵심적인 룰이죠.

잘 아시겠지만 내 동작도
한 패턴 하거든요.

인간이 패턴을 읽어내려는 욕망을 가졌음을 넓게 해석하면, 이는 고대에 수의 패턴을
탐구했던 피타고라스나 자연의 패턴을 연구하는 과학자들의 행위에도 적용된다.
그리고 게임이야말로 놀이로 표현되는 이성의 활동인 셈이다.

뭐라는 겁니까?

Cogito ergo sum!

자기네만
잘났다는
소리지.

게임이 그렇게
지적이고

자! 게임 한판 해볼까?

이성적인 문화적
행위라면

그런데 왜?

엄마들은 게임을 못 하게 하는 거지?

이 대목에서 게임을 만드는 회사 사장님은
뭐라고 답변할까?

사장실

사장님
안 계세요?

똑 똑

117

철학의 차이가 결과의 차이를 낳는다

모든 게임은 현실 세계의 경쟁 관계나 승부욕에 기반하고 있다. 경쟁은 우리가 인간관계에서 특히 몰두하고 탐닉하는 부분이다. 현실에서 우린 상대를 이기기 위해 아낌없이 돈을 쓰며 산다. 남보다 더 멋져 보이기 위해 옷을 입고 차를 산다. 남보다 우월하기 위해 시험을 보고 시합을 한다. 온라인 게임 시대엔 상대방 혹은 불특정 다수와의 경쟁이 더욱 두드러진 게임의 재미가 됐다.

게임이 현실의 경쟁을 어느 정도까지 모사해야 하느냐가 결국 게임 개발자와 게임 개발사의 게임 철학이 된다. 〈리니지〉는 현실의 약육강식을 게임 속에서 더 강화해 펼쳐놓았다. 〈리니지〉를 통해 현실의 좌절을 위로할 수 있었다. 더 많은 사람들이 〈리니지〉에 몰두했던 이유다. 〈바람의나라〉와 〈어둠의전설〉은 달랐다. 게임의 경쟁은 현실의 경쟁과는 달라야 한다고 봤다. 게임은 현실의 연장이 아니라 현실 바깥의 즐거움이어야 한다고 봤다.

여기에 옳고 그름은 없다. 넥슨과 엔씨소프트의 게임 철학이 다른 것뿐이다. 결국 서로 다른 게임 철학은 두 회사만의 기업 문화로 진화했다. 이 차이는 특히 넥슨한텐 행운이었다. 넥슨이 만약 자기만의 게임 철학이 없었다면 〈리니지〉의 노선을 답습했을 공산이 크다. 넥슨은 자기 철학을 지켰다. 정확하게는 개발자들의 철학을 회사가 실적을 내세워 깔아뭉개지 않았다.

덕분에 넥슨은 다중의 목표를 지닌 기업으로 진화하기 시작했다. 그렇게 조직원 스스로가 목표를 설정하는 기업이 되면서 온라인 캐주얼 게임이라는 새로운 시대를 열 수 있었다. 주어진 목표에 몰두하는 기업은 효율적이지만 혁신적일 수 없다. 다만 조직 안 어디에서 어떤 발상의 전환이 일어날지는 아무도 모른다는 게 문제다. 그래서 경영자는 끊임없이 조직 이곳저곳을 살펴봐야 한다. 자신의 틀에서 벗어난 현상을 발견할 수 있는 눈과 인정할 수 있는 여유를 가져야 한다. 김정주가 어느 주말 이승찬의 〈퀴즈퀴즈〉를 발견한 건 넥슨 역사상 가장 기적적인 장면이다. 동시에 한국 기업사에서도 보기 드문 진귀한 순간이다.

5장

성공한
실패

부분 유료화의 탄생

김정주는 피자를 삼키다 말고 말했다. "이거, 유료화하자." 넥슨이 세 들어 있던 선릉역의 세강빌딩 앞 피자집이었다. 이승찬과 김진만은 입에 든 피자를 씹지도 못하고 넘기며 서둘러 물었다. "유료화요?"

김정주는 나름대로 논리가 있었다. 당시 PC방은 시간당 3000원 정도를 받았다. PC방에서 24시간 동안 PC 한 대가 놀아가면 한 날 매출이 200만 원이 넘는다. 그런데 그 PC 한 대를 24시간 돌아가게 만드는 콘텐츠는 바로 넥슨의 게임이었다. 마침 〈퀴즈퀴즈〉가 선풍적인 인기를 끌고 있었다. 김정주는 PC 1대당 7000원씩 게임비를 받을 작정이었다. 김정주는 말했다. "요즘 〈퀴즈퀴즈〉가 정말 잘나가잖아. 우리가 땅 파서 돈 버냐? 넥슨도 돈을 좀 벌어야지."

피자는 차갑게 식어가고 있었다. 이승찬이 겨우 입을 열었다. "아직 유료화를 할 때는 아닌 것 같은데요?" 이승찬은 김정주가 〈퀴즈퀴즈〉를 〈바람의나라〉나 〈리니지〉와 똑같이 취급하려는 걸 보고 내심 거부감을 느꼈다. 〈퀴즈퀴즈〉는 〈리니지〉처럼 단순 유료화로 접근해선 안 될 게임이라 생각했지만 이승찬도 당장 〈퀴즈퀴즈〉로 돈을 벌 방법이 안 떠오르는 게 문제였다. 결국 돈을 벌어야 한다는 논리에 대응할 다른 묘수가 없었다.

그래도 이건 아니었다. 이후 여러 차례 메일을 주고받으며 의견 차이를 좁히려 했지만 모두가 수긍할 합의점은 찾아지지 않았다. 당시는 정액제만 있던 시절로 유료화 찬성 아니면 반대, 그 외의 방법은 없었다. 결국 〈퀴즈퀴즈〉 유료화가 시행되었다.

2000년 1월 2일, 새천년의 첫 출근 날이었다. 세상은 Y2K바이러스가 어쩌니 하면서 야단법석이었다. 그날은 마침 나중에 〈마비노기〉를 만들게 되는 김동건이 넥슨에 처음 출근한 날이었다. 2000년 1월 1일 출근하라기에 짐 보따리를 들고 별생각 없이 사무실에 나왔다. 아무도 없었다. 다음 날 다시 왔다. 와서 보니 어제는 쥐 죽은 듯했던 회사가 오늘은 온통 어수선했다. 알고 보니 〈퀴즈퀴즈〉를 유료화하는 날이었다.

무리한 유료화

〈퀴즈퀴즈〉 유료화는 실패했다. 1월 2일 유료화를 시행하자마자 〈퀴즈퀴즈〉 열풍은 찻잔 속의 태풍으로 전락했다. 이용률은 하루아침에 반 토막이 났다. 아무도 PC방에서 〈퀴즈퀴즈〉를 안 했다.

〈퀴즈퀴즈〉를 너무 급히, 준비 없이 유료화했다. 초창기 〈바람의나라〉에 접속했던 게이머들은 값비싼 전화비까지 자비로 부담하면서 게임을 즐겼다. 그들은 이미 새로운 게임에 기꺼이 돈을 쓸 준비가 돼 있던 핵심 소비자 집단이었다. 반면에 〈퀴즈퀴즈〉가 상대하는 소비자 집단은 게임이 무엇인지도 잘 모르는 일반 대중이었다. 당연히 게임에 돈을 쓸 준비도 안 돼 있었다. 뼈아픈 실수였다.

정상원도 무리한 유료화로 하루아침에 게이머의 70퍼센트가 떨어져 나가는 상황을 손 놓고 볼 수밖에 없었다. 당시 정상원은 〈택티컬 커맨더스〉 때문에 눈코 뜰 새가 없었다. 〈택티컬 커맨더스〉는 1999년 7월부터 베타 서비스를 시작했다. 이미 마니아들을 몰고 다니며 수준급 게임으로 평가받고 있었다. 〈퀴즈퀴즈〉까지 신경 쓸 여력이 없었다. 그래도 정상원은 넥슨의 큰형님이었다. 정상원은 이승찬을 불러다 달랬다.

이승찬은 상처받았다. 이승찬은 〈퀴즈퀴즈〉에 순수한 열정을 쏟아부었다. 6개월 동안 회사에서 살다시피 했다. 〈퀴즈퀴즈〉에 온갖 아이디어를 다 집어넣었다. 수능 즈음엔 수능 퀴즈를 냈다. 운전면허 퀴즈도 냈다. 그렇게 애지중지 만든 덕분에 게임이 대박이 났다. 그런데 공든 탑이 하루아침에 무너졌다. 정상원은 이승찬이 매우 좌절했다는 걸 알 수 있었다. 이승찬은 이때 넥슨에서 마음이 떠나버렸다.

수습하는 사람들

넥슨은 2000년 3월, 〈퀴즈퀴즈〉의 게임 이용료를 대폭 낮췄다. 그러나 한번 떠난 게이머들은 돌아오지 않았다. 정상원은 당연하다고 생각했다. 게이머들이 게임을 계속하는 건 유료 아이템을 사둔 게 아까워서다. 투자한 본전을 뽑고 싶어서 싫든 좋든 게임을 계속하게 된다. 〈퀴즈퀴즈〉엔 그런 유인이 없었다. 유일한 유인이라면 재미였다. 그러니 한번 재미를 잃자 다시 재미 붙일 생각들을 안 했다.

넥슨은 〈퀴즈퀴즈〉로 새로운 캐주얼 게임 시장을 개척했다. 그런데 너무 찰나였다. 그게 어디에서 왔는지 본 사람도 그게 어디로 가려고 했는지 기억하는 사람도 없다는 게 문제였다. 자칫 회사가 기억상실증에 걸릴 수 있었다. 그때 강신철이 있었다. 강신철은 〈퀴즈퀴즈〉 개발팀에 합류한 마지막 멤버였다. 이승찬이 몰래 만들고 있던 〈퀴즈퀴즈〉를 김정주가 회사 기획으로 끌어들였을 때 회사가 투입한 인력이 강신철이었다.

강신철은 서민을 따라서 넥슨에 합류했다. 서민과는 서울대 컴공과 동기였다. 쌍용정보통신에서 병역특례를 하고 있었다가 외환 위기로 쌍용정보통신이 무너지자 넥슨에 합류했다. 쌍용정보통신에서 일했다는 이유로 강신철은 넥슨의 서버와 통신회선을 관리하게 됐다. 게임 회사에서 서버는 생명 줄이다. 서버 접속이 끊기면 게임도 끝이다. 한번은 모든 게임이 한꺼번에 죽은 적이 있었다. 강신철이 새벽에 불려 나와서 보니 서버 전원을 연결한 멀티탭이 불량이었다. 강신철은 그 뒤로는 늘 회사 근처에서만 살았다. 성실한 습관이었다.

〈퀴즈퀴즈〉는 실패한 유료화의 벽을 넘어야 하는 숙제 앞에 서 있었다. 김정주의 방법은 틀렸으나 김정주의 질문은 맞았다. 유료화를 해야 했다. 어떻게 할 것이냐가 문제였다. 캐주얼 게임 개발을 계속하려면 이런 기냐운 게임으로 어떻게 하면 돈 올 벌 수 있을지부터 궁리해야 했다. 무조건적인 전면 유료화가 답이 아니라면 대안을 내놓아야 했다.

이승찬과 강신철과 김진만은 〈퀴즈퀴즈〉를 개발하는 과정에서 색다른 경험을 했다. 〈퀴즈퀴즈〉는 아바타를 갖고 퀴즈를 풀게 돼 있었다. 김진만이 디자인한 이 아바타가 제법 귀여웠다. 특히 여성 게이머들이 좋아했다. 여성 게이머들이 퀴즈를 열심히 풀었던 건 자기 아바타를 꾸미기 위해서였다. 퀴즈를 풀어서 포인트가 쌓여야 치장 아이템을 구매할 수 있었다. 여성 게이머들은 리본이며 선글라스 같은 치장 아이템들을 사들였다. 아바타가 예뻐진다고 퀴즈를 더 쉽게 풀 수 있는 것이 아님에도 아바타를 치장하느라 여념이 없었다. 강신철은 그게 참 신기했다.

아이템은 자칫 게임의 균형을 무너뜨릴 수 있다. 게임의 재미는 균형에서 나온다. 누구도 쉽게는 이길 수 없어야 재미가 커진다. 어느 한쪽이 압도적인 우위를 점할 수 있는 게임 아이템을 비싼 값에 판다면 돈 많은 게이머가 유리해진다. 게임 회사 입장에선 당장은 그 게이머한테서 목돈을 받아낼 수 있지만 다른 게이머들은 게임 판을 떠나게 된다. 게임 전체의 재미가 사라져서 돈 많은 게이머도 더 이상 아이템을 구매하지 않게 된다. 아이템 장사가 쉽지 않은 이유다. 반면에 치장 아이템은 게임 자체에는 아무런 영향을 주지 않는다. 오직 캐릭터를 더 돋보이게 만들 뿐이다. 게임 회사 입장에선 부담 없는 수익이다.

이런 캐릭터 꾸미기를 맨 처음 시작한 건 세이클럽이었다. 세이클럽은 채팅 서비스였다. 국내 인터넷 서비스로서는 처음으로 아바타를 도입했다. 세이클럽은 유저가 자신과 동일시하는 아바타를 치장하는 이런저런 아이템을 팔아서 짭짤한 수익을 거두고 있었다.

〈퀴즈퀴즈〉팀은 무릎을 쳤다. 망가진 〈퀴즈퀴즈〉를 되살리려면 세이클럽 같은 수익 모델을 적용해야 한다고 판단했다. 채팅이나 카페가 아니라 게임에도 아이템 유료 모델을 적용할 수 있다고 봤다. 게임은 무료다. 게임 아이템은 유료다. 나중에 넥슨의 탁월한 비즈니스 모델로 평가받게 되는 부분 유료화의 탄생이었다.

모방은 창조의 자궁이다. 성장하는 기업들은 자의 반 타의 반 서로의 방식을 연구하고 모방하고 적용한다. 당대에는 비슷한 생각들이 동시다발로 등장하기 마련이다. 누가 먼저냐는 별로 중요하지 않다. 누가 그 아이디어로 먼저 비즈니스 모델을 구축하고 먼저 돈을 버느냐는 경쟁이다. 벤처 생태계는 원래가 네트워크로 촘촘하게 묶인 작은 세계다. 정보가 삽시간에 퍼지기 때문에 모방도 수시로 일어난다. 그걸 어떻게 재활용하느냐에 기업의 성패가 달려 있다. 넥슨은 〈퀴즈퀴즈〉의 전면 유료화가 실패하자 세이클럽을 벤치마킹하여 새로운 게임을 개발하기 시작했다.

실패 속에 탄생한 부분 유료화

넥슨은 술자리가 잦은 회사였다. 술자리의 화두는 부분 유료화가 될 때가 많았다. 부분 유료화라는 거창한 이름 같은 게 있었던 건 아니다. 부분 유료화 대책 회의 같은 정식 회의가 열렸던 것도 아니었다. 다들 술자리에서 자기 생각들을 떠들어댔을 뿐이다. 사람들이 아바타를 좋아하더라. 캐릭터를 예쁘게 만드는 걸 좋아하더라. 이런 걸 게임에 적용해보면 어떨까. 신기하게도 다들 비슷한 흐름을 읽고 있었다. 어느새 개인의 생각은 모두의 생각으로 발전해 있었다. 조직의 인식이 전환됐다.

넥슨 안의 활발한 소통이 없었다면 부분 유료화는 불가능했다. 부분 유료화란 거꾸로 말하자면 회사가 개발한 게임의 일부 혹은 전체를 공짜로 나눠 주자는 뜻이나. 부분 유료화는 곧 부분 무료화다. 전체를 유료화했을 때 기대할 수 있는 매출과 수익을 포기하자는 주장이다. 부분 무료화 혹은 부분 유료화는 조직의 위아래가 충분한 의사소통을 하지 못하면 입도 뻥긋하지 못하는 사업 모델이다. 넥슨이 부분 유료화를 게임업계에서 맨 처음 시도할 수 있었던 건 넥슨이 제일 똑똑해서가 아니다. 당시 넥슨이 제일 격의 없는 조직이었기 때문이다. 개발팀이 만든 게임을 공짜로 줍시다. 대신 일부만 팝시다. 넥슨 안에선 이런 대화가 가능했다.

〈퀴즈퀴즈〉 개발팀은 부분 유료화 모델을 가다듬어나갔다. 이 과정에서 과시욕도 게임의 일부란 걸 배웠다. 게임은 승부다. 다들 이기고 싶다. 남보다 잘나고 싶어서다. 남보다 잘나려면 게임에서 이기는 수도 있지만 캐릭터를 키우거나 치장하는 수도 있다. 게임은 현실의 반영이다. 현실에서 인간은 이긴 척하기 위해 비싼 차를 타고 비싼 옷을 입는다. 치장 아이템은 현실의 차와 옷이었다. 김정주도 부분 유료화라는 세이클럽의 모델을 넥슨 식으로 더 정교하게 다듬어야 한다고 생각하고 있었다. 〈퀴즈퀴즈〉팀이 알아서들 잘하고 있었다.

오락실이 된 넥슨

이승찬에겐 재미있는 아이디어가 하나 더 있었다. 옛날에 오락실에서 했던 게임을 온라인으로 옮겨 오는 기획이었다. 이승찬은 〈퀴즈퀴즈〉를 성공시키면 온라인 오락실 게임을 만들어볼 참이었다. 〈퀴즈퀴즈〉가 망가지면서 온라인 오락실 기획 역시 의욕이 사라졌다. 이승찬은 병역특례가 끝나기만 손꼽아 기다리고 있었다.

2000년 가을쯤 되자 넥슨은 부분 유료화 모델을 적용한 신작 게임을 개발하기 시작했다. 이승찬의 온라인 오락실 게임이 구체화되기 시작했다. 이 게임이 〈크레이지아케이드 비엔비〉다. 오락실에 있었던 모든 게임들을 다 온라인으로 만들겠다는 야심 찬 기획이었다. 탁월한 발상이었다. 온라인이니 인터넷이니 하는 새 기술에 익숙하지 않은 사람들까지 게임으로 끌어들일 수 있었다. 어린 시절의 향수를 자극했기 때문이다. 〈크레이지아케이드 비엔비〉는 결과적으로 온라인 게임의 외연을 확장했다.

처음부터 이런 걸 의도했던 건 아니었다. 비결은 공통된 경험이었다. 개발자들도 결국 자기가 즐겼던 과거의 게임 경험에서 새로운 기획을 찾아낸다. 〈바람의나라〉 때도 그랬다. 개발자가 곧 소비자였다. 개발자는 자기가 하고 싶었던 게임을 만들었고, 그게 소비자가 하고 싶었던 게임이었다. 〈크레이지아케이드 비엔비〉 때도 그랬다. 개발자와 소비자는 같은 게임 경험을 공유하고 있었고, 같은 걸 원하고 있었다.

〈크레이지아케이드 비엔비〉도 〈퀴즈퀴즈〉만큼이나 단출하게 개발했다. 덕분에 〈크레이지아케이드 비엔비〉라는 게임 틀 안에 어떤 작은 게임들을 집어넣고 뺄 것이냐에 대해 의견 일치를 보기도 쉬웠다. 소비자들이 무슨 게임을 좋아할지 먼저 물었던 게 아니었다. 개발자들이 좋아하는 게임을 집어넣기도 바빴다. 특히 이때는 넥슨 직원 모두가 신이 나서 베타테스터 역할을 했다. 개발은 소수가 했지만 검증은 다수가 한 셈이다. 게임개발본부장 정상원부터 앞장섰다. 정상원은 〈크레이지아케이드 비엔비〉야말로 넥슨의 오밀조밀한 게임 개발 실력을 제대로 발휘한 게임이라고 생각했다. 아주 즐거웠다. 정말 다양한 오락실 게임들이 다 녹아 있었고, 넥슨은 순식간에 거대한 오락실로 변해버렸다. 다들 일 핑계를 대고 오락만 했다. 어떤 게임이 가장 인기가 있는지도 금세 알 수 있었다.

새로운 아이디어들도 마구 쏟아졌다. 이걸 넣어보자, 저걸 넣어보자. 다들 시끄러웠다. 물 폭탄 아이니어도 그렇게 나왔다. 플레이어를 문속에 가두어 못 움직이게 만드는 장치였다. 얼음 땡도 들어갔다. 상대방을 꼼짝 못하게 만들었다가 탁 치면 살아나는 장치였다. 정상원은 넥슨 게임 개발팀이 이렇게 활기찬 건 처음 봤다. 〈크레이지아케이드 비엔비〉 개발팀이 얼음 땡을 넣어 오자 다들 그걸 하면서 깔깔거렸다. 〈크레이지아케이드 비엔비〉는 출시도 되기 전에 넥슨 안에서 가장 인기 있는 게임이 됐다.

2001년 1월이었다. 강신철은 엠플레이 대표가 됐다. 엠플레이는 넥슨의 사내 벤처 형식으로 만들어진 회사였다. 입사 2년 만에 계열사 대표가 된 셈이다. 이승찬은 넥슨을 떠났다. 김진만은 흔들리고 있었다.

〈퀴즈퀴즈〉 3인방은 그렇게 길이 갈렸다. 그나마 〈크레이지아케이드 비엔비〉 개발에는 속도가 붙어갔다. 〈퀴즈퀴즈〉와 달리 〈크레이지아케이드 비엔비〉는 치장 아이템만으론 부분 유료화를 적용하기가 어려웠다. 〈퀴즈퀴즈〉는 게임 내용은 단순했다. 반면에 〈크레이지아케이드 비엔비〉의 게임들은 게이머들이 치장보단 승부에 치중할 수밖에 없었다. 결국 승부에 영향을 줄 수 있는 아이템이어야 팔 수 있었다. 반창고나 선글라스나 사탕만으론 안 됐다.

부분 유료화란, 게임 자체는 공짜로 즐길 수 있지만 그 안에서 더 재미있게 즐기고 싶으면 아이템을 유료로 구매하라는 얘기다. 그렇다고 아이템이 게임의 승패에 직접적인 영향을 줘선 안 된다. 자칫 게임의 전략적 균형을 깰 수 있어서다. 아이템 구매만으로 게임에서 이길 수 있다면 더 이상 게임이 아니다. 돈 자랑이다. 치장 아이템보다 기능성 아이템이 더 잘 팔릴 건 뻔한 결과다. 개발팀은 고심을 거듭했다. 막 부분 유료화가 도입되는 단계였다. 뭔가 팔면 팔린다는 건 알았지만 뭘 팔아야 하고 뭘 팔면 안 되는지는 아무도 정확히 몰랐다. 결국 〈크레이지아케이드 비엔비〉는 그렇게 균형을 깰 수 있는 기능성 유료 아이템을 팔아보기로 했다.

2001년 여름 〈퀴즈퀴즈〉에도 부분 유료화가 도입됐다. 〈퀴즈퀴즈〉의 정액제 모델은 완전 철폐했다. 아이템 판매로만 돈을 버는 구조로 바꾸었다. 2000년 〈퀴즈퀴즈〉를 전면 유료화한 지 햇수로 2년 만이었다. 전략을 180도 바꾸었다. 내부에서 한창 개발 중이던 〈크레이지아케이드 비엔비〉의 영향이 컸다. 줄임말을 쓰기 좋아했던 넥슨 개발팀은 〈크레이지아케이드 비엔비〉를 그냥 〈크아〉라고 불렀다. 〈크아〉가 구체화될수록 부분 유료화 모델에 대한 넥슨의 자신감도 더해졌다.

또 다른 실험

2001년 10월, 넥슨은 마침내 〈크레이지아케이드 비엔비〉를 출시했다. 여전히 엔씨소프트의 〈리니지〉가 온 세상을 지배하고 있던 때, 넥슨은 오락실 게임을 들고나왔다. 반응은 폭발적이었다. 서비스 2주 만에 동시 접속자 수 1만 명을 돌파했다. PC방은 〈크아〉 열풍이었다. 〈크아〉는 공짜였다. 적어도 공짜처럼 보였다. PC방은 삽시간에 오락실로 변해버렸다. 여성 게이머들도 부쩍 늘었다. 〈크아〉는 게임 동네 풍경을 바꿔버렸다.

문제는 바늘이었다. 바늘은 〈크레이지아케이드 비엔비〉의 대표적인 기능성 아이템이다. 물 폭탄에 갇혔을 때 바늘이 있으면 빠져나올 수 있다. 원래 이 물 폭탄에 갇히면 죽게 돼 있다. 그러니 바늘이 있으면 사실상 목숨 하나를 더 얻는 꼴이었다. 바늘은 〈크레이지아케이드 비엔비〉 유료 아이템 매출에서 상당한 비중을 차지했다. 원래 게임 균형에 영향을 줄 수 있어서 개발팀도 주저했던 아이템이었다.

바늘을 팔았던 건 나름 계산이 있어서였다. 한 판에 100원씩 하던 오락실 게임처럼 바늘 하나에 10원 정도 받고 팔면 어떨까. 아케이드 게임이란 게 동전으로 목숨을 사는 시스템이다. 10원 정도면 나쁘지 않다. 균형을 무너뜨리지 않으면서 재미는 배가될 거라고 여겼다. 예측은 빗나갔다. 고작 10원씩 받아도 결국 바늘이 많은 게이머가 전략적 우위에 선다는 건 달라지지 않았다. 게이머들의 불만이 컸다. 바늘을 쓰면 안 된다는 자체 규칙을 정하는 경우마저 있었다. '바늘 쓰면 강퇴'였다. 실력이 아니라 바늘 구매력으로 승패가 결정나서 재미가 없어지기 때문이다.

〈크아〉의 인기는 목 안의 바늘 탓에 시들해지기 시작했다. 일단 넥슨의 대응도 한발 늦었다. 유료 바늘을 없애기 위해 무료 바늘을 배포했

성장통

다. 미봉책이었다. 유료 바늘 매출만 급감했다. 바늘이 무차별로 쓰이는 상황은 막지 못했다. 넥슨은 부분 유료화가 기획만큼이나 운영이 중요하다는 걸 깨달았다. 게임 균형을 무너뜨리지 않으면서도 최대의 이윤을 남길 수 있는 아이템을 개발하고 판매하는 운영 감각이 필요했다. 조직 전체에 부분 유료화에 대한 지식과 경험이 쌓였다.

〈크레이지아케이드 비엔비〉는 게임 음악으로도 돈을 벌어들였다. 게임의 인기가 높아지면서 게임 음악이 컬러링과 벨 소리로 팔려나가기 시작했는데 휴대폰 벨 소리 시장 규모가 컸던 시대다. 〈크레이지아케이드 비엔비〉 개발팀으로서는 의외의 성과였다. 부분 유료화를 통해 회사 매출을 올린다는 건 단지 아이템을 몇 개 판다는 정도의 이야기가 아니었다. 어떤 아이템을 어떻게 팔아야 게임의 재미도 유지하면서 회사의 매출도 극대화할 수 있느냐 하는 건 생각보다 고차방정식이었다. 그 뒤로 넥슨 안에서 부분 유료화 모델은 끊임없이 계승되고 발전된다. 바야흐로 개발의 천재뿐만 아니라 운영의 천재들이 등장하게 된다.

2001년 겨울, 넥슨은 〈카트라이더〉 개발을 시작한다. 넥슨 안에서 몇 번의 실패를 했던 정영석이란 개발자가 다시 기회를 얻어 〈카트라이더〉 개발을 맡았다. 〈카트라이더〉는 넥슨의 부분 유료화 모델을 완성시킨 성공작이 된다.

넥슨은 〈퀴즈퀴즈〉에선 전면 유료화 정책을 시행했다가 대패한다. 〈크아〉에선 부분 유료화 정책을 도입하지만 운영 미숙으로 미완성으로 끝난다. 이 과정에서 넥슨은 게임 운영의 노하우를 습득한다. 온라인 게임은 만드는 것도 중요하지만 운영하는 것도 중요하다는 걸 배운다. 넥슨은 혹독한 대가를 치르면서 어떤 게임 회사보다 먼저 이 사실을 알게 됐다. 넥슨이 맨 먼저 성공의 해답이 들어 있는 퀴즈퀴즈를 풀었다.

철모르는 시절에는 너 나 할 것 없이 참 손도 많이 든다.

저요!

저요!

저요!

저요?

얘요!

꼭 이치에 맞는 정답이 아니어도

선생님하고 결혼하면 전 맨날 100점 주실 거죠?

겁내거나 부끄러워할 일이 아니다.

사랑보다 공사 구별이 중요하다?

엉뚱하긴 해도

열린 퀴즈 놀이 대회! 괜찮지 않을까요?

그런 반면 참신하고 기발하다.

그런데 참가비를 받아야 하나? 말아야 하나?

넥슨은 손드는 회사였다.

저요!

창업주의 특별한
경영 철학이라기보다
개성 있는 사람들이
삼삼오오 모이면서
자연스레 만들어진 조직 문화였다.

넥슨에는 뭐든 먼저 '손드는 사람이 한다'라는 말이 있었어.

누가 시키지 않아도 하고 싶은 게 있으면
그냥 알아서 했고

〈퀴즈퀴즈〉는 쟤가 그냥 만들었대요.

회사에 어떤 일이 필요하다고 먼저 판단하는 사람이
그 일의 적임자가 되었다.

고객 서비스와 관리를 제가 한번 맡아서
해볼 테니까 그렇게들 알고만 계세요.

맡은 분야가
달라도

아이디어를 교환하고,

다음엔 제가 기획 한번
해보렵니다.

새로운 시도를 홍보하거나

장르를 넘나들며 나대는
너의 그런 점이 좋아.

간섭하는 사람도 없었다.

사장님은
어디 계세요?

그냥 너 알아서
하세요.

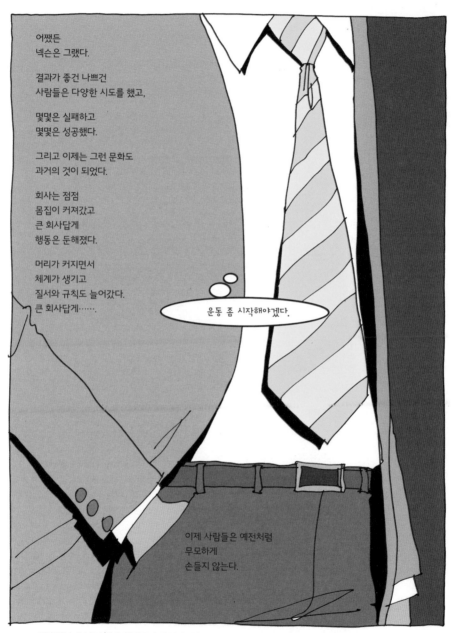

어쨌든
넥슨은 그랬다.

결과가 좋건 나쁘건
사람들은 다양한 시도를 했고,

몇몇은 실패하고
몇몇은 성공했다.

그리고 이제는 그런 문화도
과거의 것이 되었다.

회사는 점점
몸집이 커져갔고
큰 회사답게
행동은 둔해졌다.

머리가 커지면서
체계가 생기고
질서와 규칙도 늘어갔다.
큰 회사답게……

운동 좀 시작해야겠다.

이제 사람들은 예전처럼
무모하게
손들지 않는다.

이제 넥슨은 나이 먹은 회사로서 정해진 길을 가게 될까? 아니면 또 다른 문화가 생겨날까?

실패에서 배우는 조직의 조건

실패하는 기업은 많지만 실패에서 배우는 기업은 드물다. 실패를 소화할 줄 모르면 실패에서 아무것도 배울 수 없다. 오늘날까지도 넥슨이 창안한 세계 기업사적 업적으로 손꼽히는 프리투플레이free to play, 즉 부분 유료화 모델은 넥슨의 실패에서 태어났다. 〈퀴즈퀴즈〉의 무리한 유료화는 분명 실패작이었다. 결과론적인 얘기지만 당시 김정주의 선택은 옳았다. 게임 기업은 게임으로 돈을 벌어야 한다. 〈퀴즈퀴즈〉처럼 성공한 게임의 유료화는 최고경영자로선 당연한 요구였다. 물론 캐주얼 게임의 유료화는 아직 시기상조였다. 그렇다고 김정주가 옳다는 이유로 가능한 질문만 던졌다면 실패도 없었겠지만 성공도 없었을 것이다. 훌륭한 최고경영자는 때론 조직에 불가능하지만 진정 옳은 질문을 던질 수 있어야 한다.

물론 실패에 대한 책임도 져야 한다. 동시에 조직이 대안을 찾을 수 있게 기다려줘야 한다. 김정주는 그렇게 했다. 〈퀴즈퀴즈〉부터 〈크레이지아케이드 비엔비〉의 부분 유료화까지 2년 남짓한 기간은 넥슨이 실패를 소화해서 새로운 성공을 낳는 시기였다. 이때의 공통 경험은 이후 넥슨 기업 문화의 중요한 초석이 된다. 실패를 해결하기 위해 내부 조직원들이 적극적으로 머리를 맞댔다. 세이클럽 같은 회사 외부의 사업 모델을 모방하고 변형시켰다. 많은 기업이 의사 결정 구조를 획일화한다. 김정주는 의사 결정 구조를 기꺼이 분산시켰다. 자신의 실패를 인정했고 조직의 역량을 신뢰했기 때문이었다. 덕분에 넥슨은 집단 지성을 지닌 조직으로 진화할 수 있었다.

　　지금도 넥슨은 누가 부분 유료화 모델을 처음 발명했는지 알지 못한다. 집단 지성의 산물이기 때문이다. 부분 유료화라는 게 처음부터 따로 있었던 게 아니다. 실패를 해결하기 위해 조직의 구성원들이 수많은 경로를 모색하다가 도출된 결론이기 때문이다. 개발해가는 과정에서 조금씩 형태가 잡힌 사업 모델이기 때문이다. 게다가 넥슨은 이 정도 기업사적 업적을 최고경영자의 성취로 포장하지도 않는다. 창업주와 대주주와 최고경영자의 신격화는 동서고금의 기업들 모두에서 나타나는 공통된 특징이다. 그 과정에서 수많은 기업 구성원들의 기여는 지워지고 묻힌다. 넥슨은 부분 유료화가 모두의 결과물이란 걸 인정한다. 기업은 인간이 혼자서 할 수 없는 일을 해내기 위해 만든 도구다. 다 함께 이룩한 일을 혼자서 해낸 일처럼 포장하는 순간 기업의 존재 가치는 사라진다.

6장

상장통

성장과 분배의 방정식

2000년 늦은 겨울이었다. 자정이 넘은 시각, 최승우의 전화기가 울렸다. 최승우는 자고 있었다. 김정주였다. 이때 최승우는 넥슨의 해외사업팀장을 맡고 있었다. 대학교 2학년 때 일본항공 연수 프로그램에서 김정주를 만났던 게 인연이 되어 1999년 9월 1일 넥슨의 83번째 직원이 됐다. 김정주의 발음이 어쩌 이상했다. 이가 몇 개 빠진 것 같은 어설픈 말투였다. "승우야, 내가 좀 다쳤써. 내일 아치메 여의도로 바로 가지 말고 우리 지브로 좀 와." 최승우는 대답했다. "내일 아침 일찍 대한투자신탁 사람들을 만나기로 했잖아요. 왜요? 도대체 얼마나 다쳤는데요?" 김정주는 힘겹게 말했다. "그냥 좀 와."

엎어진 300억 투자

다음 날 최승우는 여의도에서 대한투자신탁과 투자 계약을 마무리하기로 되어 있었다. 대한투자신탁은 지금의 하나대투증권이다. 당시 대한투자신탁은 국민투자신탁, 한국투자신탁과 함께 3대 투자신탁 가운데 하나로 무척이나 넥슨에 투자를 하고 싶어 했다. 당시 자산 운용 시장의 다크호스로 떠오르던 미래에셋도 넥슨에 관심이 많았다. 미래에셋 캐피탈은 1999년 다음커뮤니케이션에 24억 원을 투자해서 1000억 원의 수익을 내는 초대박을 터뜨렸다. 미래에셋은 다음에 이어 넥슨에도 눈독을 들이고 있었다.

대한투자신탁이나 미래에셋 같은 투자자들을 상대하는 건 얄궂게도 해외사업팀장인 최승우의 몫이었다. 당시 넥슨은 상장회사도 아니었고 당연히 IR팀*이란 것도 없었다. 하필 맨 처음 당시 넥슨이 세 들어 있던 세강빌딩을 찾아온 투자자가 세계적인 게임 회사인 미국 EA의 싱가폴 지사 사람들이었다. 외국인? 그러면 해외사업팀. 그렇게 최초의 투자자를 최승우가 상대하게 됐다. 세강빌딩에서 EA 관계자들을 처음 만났을 때, 김정주는 회사를 팔 수 있다는 생각은 해본 적도 없었다. EA와의 협상은 물론 결렬됐다. 그때부터 투자 업무는 몽땅 최승우에게 맡겨졌다.

미래에셋이 투자하겠다고 나섰을 때 김정주는 최승우와 함께 이재웅 다음커뮤니케이션 사장을 만났다. 이재웅 사장은 지분 투자를 받으면 곧 상장 수순을 밟게 된다고 조언했다. 빨리 이익을 환수하려는 투자자들의 등쌀 때문이었다. 최승우는 김정주가 왠지 투자나 상장에 소극적이라고 느꼈다. 결국 미래에셋과의 투자 협상도 결렬됐다.

그런데 대한투자신탁이 제시한 조건은 참 거절하기가 어려웠다. 고

---

* Investor Relations Team: 기업이 투자자에게 정당한 가치 평가를 받을 수 있도록 경영 내용과 미래 전망 정보를 제공하고 알리는 업무를 하는 팀.

작 지분의 5퍼센트만 넘기면 현금 300억 원을 투자하겠단 내용이었다. 넥슨의 가치를 6000억 원으로 평가한다는 뜻이었다. 1999년 넥슨의 매출은 100억 원이었다. 파격적인 투자 조건이었다. 김정주와 최승우는 여의도에서 여러 차례 대한투자신탁 사람들을 만났다. 투자와 함께 들어올 간섭을 경계해 김정주는 내켜하지 않으며 만남을 이어갔지만, 거절하기에는 조건이 너무 좋았다. 끝내 흔들려 최승우에게 말했다. "딱 5퍼센트만 팔지 뭐."

계약 당일 아침이었다. 300억 원을 받으러 가는 날이었다. 최승우는 김정주한테 들렀다가 뒤로 넘어갈 뻔했다. 김정주는 얼굴에 붕대를 친친 감고 있었다. 빨대로 겨우 오렌지 주스를 빨아 먹고 있었다. 만신창이였다. 말도 제대로 못했다. "어, 와서? 거기 아져봐. 내가 어제 너머져써."

김정주는 홍대 앞에서 젊은이들과 어울리는 걸 무척 좋아했다. 머리도 노랗게 물들이고 다녔다. 최승우가 가끔 핀잔을 주면 이렇게 변명했다. "젊은 사람들이 노는 방식을 알아야 젊은 사람들을 위한 게임을 만들 수 있잖아."

그날 밤에도 홍대에서 아내 유정현의 전화를 받았다. 저녁 11시 무렵이었다. "오늘은 제발 집에 일찍 들어와요!" 김정주는 유정현 말이라면 꼼짝 못했다. 택시를 잡아타고 부리나케 집까지 달려왔다. 택시에서 내린 후 아파트 주차장을 가로질러 뛰어가야 집으로 더 빨리 갈 수 있었다. 그런데 너무 서둘렀다. 주차장 체인을 못 봤다. 냅다 뛰어가다가 체인에 발이 걸려 그대로 얼굴부터 거꾸러졌다. 아스팔트에 얼굴을 박으며 넘어져 이가 다 나갔다. 피가 철철 넘쳤다.

김정주는 그 얼굴로 집까지 걸어갔다. 노란 머리에 시뻘건 피투성이 얼굴이었다. 놀란 유정현은 일단 김정주를 데리고 응급실부터 다녀왔다. 앞니가 다 부러졌다. 아침에도 꼴이 말이 아니었다. 김정주는 최승우한테 말했다. "다부간 회사엔 미구게 추장 가다고 그래."

김정주가 최승우를 부른 진짜 이유는 따로 있었다. 이번엔 꽤 또박또박 말했다. "이게 신의 계시야. 투자를 받지 말라는 계시. 처음부터 내키지 않았어. 나 벌받았어. 안 받을래. 오늘 여의도 가서 도장 찍지 말고 무릎 꿇고 빌고 와. 투자 못 받겠다고 그래. 없던 일로 하자고 그래." 최승우는 난색을 표했다. 계약 당일이었다. 김정주는 단호했다. "모바게따 그래."

최승우는 그길로 여의도에 갔다. 대한투자신탁에서 석고대죄했다. 대한투자신탁 임원들은 표정이 일그러졌다. 내부 승인까지 다 끝난 상태였고 도장만 찍으면 됐다. 최승우는 정중히 사과했다. "저희가 조금 더 성장할 테니 지켜봐 주시고 그다음에도 예쁘면 그때 다시 생각해봐 주세요. 다시 꼭 인사드리겠습니다. 다시 투자를 받으면 반드시 대투에서 받겠습니다." 사실 그렇게 읍소하고 넘어갈 문제가 아니었다. 자그마치 300억 원이었다. 2주 뒤 코스닥 버블이 터지기 시작했다.

사실 코스닥은 2000년 초반부터 거품 논란이 있었다. 코스닥 대장주 새롬기술이 와르르 무너졌다. 2000년 2월까지만 해도 30만 원이 넘던 주가가 5월에는 3만 원 아래로 폭락했다. 10분의 1로 토막이 났고 투자자들의 항의가 빗발쳤다. 그런데도 다들 미련을 버리지 못하고 있었다. 새로운 테마주를 찾느라 여념이 없었다. 대한투자신탁과 미래에셋이 넥슨에 눈독을 들인 이유였다.

그러다 2000년 말 또다시 코스닥이 허물어졌다. 1999년부터 시작된 미국발 닷컴 버블 붕괴가 한국 코스닥에도 계속 악영향을 끼쳤다. 때마침 김정주가 아스팔트에 넘어졌고 대한투자신탁과의 투자 계약도 엉

겹결에 무산됐다. 투자를 받았다면 넥슨도 거품의 격랑에 휘말릴 수밖에 없었다. 정말 신의 계시였던 것처럼 김정주가 넘어졌고 코스닥 시장은 붕괴되었다.

"3000억 돼야 상장합니다"

2001년 1월이었다. 김정주는 전 직원에게 이메일을 보낸다. "넥슨은 게임 10여 가지로 PC방이라는 특수한 곳에서 60퍼센트 이상의 매출을 올리는 취약한 수익 구조를 갖고 있습니다. 적어도 매출이 3000억 원 이상은 되어야 상장할 수 있습니다." 상장에 관한 대주주의 입장을 밝히는 내용이었다. 2000년 넥슨의 매출은 268억 원이었다. 매출 3000억 원은 어불성설이었다. 사실상 당장은 상장할 의사가 없다는 걸 공언한 셈이었다.

김정주는 코스닥 시장이 붕괴되는 걸 보면서 섣불리 상장을 했다간 큰일 난다는 생각을 굳히게 됐다. 넘어져서 이가 부러진 건 좋은 핑곗거리였고 원래부터 외부 투자를 받거나 상장을 하는 게 마뜩하지 않았다.

김정주가 상장에 소극적이 된 건 대학생 시절 대덕전자에서의 경험 탓도 있었다. 김정주가 가진 회사나 기업에 대한 기본 생각은 대덕전자 같은 제조업 공장을 다니면서 형성됐다. 코스닥에 상장하고 자본 규모를 키우는 돈놀이에 끼어들기보단 현물이 있고 실체가 있는 제조업체가 더 가치 있다고 믿었다. 기술력이 있는 회사가 진짜 회사라고 여겼다. 우선 넥슨의 내실부터 키우고 싶었다. 투자자들이 간섭할 수밖에 없는 상장회사 구조는 내실을 키우기보단 거품을 키우기 쉽다고 봤다. 김정주한테 사업의 목적은 돈이 아니었다. 사업 자체가 목적이었다.

김정주는 외국 MBA를 거쳤다거나 미국 실리콘밸리를 경험한 적도 없다. 오히려 대덕전자 같은 보수적인 기업을 경험하면서 제조업 생태계의 영향을 직접 받았다. 이 미묘한 차이가 상장에 대한 김정주의 태도를 결정지었다. 회사라면 앞으로 30년 이상은 영속해야 한다고 믿었다. 당장 상장해서 회사를 유동화시키고 회사 가치를 돈으로 환산해서 모두가 똑같이 지분을 나눠 먹는다는 건 사업이 아니라 돈놀이에 불과하다고 느꼈다. 김정주는 젊은 벤처 백만장자 따위는 되고 싶지 않았다. 그렇게 돈방석에 앉았다가 망가지는 사람들을 너무 많이 봤다. 김정주는 돈을 벌어서 달라지고 싶지 않았다.

넥슨의 개발자들 입장은 김정주와는 전혀 달랐다. 이미 2000년 7월 엔씨소프트가 코스닥에 상장했다. 엔씨소프트 직원들은 돈방석에 앉았다. 넥슨이 선발 주자였고 더 오래, 더 많이 고생했는데 엔씨소프트가 먼저 샴페인을 터뜨렸다. 넥슨 내부에선 상대적 박탈감이 커질 수밖에 없었다. 어차피 개발자들끼린 다 아는 사이였다. 하루아침에 처지가 달라졌고 만나면 주식 얘기뿐이었다. 2001년 1월 김정주가 전 직원에게 이메일을 보낸 이유였다. 김정주도 넥슨 개발자들이 동요하고 있다는 걸 모르진 않았다.

2001년 3월 정상원이 넥슨의 대표로 선임됐다. 그때까지 넥슨의 대표는 베일에 싸인 존재였다. 김정주가 실질적인 사장 노릇을 했지만 공식 대표였던 적은 없었다. 정상원은 이미 개발팀의 큰형님이었다. 회사를 제대로 장악하고 있었던 정상원이야말로 넥슨 최초의 실세 대표였다.

정상원 대표 시절 넥슨은 명실상부한 개발자들의 회사였고, 개발력이 빛을 발했던 시기였다. 넥슨의 역작으로 평가받는 〈택티컬 커맨더스〉

도 이때 완성했다. 〈택티컬 커맨더스〉는 해외 게임상을 휩쓸었다. 넥슨의 개발력이 세계적으로 인정받는 순간이었다. 캐릭터가 러닝셔츠를 그대로 입고 등장할 만큼 거칠지만 오히려 날것 그대로의 상상력이 돋보였던 게임이다. 한편에선 〈크레이지아케이드 비엔비〉 같은 캐주얼 게임이 대박을 터뜨렸다. 진지한 게임부터 가벼운 게임까지 섭렵하는 넥슨의 완전체 포트폴리오가 완성되고 있었다.

정작 보상이 문제였다. 게임 산업은 빠르게 확장되고 있었고 신선한 아이디어로 무장한 새로운 게임 기업들이 속속 등장하고 있었다. 무엇보다 넥슨에서 수련한 개발자들이 창업 전선에 하나둘씩 뛰어들고 있었다. 넥슨의 개발 인력이 밖으로 유출되는 셈이었다. 맨 먼저 이승찬이 떠났다. 이승찬은 넥슨 출신으론 처음으로 창업해 위젯을 만들었다. 이승찬은 김진만과 함께 위젯에서 〈메이플스토리〉를 개발한다.

정상원은 이승찬을 어떻게든 묶어두고 싶어 했다. 이승찬이 나가면 개발자들이 줄줄이 따라 나갈 걸 알고 있었다. 이승찬이 〈퀴즈퀴즈〉와 〈크레이지아케이드 비엔비〉에서 맡았던 역할을 모두가 알고 있었고 〈퀴즈퀴즈〉가 어떻게 망가졌는지도 다들 잘 알고 있었다. 정상원은 이승찬이 병역특례가 끝나자마자 회사를 나가는 게 못내 아쉬웠다. 김정주도 이승찬을 놓치고 싶지 않았던 건 마찬가지였다. 개발은 이승찬이 직접 하지만 퍼블리싱은 넥슨이 하고 넥슨이 일부 지분 투자도 하는 쪽으로 상황을 정리했다. 덕분에 이승찬은 나갔지만 넥슨과의 인연을 이어놓을 수 있었다.

상장 논란은 지속되었지만, 넥슨은 개발자들에게 일할 맛 나는 회사였다. 금전 보상은 아쉬워도 무형의 보람이 있었다. 김정주가 정상원을 대표로 선임하면서 기대했던 부분이었다.

김동건은 2001년부터 켈트족 신화를 배경으로 한 〈마비노기〉를 개발하기 시작했다. 〈마비노기〉는 지금까지도 넥슨 개발 역사의 자랑거리다. 정상원이 대표로 취임하면서 〈마비노기〉 개발을 본격화한 건 우연이 아니다. 김동건은 2002년 〈마비노기〉 개발을 책임질 데브캣 스튜디오를 만든다. 개발팀 내 개발팀 같은 스튜디오 시스템을 이때 처음 도입했다. 2002년을 거치면서 넥슨의 개발 조직은 차곡차곡 틀이 잡혀가고 있었다.

정상원의 노력과 무형의 보상만으론 사실 역부족이었다. 상장은 언젠가는 터질 시한폭탄이었다. 창업주의 이메일 정도로는 불만을 잠재울 수 없었다. 정상원은 적절한 보상 체계를 만들어주려고 애를 썼다. 그러나 무작정 급여를 인상해주기엔 아직 회사에 현금이 모자랐고 상장만한 보상이 없다는 게 문제였다.

창업 상담하는 직원들

넥슨은 짰다. 부분 유료화로 〈크레이지아케이드 비엔비〉가 터지고 〈택티컬 커맨더스〉가 상을 휩쓸었는데도 금전적 보상은 아쉬웠다. 여전히 야근을 밥 먹듯이 했지만 여전히 월급은 적었다. 핵심 인재들에게 주식은 배분했지만 상장은 요원했다. 정상원은 이런 개발자들의 불만을 피부로 느끼고 있었다. 개발자들은 대놓고 얘기는 안 했지만 모두가 상대적 박탈감을 느끼고 있었다. 당시 넥슨엔 인센티브 제도란 게 미비했다.

결국 하나둘 넥슨을 떠날 채비를 하기 시작했다. 넥슨이 망해서가 아니었다. 넥슨이 너무 흥해서였다. 넥슨보다 늦게 흥한 회사들도 모두 코스닥에 상장했다. 엔씨소프트에 이어 웹젠도 상장했다. 한게임도 네이버를 통해 상장했다. 결국 모두가 "넥슨은 왜 상장하지 않느냐"라고 묻기 시작했다. 김정주가 대덕전자에서의 경험이나 상장에 대한 철학을 얘기해도 소용이 없었다. 김정주는 미움받이가 됐다. 다들 김정주가 혼자서만 회사를 움켜쥐고 있으려고 한다고 비난했다.

정상원도 난감했다. 개발자들이 창업을 하겠다며 사장을 찾아오는 야릇한 상황이 벌어졌다. 정상원은 대표였지만 개발자들은 정상원을 큰형님으로 여겼다. 정상원은 말릴 수도 없고 잡을 수도 없었다. 사장으로선 말려야 했지만 큰형님으로선 잡아선 안 됐다. 넥슨에서 계속 일하는 것보단 바깥에 나가서 도전해보는 게 맞았다. 넥슨은 당장 상장할 가능성도 없었고 별다른 인센티브 제도가 도입될 것 같지도 않았다. 이런저런 사정을 뻔히 아는 정상원으로선 후배 개발자들의 고민을 들어주는 것도 고역이었다.

그런 와중에 한쪽에서는 〈카트라이더〉가 개발되고 있었다. 원래 〈카트라이더〉는 김정주와 정상원이 반대했던 게임이다. 당시 시중엔 변변한 카레이싱 게임이 없었다. 카레이싱 게임은 장사가 안 된다는 게 게임 업계의 정설이었다. 그러나 결과적으로 〈카트라이더〉는 국민 게임이 된다. 〈카트라이더〉로 넥슨은 자기만의 부분 유료화 게임 운영 전략을 완성했다. 이번에도 김정주는 틀렸다. 그러나 창업주 김정주가 반대해도 〈카트라이더〉가 개발되고 출시되어 대박을 터뜨릴 수 있는 게 바로 넥슨이라는 기업의 문화였다. 넥슨 내부의 자율적 의사 결정 구조는 이렇게 집단 지성을 키워내고 있었다. 넥슨은 스스로 생각하는 조직이었다.

그 뒤로 김정주는 해외 진출에 더 집중했다. 2002년 12월 넥슨 일본 법인을 다시 설립했다. 1999년 처음 넥슨 일본 법인을 설립했다 접은 이후 재도전이었다. 해외 사업은 넥슨 창업 초기부터 최승우가 애써온 영역이었다. 맨땅에 헤딩하듯 달려들었고, 김정주는 최승우가 해외에서 실패하고 돌아올 때마다 한마디도 책임을 추궁하지 않았다.

국내 개발자들은 사실상 해외 업무에 관심이 없었다. 온라인 게임은 팔고 나면 끝이 아니다. 개발팀이 뒷감당을 해주지 않으면 운영이 안 된다. 국내 운영도 바빠서 해외 운영까지 책임져줄 틈이 없었다. 최승우는 혼자서 개발팀을 일일이 설득하며 도움을 요청하고 다녔다. 김정주도 최승우의 사정을 잘 알고 있었다. 해외 시장에 관심이 많던 김정주도 더 적극 팔을 걷어붙이고 나서기로 했다.

마침 〈택티컬 커맨더스〉가 해외 게임 페스티벌에서 주목을 받자 해외 시장에 대한 기대감도 커졌다. 김정주는 〈택티컬 커맨더스〉를 들고 해외에 나갔다. 특히 미국 반응이 뜨거웠다. 김정주는 〈택티컬 커맨더스〉로 한 방에 미국 시장을 뚫을 수 있을 거라고 생각했다. 중간도매상이 펌프질을 하는 바람에 기대가 커졌다. 그러나 결론적으론 〈택티컬 커맨더스〉의 미국 진출은 미완으로 끝났다. 너무 성급했다. 〈택티컬 커맨더스〉는 좀 더 시간을 두고 대중화했어야 했다. 미국 시장에 대한 직접 경험과 준비와 이해가 부족한 상태의 성급한 진출이었다. 김정주는 한 번 더 쓰라린 실패의 자산을 챙겨야 했다.

〈메이플스토리〉의 성공

넥슨에서 빠져나간 이승찬의 역작 〈메이플스토리〉는 내부적으로 흔들리던 넥슨에 직격탄이 됐다. 〈메이플스토리〉는 2003년 4월에 정식 서비스를 시작했고, 오픈과 동시에 선풍적인 인기를 끌었다. 캐릭터는 귀여웠고 이야기는 재미있었다. 2003년 7월 동시 접속자 10만 명을 가볍게 돌파했다. 게임 시장의 중심이 〈바람의나라〉에서 〈리니지〉로 옮겨 갔다가 다시 〈메이플스토리〉로 움직이는 추세였다.

모두가 대세와 맞아떨어진 게임들이었다. 〈바람의나라〉는 인터넷 시대를 만났다. 〈리니지〉는 PC방 시대를 만났다. 〈메이플스토리〉는 가정집 초고속 인터넷 시대와 만났다. 이제 초고속 인터넷이 가가호호 이어진 시대였다. 더 이상 PC방에 가서 게임을 할 필요가 없었다. 덩달아 온라인 게임을 즐기는 연령대도 낮아졌다. 귀엽고 아기자기한 MMORPG에 대한 수요가 무르익었다.

〈메이플스토리〉가 인기를 끌면서 넥슨 개발팀은 더욱 들썩이기 시작했다. 나가서 성공한 사례가 만들어졌다. 정상원은 "언젠가는 상장을 할 것"이라며 "김정주가 기회만 보고 있을 것"이라고 얘기했다. 정작 김정주의 속내를 가장 잘 모르겠는 사람은 정상원이었다. 그 기회가 언제인지는 정상원도 궁금했다.

그 무렵 김정주는 일본에 자주 갔다. 넥슨 일본 법인에 머무는 기간이 점점 길어지고 있었다. 정상원도 지쳐가고 있었다.

2003년 상반기 정상원은 서민과 함께 〈제라〉 개발에 착수한다. 엔씨소프트가 〈리니지 2〉를 선보인 상황이었다. 몇몇 캐주얼 게임이 잘되고 있다지만 언제까지 성인용 MMORPG를 내팽개치고 있을 순 없었다. 넥슨의 새로운 도전이 시작되었지만 정작 넥슨 개발팀은 내부에서부터 흔들리고 있었다. 다들 창업을 하거나 더 큰 돈을 받고 다른 회사로 옮기기 바빴다.

2003년 말 김정주는 아예 일본으로 이주한다. 넥슨은 창립 10주년이 다 돼가고 있었다. 김정주는 일본에서 무언가를 벌일 참이었다. 이때 정상원은 일본에서 김정주와 독대했다. "지금이 아니라면 언젠가는 상장하겠다고 약속해주세요." 정상원은 그러지 않으면 대표 자리를 더 이상 맡지 않겠다고 버텼다. 배수의 진이었다.

분배냐 성장이냐

2004년 1월이었다. 김정주는 최승우를 불렀다. 김정주와 정상원의 관계는 꼬여버린 상황이었다. 김정주는 최승우한테 말했다. "원일이를 좀 데려다 쓰려고." 최승우는 말했다. "그러세요. 어디에다 쓰시려고요?" 김정주는 대답했다. "원일이한테 대표를 맡겨볼까 해." 최승우는 귀를 의심할 수밖에 없었다. "대표요?"

서원일은 96학번이다. 1977년생으로 당시 나이가 27세였다. 경영학을 전공하고 영어와 스페인어까지 능통한 인재였다. 대학교 1학년 때부터 인턴사원으로 넥슨에 드나들어 사내에 인맥도 넓었다. 넉살도 좋아서 사내 행사의 사회를 도맡았다. 최승우가 맡고 있던 해외사업팀에서도 반짝이는 인재였다. 김정주는 서원일에게 의견을 물었다. 뜻밖에도 서원일은 선선히, 하겠다고 대답했다. 그렇게 스물일곱 살 대표가 큰형님 정상원의 후임으로 넥슨을 이끌게 됐다.

최승우는 대우그룹에서 구리 파는 일을 하다가 넥슨으로 옮겼다. 대우는 보수적인 대기업이었다. 나이가 어린 상사는 상상할 수조차 없었다. 최승우는 내심 나가야 하나 싶었다. 정상원도 같은 심정이었다. 후배가 대표가 됐다는 건 다 나가라는 얘기로 들렸다.

김정주는 서원일을 대표로 선임하면서 창업 초기 분위기로 돌아가자는 명분을 내세웠다. 김정주는 서원일의 나이였던 스물일곱에 넥슨을 창업했다. 김정주가 상장을 주장하는 개발자들에게 보내는 대답이었다. 아직 회사는 다 성장하지 않았다. 상장은 시기상조다. 창업 초기처럼 사심 없이 일해야 한다. 정작 개발자들은 거꾸로 읽었다. 돈만 밝히는 나이든 개발자들은 나가라. 젊고 순수한 인재들로 회사를 환골탈태시키겠다.

2004년 4월, 넥슨 개발자들 일부가 삼성동 오크우드호텔에 모였다. 오크우드호텔에 방을 잡아놓고 핵심 멤버들이 모여서 분통을 터뜨렸다. 이 문제를 어떻게 해결해야 하는지 고민했다. 상장만이 이 모든 갈등을 해결할 수 있는 방법이라는 데 모두가 동의했다.

김정주의 생각은 달랐다. 개발의 독립성이 보장되어야 하는 게임 회사에서 상장을 하면 주주의 이익을 위해 이리저리 휘둘리게 될 것을 염려했다. 그 외풍에도 쓰러지지 않으려면 매출 3000억은 넘겨야 한다고 봤다. 아직은 상장보다 성장에 집중해야 할 때라는 게 김정주의 주장이었다. 그러나 직원들이 이런 속사정을 제대로 알 리가 없었다. 개발 조직을 움직여야 하는 정상원은 그걸 알아도 마냥 김정주의 편에 설 수가 없었다.

이 무렵 넥슨은 성장이냐 분배냐의 갈등 단계에 놓여 있었다. 여러 게임이 성공하면서 외형만 보면 넥슨도 자리를 잡은 것 같았다. 주변에선 모두가 샴페인을 터뜨리고 있었고, 너무 일찍 샴페인을 터뜨린 경우도 있었다. 넥슨은 오히려 샴페인을 터뜨릴 생각이 없어서 문제가 됐다.

결국 정상원은 회사를 떠났다. 정상원은 2004년 6월에 있었던 넥슨 창립 10주년 행사에 참석하지 못했다. 어느 누구도 예상 못 한 일이었다. 넥슨 10주년 행사의 진행은 당시 막내였던 김태환이 맡았다. 캐리비안베이에서 열린 기념행사에서 김태환은 신임 서원일 대표한테 전 직원

휴가를 받아내서 일약 사내 스타로 떠오른다. 훗날 김태환은 넥슨코리아의 부사장이 된다.

27세 대표 체제

서원일 대표 체제는 혼란을 거듭했다. 서원일은 일단 개발팀을 장악하는 데 실패했다. 서원일은 경영학과 출신의 비개발자다. 나이도 어린 데다 개발자가 아닌 탓에 엔지니어들을 장악하는 게 무리였다. 그렇다고 파격적인 인사를 하지도 못했다. 서원일은 똑똑하고 야심은 있었지만 아직 손에 피를 묻혀본 적이 없었다. 사람을 자르고 자기 사람을 심지 않았다. 서원일 체제는 제대로 출범도 못 해보고 흔들리고 있었다.

김정주는 가족과 함께 일본에 머물고 있었다. 넥슨 일본 법인은 김정주가 오랫동안 꿈꿨던 해외 진출의 교두보였다. 김정주는 대학생 시절 최승우와 도쿄를 구경하다가 아키하바라에서 말했던 그 꿈을 넥슨 일본 법인에서 실천하고 있었다. 김정주는 최승우한테 말했었다. "일본에서 한국 게임을 팔아 보이고 말겠어."

그때까지 넥슨의 해외 실적은 별 볼일이 없었다. 이젠 싱가폴에 넥슨 아시아 법인까지 세워서 외연은 넓혔지만 내실은 아직 일렀다. 여전히 최승우만 동분서주하고 있었다. 한때 정상원은 최승우 같은 불필요한 인력이 왜 회사에 있는지 모르겠다는 메일을 보낸 적도 있었다. 김정주는 정상원의 이메일을 최승우에게 고스란히 전달했다. "너에 대한 평가가 이래." 김정주다웠다.

김정주는 넥슨 일본 법인에서 다른 해법을 찾기 시작했다.

이승찬의 위젯, 김정주의 넥슨

마침 〈메이플스토리〉가 거기에 있었다. 〈메이플스토리〉는 〈리니지〉의 대항마였다. 〈리니지〉가 남성적인 세계관을 지닌 성인용 MMORPG였다면 〈메이플스토리〉는 귀여운 캐릭터를 지니고 있어 모든 세대를 위한 MMORPG였다. 〈바람의나라〉가 점점 올드한 게임이 되어가고 있다는 건 분명했다. 새로운 4번 타자가 필요했다.

김정주는 〈메이플스토리〉의 등장을 보면서 위기감을 느꼈고 〈메이플스토리〉를 4번 타자로 영입해야겠다고 판단했다. 사실 이승찬의 위젯은 넥슨과 지분 관계가 얽혀 있었다. 개발자들도 넥슨 출신들이 대부분이었다. 이른바 범넥슨 진영이었다.

사실 이 무렵 김정주는 넥슨 일본 법인에서 손정의를 공부하고 있었다. 손정의가 소프트뱅크를 키워나가는 방식이야말로 김정주가 찾던 새로운 성장 방정식이었다. 김정주는 소프트뱅크에 찾아가서 손정의와 인사를 나눴다. 손정의한테 사업을 한 수 배우고 싶었다. 인수 합병도 성장의 나른 방법이었다.

다만 〈메이플스토리〉가 성장하고 있는 상황에서 과연 이승찬이 위젯을 팔 것이냐가 문제였다. 이미 네이버가 위젯과 접촉하고 있다는 소문도 돌았다.

2004년의 벤처 생태계는 2000년과는 완전히 달라져 있었다. 버블 붕괴에서 살아남은 몇몇 회사들이 동기들과 후배들의 회사를 싼값에 사들이는 분위기였다. 벤처 기업이 직접 상장하는 사례는 확연히 줄었다. 코스닥은 망가질 대로 망가졌다. 코스닥 대장주들이 코스피로 이사 가는 사례도 속출했다. 여의도는 더 이상 테헤란로에 관심이 없었다. 결국 자금 여력이 있는 선배 회사에 넘기는 것만이 후배들이 중간 회수를 할 수 있는 유일한 길이었고 선배 회사와 후배 회사 모두 서로가 필요했다. 선배 회사는 새로운 성장 동력이 필요했고 후배 회사는 선배 회사가 있어야 큰돈을 만질 수 있었다.

　　이승찬도 힘든 상황이었다. 위젯의 〈메이플스토리〉 개발 과정은 고난의 연속이었다. 이렇게 저렇게 모아놓은 돈 1억 원으로 시작했다. 그것 말고는 자본금이 없었다. 정작 〈메이플스토리〉라는 이름을 지어준 창업 동지는 곧바로 유학을 갔다. 안정적인 삶을 찾아간 셈이었다. 시작은 멋졌다. 게임 기획서를 만들어서 몇몇 친구들한테 보여줬더니 하자고 나섰다. 의기투합했다.

　　위젯과 넥슨은 판박이처럼 닮아 있었다. 이승찬과 김정주가 닮은 것만큼 비슷한 궤적을 그렸다. 위젯과 넥슨은 용역과 개발 두 방면으로 일을 시작한 것 역시 비슷했다. 넥슨이 웹에이전시 사업으로 돈을 벌고 그 돈으로 게임을 개발했던 것처럼 위젯도 개발 자금을 마련하느라 아르바이트를 했다. 창업 초기 김정주가 그랬던 것처럼 순식간에 돈이 마닥났다. 이승찬은 2억 원 남짓한 개발 자금을 겨우 융통했다. 이 돈이 모두 소진될 때까지 개발하고 미완성이든 완성이든 무조건 서비스를 시작한다는 전략을 짰다. 〈바람의나라〉가 미완성일 때 출시했던 것과 똑같았다. 그땐 통했다. 하지만 2004년, 게임의 수준이 너무 높아져 있었다. 후발 주자는 선발 주자가 걸었던 길을 따라갈 수 있지만 그 길은 더 길어지기 십상이다.

　　위젯은 마지막 숨을 몰아 쉬며 달리고 있었다. 이젠 사느냐 죽느냐였다. 우여곡절 끝에 미완성인 〈메이플스토리〉를 상용화했다. 구사일생이었다. 반응이 폭발적이었다. 친구한테 빌린 돈은 순식간에 다 갚았다. 〈메이플스토리〉는 대박이 났다.

살긴 살았다. 그러나 지치고 다친 것도 사실이었다. 이렇게 죽기 직전까지 달리면서 언제까지 살 수 있을까 싶었다. 이승찬만 그런 게 아니었다. 위젯의 모든 식구들이 전부 다 지쳐 있었다. 가까스로 결승점을 통과한 마라토너 같았다. 이승찬은 그때까지도 학부 졸업을 못 한 상태였다. 유학도 다녀오고 싶었다. 하고 싶은 일도 많았다.

그때였다. 김정주에게서 인수 제안이 왔다. 사실 네이버의 이해진 의장과도 약속이 잡혀 있었지만 어긋났다. 김정주는 〈메이플스토리〉를 사야 했다. 넥슨의 구명줄이었다. 이승찬은 〈메이플스토리〉를 팔아야 했다. 이승찬은 인생 정산을 한번 하고 싶었다.

〈메이플스토리〉 인수, 이탈하는 개발팀

2004년 늦가을, 이승찬은 넥슨 일본 법인 사무실이 있는 도쿄에서 김정주와 당시 김정주를 돕고 있던 데이비드 리를 만났다. 데이비드 리가 넥슨 역사의 전면에 처음 등장한 순간이었다. 데이비드 리는 2004년 7월 넥슨 일본 법인의 대표로 선임됐다. 넥슨 일본 법인 사무실에 넥슨의 대주주와 위젯의 대주주, 넥슨 일본 법인의 대표가 둘러앉았다.

김정주는 이승찬한테 넥슨이 보유한 현금을 모두 주겠다고 했다. 400억 원 정도였다. 이승찬은 그 돈을 받고 〈메이플스토리〉와 위젯을 넥슨한테 넘겼다. 당시에 400억은 이승찬한텐 엄청 큰돈이었다.

그 무렵 넥슨 사람들은 내 손에 10억만 있었으면 좋겠다는 푸른 꿈들을 꾸고 있었다. 주변에선 실제로 몸담고 있던 회사가 상장하면서 하루아침에 몇 억씩 벌어들인 개발자들이 있었다. 넥슨에선 상장이 미뤄지면서 월급 이외엔 수입도 거의 없었다. 얼마간의 넥슨 주식이 있었지만 상장이 안 되면 의미 없는 종잇조각일 뿐이었다.

넥슨 개발자들 입장에서 〈메이플스토리〉 인수는 서원일 대표 선임만큼이나 충격이었다. 〈메이플스토리〉를 인수하는 건 찬성이었다. 게임의 세대교체가 필요한 상황이었고 어차피 이승찬도 범넥슨이었다. 그런데 인수 방법이 현금이었다는 게 충격이었다. 상장을 기다리고 있던 개발자들은 지분 교환 방식이 아닌 현금 지급 방식을 이해할 수 없었다. 회사 대 회사 통합이 아니라 현금을 동원해서 사 올 줄은 꿈에도 몰랐다. 결과적으론 현금을 동원한 건 신의 한 수였다. 지분 구조는 유지하면서 새로운 캐시 카우만 확보하는 데 성공했다.

〈메이플스토리〉 인수는 개발팀 이탈을 부추기는 촉매제 역할을 했다. 나가서 회사 차려 성공하면 큰 보상을 받는다. 회사 안에서 열심히 일해봐야 아무런 보상도 받지 못한다. 이런 공식이 확인됐다. 서원일의 대표 인선에 이어, 〈메이플스토리〉의 전격 인수와 정상원의 퇴사는 기존 개발 인력이 회사에 있을 명분을 없애버렸다.

회사를 떠났지만 정상원은 그 상황을 바라보고 있었다. 정상원은 넥슨 사람이었다. 회사를 나갔지만 넥슨과 계속 일할 참이었다. 갑자기 박진환한테서 연락이 왔다. 네오위즈가 게임을 개발할 작정인데 개발 조직을 맡아달라고 했다. 박진환은 한때 넥슨의 인터넷 사업부에서 일하다가 네오위즈로 이직하여 대표를 맡고 있었다. 정상원은 넥슨에서 밀려나오는 개발자들을 네오위즈로 대거 흡수했다. 결과적으로 큰형님이 넥슨 개발팀의 해체를 부채질한 꼴이었다. 정상원은 갖고 있던 넥슨 주식

성장통

도 모두 처분했다.

　〈메이플스토리〉 인수는 넥슨을 살렸지만 넥슨의 개발 역량에는 회복하기 어려운 치명타를 입혔다. 넥슨은 성장판을 훼손당했다. 이때 망가진 개발력은 쉽게 회복되지 않았다. 김정주와 함께 넥슨을 창업했던 1세대 상당수가 넥슨을 떠났고, 새로운 회사와 게임을 만들었다. 상장을 둘러싼 넥슨의 내분은 게임 산업의 지형도를 바꿔놓는 사건이었다.

온라인 게임 〈바람의나라〉가 세상에 제 모습을 채 드러내기 전에
송재경은 회사를 떠났다. 바람처럼······.

〈바람의나라〉는 학창 시절부터
게임과 순정 만화를 좋아한
송재경이 오래전부터 품고
설계했던 것이다.

이담에 최초의 그래픽 온라인 게임을 만들어서
순정 만화 주인공처럼 예쁜 여자 만나야지.

그가 구상했던 건 텍스트 기반의 머드 게임을 그림으로 표현해서,
온라인을 통해 동시에 게임에
참가하는 이들이 움직이는
캐릭터를 가지고
함께 즐길 수 있도록
하는 것이었다.

그래픽이면 확실히 보는 재미는 더 있겠네?

누구나 쉽게 할 수 있겠지?

예술처럼 게임도 하나의 작품이라고 말한다면, 송재경은 자신이 오래전부터 잉태하고
품어온 자식이 다 자라기도 전에 곁을 떠나버린 셈이다.

"그래도 남은 정이 있겠지?"

"남은 정보다 기른 정 아냐?"

하지만 김정주 사장은 뭔가 시작했으면
끝을 봐야 하는 성격이었을까?
송재경의 빈자리를
메울 다른 적임자를 찾아서
회사에 끌어들였다.

요거 요고, 궁금하잖아?

정상원이었다.

재경이가 키우던 앤데,
아직 따끈따끈해.

한번 키워볼래?

귀엽게 생겼네.

제대로 키우려면 돈 많이 들겠는데요?

그래도 얘가 잘 자라면 돈 벌어다 주지 않을까?

내 월급은 많이 줄 거요?

내 스타일 알면서 뭘.

짠돌이라던데.

누가 그래?

정상원은
듬직한 사람이었다.

당시에 회사가 벌여놓은 프로젝트를
완성시키고, 개발 조직을 꾸려가기에
적합한 유형의 인물.

생긴 게?

"저 사람 진짜 크다."

"와! 대박!
눈만 작아."

바로 옆 회사에 다니고 있었는데
자주 놀러 오라고 꼬드기다가
아예 데려왔지.

대학에서는 컴퓨터공학이 아닌 생물학을 전공했지만
게임이 좋아서 컴퓨터 프로그래밍을 익혔고
몇 차례 진로를 바꾼 그는

아버지, 저 삼성 관두고
게임 회사 갈 겁니다.

요새 너 같은 놈들
많더라. 말려봤자지.

진득하고 성실한 끝맺음형 개발자이자
유능한 게임 기획자였고,

그러니까 월급을 많이 줘야지.

함께 일하는 사람들 사이에서 큰형, 혹은 아버지라고 불릴 정도로
든든한 맏이 노릇을 하는 관리자였다.

아빠!

왜? 한잔하면서
사장님 욕할 일이라도
있나보지?

163

이후에 여러 사람들이 합류하면서 〈바람의나라〉는 상용 서비스에 성공했고 넥슨에는 신록의 계절이 찾아왔다.

우여곡절 끝에 결국 넥슨은 게임 회사가 되었지.

회사 커지고 일 많아지면 월급도 많이 주겠지?

짜장면 먹으러 가자.

한편 넥슨을 떠난 송재경도 멀리 가진 않았다. 김택진 사장의 엔씨소프트로 자리를 옮겨 〈리니지〉라는 또 다른 온라인 게임을 만들었다.

짜장면 시켜줄까?

잠시만요. 〈바람의나라〉에는 없는 기능 하나 더 만들고요.

흔히들 게임 업계에서는 누구누구를 온라인 게임의 선구자라느니, 〈바람의나라〉의 아버지라느니 한다.

나?

하지만 〈바람의나라〉를 직접 만들고, 그 게임을 운영한 당사자들은 달리 말한다.

그럼 누가 만든 거야?

숨겨놓은 아비라도 있나 보지.

아이디어를 떠올리거나 개발을 맡은 이들의 역할도 중요하지만, 게임을 키우고 다듬으며 모습을 완성시켜나가는 건 보다 많은 사람이라고.

온라인 게임에 완성이 있나?

사용자들이 계속 만들어가는 거지.

그래도 개발자들 월급은 많이 줘야지?

그리고
넥슨은 성장 속도가 세월을 앞지를 만큼 빨리 자랐다.
직원들도 늘었고 프로젝트도 많아졌다.
호사다마.
낯선 이들과 낯선 상황도 늘었다.
경쟁 회사도 생겼다.
규칙이 없던 회사에 체계가 들어서려 하고 있었다.
불만을 품는 사람들도 생겼다.
회사에 얘기하고 싶은 것들이 늘어갔다.
정상원에게 기대고 그를 통해
호소하는 사람들이 늘어갔다.
그들의 이야기를 듣다가 듣다가
어느 때에 정상원도 넥슨을 떠났다.
아니, 넥슨이 정상원을 떠났다.
철든 자식이 아빠에게서 멀어지는 것처럼

기쁨은 골고루 나누고 아픔은 진심으로 공감하는
그런 회사는 없을까요?

당신도 나중에 사업해보면
'띵' 하는 경험 많을 거야.

리더는 욕먹는 예언자다

지금은 스타트업 경영학이 꽤 정리돼 있는 편이다. 시중에 있는 스타트업 관련 서적만 펼쳐 봐도 투자를 언제 받을지 상장은 언제 고려할지가 상당히 구체적으로 설명돼 있다. 2000년대 초반 코스닥 버블이 한국의 벤처 산업을 휩쓸 때만 해도 그런 설명서 같은 게 없었다. 벤처 1세대들은 각자의 직감에 따라 투자와 상장 시기를 결정했다. 누군가는 돈방석에 앉았지만 누군가는 하루아침에 몰락했다. 대박을 터뜨리고도 이후에 성장 동력을 잃고 방황한 경우도 적잖았다.

넥슨의 기업 공개를 꺼려했던 김정주의 번민이 이해되는 대목이다. 김정주는 당시 벤처 1세대들 중에서도 상장에 가장 보수적인 편이었다. 상장은 기업이 거품 위에 올라타게 만들기 쉽다. 넥슨 같은 지식 기반 기업은 만한 것도 없다. 실무에 기반하지 않은 기업에 대한 가치 평가는 아무리 엄정해도 허수가 끼기 쉽다. 이때 기업의 구성원들도 거품에 휩쓸릴 수밖에 없다. 상장은 자칫 기업을 흥청망청대게 만든다.

그렇다고 상장을 마냥 꺼려하는 게 정답은 아니다. 상장은 기업의 실적과 권한을 자연스럽게 분배해준다. 성장 단계마다 적절한 지분 분배 비율이 존재하지만 그걸 미리 아는 건 불가능하다. 상장과 성장과 보상과 분배의 황금비율은 기업 경영의 영원한 숙제다. 넥슨은 이 지점에서 심한 상장통을 앓았다. 경쟁사보다 늦은 상장 시기에, 상장에 대한 대주주의 소극적인 시각과, 개발자들의 자유분방한 의견 표출이, 내홍으로 이어졌다. 수평적 조직이라는 넥슨의 장점이 이때만큼은 약점으로 작용했다.

그런데 김정주는 이런 위기를 다시 기회로 전환시켰다. 이후 넥슨 성장의 동력이 되는 인수 합병에 본격적으로 뛰어들게 된 게 이때부터다. 〈메이플스토리〉를 개발한 위젯 인수는 넥슨 21년사에서 가장 중요한 인수 합병 가운데 하나다. 위젯 인수는 내부 개발자들한텐 충격이었지만 분명 김정주의 탁월한 경영적 선택이었다.

위젯 인수는 양면적이었다. 넥슨의 위젯 인수로 한국 게임 업계는 지각변동을 겪게 된다. 정상원을 비롯한 개발자들이 대거 이탈하면서 넥슨 경쟁사들의 개발력이 강화된다. 여기에는 김정주의 경영 실험도 한몫했다. 27세 서원일 대표의 선임이다. 서원일 대표 체제는 청년 CEO가 청년 회사를 만드는 필요충분조건은 아니란 사실을 입증했다. 회사는 발전 단계마다 적합한 전문 경영인이 필요하다. 나이가 중요한 게 아니다.

역설적으로 경영 실험의 실패는 넥슨에 전문 경영인 체제가 뿌리내리는 바탕이 된다. 〈카트라이더〉의 성공과 〈제라〉의 실패와 개발 조직의 해체로 김정주는 인수 합병과 해외 시장 개척에 더 집중하게 된다. 대주주 김정주가 자기 역할을 재정의한 덕분에 넥슨에는 전문 경영인 중심의 경영 문화가 일찍부터 자리 잡게 된다.

이렇게 넥슨은 언제나 실패와 위기에서 기회와 변화를 찾아냈다. "사업을 해서 크게 성공해도 크게 기쁘지 않고 크게 실패해도 크게 낙담하지 않아요." 김정주는 웃는 얼굴로 실패하고 무심한 얼굴로 성공할 줄 아는 드문 경영자다.

3

사람과 일

7장

회사 만들기

개성들이 모여
어떻게 기업이 되는가

  손정의 소프트뱅크 회장은 그때도 달변가였다. 한번 회의를 시작하면 대화가 쉽게 끝나지 않았다. 한 시간짜리 회의가 세 시간씩 이어졌다. 그럴 때마다 다음 미팅 상대방은 마냥 기다려야 했다. 오후 3시 미팅을 저녁 7시에야 시작했던 때도 있었다. 상대는 소프트뱅크의 손정의였다. 다들 기다리는 수밖에 없었다.

  2002년 여름이었다. 김정주도 그렇게 마냥 기다리고 있었다. 누군가 김정주에게 말을 걸었다. 미팅을 주선했던 손정의의 비서 데이비드 리였다. 데이비드 리는 소프트뱅크 사장실의 담당 부장이었다. 데이비드 리는 김정주에게 물었다. "미팅이 길어지네요. 괜찮으세요?" 데이비드 리는 김정주에게 차를 한잔 더 대접했다. 김정주와 데이비드 리의 사소한 첫 만남이었다. 넥슨의 미래를 바꿔놓은 중대한 첫 만남이었다.

비즈니스맨 데이비드 리

김정주와 데이비드 리는 말이 잘 통했다. 데이비드 리는 수준급 게이머였다. 사업도 알고 게임도 알았다. 둘은 사업과 게임이라는 공통분모 덕분에 빠르게 가까워졌다. 김정주는 손정의를 만나러 갔다가 데이비드 리와 더 많은 시간을 보내다 돌아오곤 했다. 나중엔 손정의가 아니라 데이비드 리를 만나러 일본에 가게 됐다.

그 무렵 김정주는 한국의 넥슨보단 넥슨 일본 법인 일에 더 치중하고 있었다. 한국은 정상원 대표가 도맡아서 잘 꾸려가고 있었다. 사실 김정주는 이때부터 내심 일본 상장을 염두에 두고 있었다.

어느 날이었다. 데이비드 리가 김정주한테 말했다. "제가 넥슨 일을 좀 도와드릴까요?" 데이비드 리는 미국 변호사였다. 손정의의 눈에 들어서 소프트뱅크로 왔지만 정작 데이비드 리한텐 소프트뱅크 일이 별 재미가 없었다. 그 무렵 손정의는 야후재팬에 이어 일본 브로드밴드 사업에 뛰어들 준비를 하고 있었다. 데이비드 리는 광대역 통신망 같은 인프라 투자에는 별 흥미가 없었다. 소프트뱅크는 점점 투자 지주회사에 가깝게 변해가고 있었다. 데이비드 리는 그렇게 투자만 할 게 아니라 직접 콘텐츠를 매만져 보고 싶었다.

데이비드 리의 제안을 듣고 김정주도 내심 기뻤다. 김정주는 데이비드 리 같은 비즈니스맨이 절실했다. 2003년 김정주는 데이비드 리를 넥슨 일본 법인 부사장으로 영입했다. 김정주는 데이비드 리를 스카우트하기 위해 온갖 편익을 제공했고 어렵사리 연봉도 맞춰줬다. 그만큼 김정주는 데이비드 리가 필요했다.

2003년은 한국에서 〈메이플스토리〉가 선풍을 일으키던 때였다. 넥슨 일본 법인은 〈메이플스토리〉의 일본 배급권을 갖고 있었다. 〈메이플스토리〉를 일본에서 성공시키는 것이야말로 넥슨 일본 법인의 최우선 과제로 떠올랐다. 데이비드 리는 한국에서 넘어온 개발자 몇 명과 함께 〈메이플스토리〉 운영을 맡았다.

〈메이플스토리〉는 일본에서 처음엔 큰 재미를 못 봤다. 데이비드 리는 이때 비상한 게임 사업 수완을 발휘한다. 〈메이플스토리〉에 아이템 뽑기를 적용한 것이다. 아이템을 무작위로 뽑게 만들자 매출이 급증했다. 위젯 사장이던 이승찬이 일본 매출을 보고 놀라서 일본으로 전화를 걸었을 정도였다. 이승찬은 데이비드 리한테 물었다. "이거 과금 서버가 해킹당한 것 아닌가요?" 데이비드 리는 개발자들과 1년 동안 함께 고생하면서 개발 조직과 호흡을 맞추는 법을 배울 수 있었다.

결국 2004년 7월 데이비드 리가 넥슨 일본 법인을 공식적으로 총괄하게 됐다. 오너 김정주가 일본에 있었고 야심만만한 새로운 대표가 넥슨 일본 법인을 경영하게 됐다. 한국 법인은 스물일곱 살짜리 대표가 이끌고 있었다. 어느 사이에 넥슨의 주요 대소사는 넥슨 일본 법인에서 처리되고 있었다. 데이비드 리가 넥슨의 새로운 중심으로 서서히 부상하고 있었다.

2004년 늦가을의 일요일이었다. 데이비드 리는 아내와 산책을 하고 있었다. 김정주한테서 전화가 왔다. "롯폰기 하얏트호텔로 올 수 있어요?" 데이비드 리는 되물었다. "갈 수는 있어요. 그런데 왜요?" 김정주는 대답했다. "와서 얘기해요." 김정주는 하얏트호텔 로비에서 기다리고 있었다. "지금 방에 올라가서 이승찬을 만나려고 해요. 위젯을 살지도 모르겠어요." 데이비드 리는 대답했다. "잘 생각하셨네요."

김정주는 로비에서 그동안 했던 생각을 털어놨다. 데이비드 리도 〈메이플스토리〉의 잠재력을 잘 알고 있었다. 의도는 공유했으나 의견을 제대로 조율할 시간은 되지 않았다. 잠시 후 김정주와 데이비드 리, 이승찬은 하얏트호텔 방에서 마주 앉았다. 이승찬은 데이비드 리와 김정주가 진작부터 입을 맞추고 왔다고 생각했다. 사실 호텔 로비에서 잠깐 대화 나눈 게 전부였다. 데이비드 리는 즉흥적으로 딜을 만들기 시작했다. 김정주가 먼저 가격을 제시했다. 이승찬의 얼굴이 벌겋게 달아올랐다. 데이비드 리도 이승찬의 속내를 눈치챘다. 결국 데이비드 리가 총대를 메고 나섰다. 데이비드 리는 이승찬의 편이 돼서 협상을 이끌었다.

김정주도 이내 데이비드 리의 계산을 알아챘다. 〈메이플스토리〉는 넥슨한텐 당장 필요한 게임이었다. 중국 시장 때문이었다. 김정주도 〈크레이지아케이드 비엔비〉로 중국 시장의 잠재력을 눈치챘다. 〈크레이지아케이드 비엔비〉는 2004년 9월 중국에서 동시 접속자 70만 명을 돌파했다. 그렇다고 〈크레이지아케이드 비엔비〉만 믿고 갈 순 없었다. 〈크아〉처럼 중국의 열악한 PC 사양에서도 잘 돌아가는 가벼운 게임이 필요했다. 동시에 캐주얼 게임인 〈크레이지아케이드 비엔비〉보다 이런저런 아이템을 더 잘 팔 수 있고 충성도 높은 MMORPG가 필요했다. 〈메이플스토리〉였다. 데이비드 리는 가격 협상을 400억 원까지 끌고 갔다. 이승찬도 결국 받아들였다. 그렇게 넥슨은 위젯을 인수했다.

사람과 일

개발의 세대교체

2004년 11월 9일 데이비드 리는 서원일 대표와 함께 넥슨의 공동 대표가 됐다. 데이비드 리는 넥슨 일본 법인과 한국의 넥슨 대표를 겸직하게 됐다. 〈메이플스토리〉 인수를 성공시키면서 데이비드 리의 위상은 한층 높아졌다. 반면에 서원일 대표 체제는 여전히 실험 중이었다. 일단 대외적으론 넥슨은 제2의 전성기를 맞은 듯 승승장구했다. 김동건의 〈마비노기〉와 정영석의 〈카트라이더〉 덕분이었다.

김동건은 2001년부터 〈마비노기〉를 개발하면서 여러 가지 새로운 시도를 했다. 우선 내부로 보면 데브캣 스튜디오라는 개발 조직을 구축했다. 글자 그대로 독립채산제로 운영되는 스튜디오는 아니었다. 〈마비노기〉 개발팀을 그냥 사내에서 자칭 타칭 데브캣 스튜디오라고 불렀을 뿐이었다. 김동건은 데브캣 스튜디오라는 이름을 의도적으로 브랜드로 만들었다. 외부에선 〈마비노기〉가 넥슨이 아니라 데브캣이라는 다른 회사에서 개발한 게임이라고 생각할 정도였다.

김동건은 넥슨이란 브랜드가 지나치게 상업화됐다고 느꼈다. 실제로 게임 마니아들 사이에서 넥슨은 〈퀴즈퀴즈〉처럼 가벼운 게임을 만드는 회사라는 인식이 강했고 김동건은 〈마비노기〉가 차별화되기를 원했다. 김동건은 《마비일보》라는 사내보를 만들어 회사 안팎에 〈마비노기〉의 개발 과정을 홍보하는 수단으로 활용했다. 《마비일보》 덕분에 〈마비노기〉와 데브캣 스튜디오라는 이름이 대중에게 더욱 인지도를 얻을 수 있었다.

〈마비노기〉는 기술 측면에서는 혁신이었다. 〈마비노기〉는 최초로 카툰 렌더링* 방식을 적용한 MMORPG다. 〈리니지〉가 시작한 3D 그래픽 경쟁은 물량 경쟁이나 다름 없었다. 게임 업계 전체가 대작 게임에 매몰돼가고 있었다. 넥슨조차 완전히 자유롭진 못했다. 정상원과 서민도 〈제라〉 개발을 시작했다. 〈마비노기〉는 카툰 렌더링 방식을 활용해서 사실감은 떨어지지만 만화처럼 보기 좋은 그래픽을 선보였다. 〈리니지〉 일변도에서 탈피한 셈이었다.

마비노기란 켈트어로 음유시인을 뜻한다. 대부분의 MMORPG는 중세 유럽이 배경이었다. 〈바람의나라〉 정도가 예외였다. 〈마비노기〉는 켈트 신화가 배경이고 현실 세계와 닮아 있는 완결된 세계를 게임 안에 구축했다. 김동건은 게임이 현실과 닮아 있을수록 게이머가 게임에 더 깊이 빠져든다고 믿었다. 현실에서 익힌 기능들을 게임에서도 써먹을 수 있다면 현실과 게임의 경계도 허물 수 있다고 생각했다.

〈마비노기〉는 2004년 6월 정식 서비스를 개시한다. 서비스가 시작되자마자 게임 업계의 호평이 줄을 잇는다. 〈마비노기〉는 2004년 최고의 게임으로 평가받으며 영화등급위원회가 뽑은 '올해의 좋은 영상물'로 선정된다. 게임에는 야박하기 짝이 없는 영등위가 게임에 좋은 영상물이란 칭찬을 해준 셈이었다. 또한 대한민국 게임 대상 최우수상도 수상한다.

그러나 초기 흥행 면에선 〈크레이지아케이드 비엔비〉 같은 캐주얼 게임에는 비할 바가 못 됐다. 김동건도 내심 아쉬웠으나 넥슨과는 다른 데브캣 스튜디오라는 브랜드를 각인시키기엔 충분했다. 상장 파동을 겪으면서 정상원을 비롯한 1세대 개발자들이 넥슨을 떠나자 김동건과 데브캣 스튜디오는 자연히 넥슨 개발의 주축으로 떠오르게 됐다. 이

• 3D 렌더링에 2D 셀 애니메이션의 질감을 입히는 컴퓨터 그래픽 기법.

승찬이 중심이었던 1.5세대에 이어 2세대 개발자들이 부상하고 있었다. 2004년 2월 시작된 서원일 대표 체제는 경영과 개발 양쪽에서 넥슨의 세대교체를 뜻했다.

국민 게임 〈카트라이더〉

한쪽엔 정영석이 이끄는 〈카트라이더〉 팀이 있었다. 정영석은 〈어둠의전설〉 디자이너로 넥슨에 입사했고, 〈비트댄스〉라는 리듬 액션 게임을 만들겠다고 나섰다. 이승찬이 〈퀴즈퀴즈〉를 만들던 때였다. 넥슨은 언제나 하겠다고 나서는 자에게 기회를 줬다. 그러나 결과는 실패였다. 〈비트댄스〉는 출시조차 안 됐다. 기획은 좋았지만 완성도가 따르지 못했다.

넥슨은 도전했다 실패한다고 책임을 묻거나 하진 않았다. 그래도 실패는 실패였다. 정영석은 백의종군하는 셈 치고 〈크레이지아케이드 비엔비〉 팀으로 가게 됐다. 〈비트댄스〉라는 게임 개발을 총괄하다가 〈크레이지아케이드 비엔비〉의 일개 개발자로 좌천된 셈이었다. 정영석은 〈크레이지아케이드 비엔비〉의 성공에 일조한다. 덕분에 다시 기회를 얻는다. 정영석은 〈크레이지아케이드 비엔비〉의 캐릭터를 이용한 스핀오프*캐주얼 게임을 개발하는 기획을 맡는다. 그게 전설의 〈카트라이더〉였다.

〈카트라이더〉 팀은 아주 소규모로 출발했다. 온라인 레이싱 게임은 한국에선 늘 인기가 없었다. 당시 가장 인기가 있었던 온라인 레이싱

---

* 본편에서 파생된 작품.

게임도 회원 수가 1만 명이 안 됐다. 레이싱 게임은 게이머들의 실력 차가 크고 극복하기도 어렵다. 난이도 조절이 안 된단 뜻이다. 김정주와 정상원이 〈카트라이더〉에 비판적이었던 것도 이런 이유 때문이었다.

〈카트라이더〉는 2004년 6월 오픈 베타 서비스를 시작했다. 반응은 엄청났다. 한 달 만에 동접 3만 명을 돌파했다. 레이싱 게임의 시장 한계를 가볍게 돌파해버렸다. 〈카트라이더〉는 2004년 8월 부분 유료화를 했는데, 이번엔 〈크레이지아케이드 비엔비〉 때처럼 어설픈 부분 유료화가 아니었다. 덕분에 부분 유료화 이후에도 더 속도가 붙었다. 2004년 10월에는 회원 수가 10만 명을 넘어섰고, 2004년 12월에는 PC방 게임 순위에서 〈스타크래프트〉를 넘어서 1위 자리를 빼앗는다. 정상원이 〈택티컬 커맨더스〉로 도전했고 송재경의 〈리니지〉도 못 했던 〈스타크래프트〉 타도의 꿈을 〈카트라이더〉가 이뤄낸 셈이었다.

〈카트라이더〉는 국민 게임이 됐다. 점심시간에 사내 PC로 〈카트라이더〉를 즐기는 직장인들 때문에 회사마다 골머리를 앓곤 했다. 심지어 어떤 회사는 아예 〈카트라이더〉 접속을 차단해놓는 경우도 있었다. 무엇보다 〈카트라이더〉는 게임 시간이 길지 않았다. 3분여 정도의 레이싱을 즐기면 승패가 갈렸다. 〈스타크래프트〉처럼 지략과 전략을 총동원해서 1시간 가까이 이어가며 즐겨야 하는 게임과는 달랐다. 그만큼 가볍게 접근할 수 있었다.

나중에 정영석은 〈카트라이더〉 팀을 기반으로 로두마니 스튜디오를 만든다. 김동건의 데브캣 스튜디오와 같은 스튜디오 시스템을 도입한 것이다. 로두마니 스튜디오는 넥슨 캐주얼 게임의 총본산이 된다.

당시 넥슨이 세 들어 있던 선릉역 근처 세강빌딩 바로 옆엔 치킨집이 하나 있었다. 바로 앞엔 작은 슈퍼마켓이 하나 있었다. 이곳에선 라면도 끓여줬다. 치킨집과 슈퍼마켓이 사실상 넥슨 개발팀의 공동 회의 장소가 됐다. 김동건의 〈마비노기〉팀과 정영석의 〈카트라이더〉팀은 야근을 하다가 치킨집에서 맥주를 함께 마시며 아이디어를 교환했다. 회사 안에선 각자 개발을 하느라 바빴다. 치킨집에서 진짜 정보가 오고 갔다. 김동건은 정영석과 얘기하는 게 좋았다. 게임 개발 아이디어를 잔뜩 얻어 갈 수 있었다. 넥슨의 미래에 대해 이러쿵저러쿵 얘기하는 분위기도 좋았다. 아직 넥슨의 인력이 300명 남짓하던 때였다.

서원일 체제의 넥슨은 분명 잘나가고 있었다. 넥슨은 모바일 게임에도 손을 댔다. 〈마비노기〉를 만들기 전에 김동건은 모바일 게임 개발에 주력했다. 세계 최초로 모바일로 접속하는 인터넷 게임인 〈코스모노바〉도 그때 나왔다. 넥슨의 천재 김상범은 휴대폰을 스무 개씩 들고 다니면서 모바일 게임을 연구했다. 스마트폰은커녕 무선 인터넷도 낯설던 시절이었다. 엉뚱했지만 분명 10년은 앞서가고 있었다.

공동대표 체제

2005년이 됐다. 서원일도 다양한 씨앗을 뿌려보려고 애썼다. 인센티브 시스템을 매만져 보려고 했다. 1세대 개발자들이 대거 이탈한 것도 인센티브의 부재 탓이었다. 상장으로 보상을 받겠다는 요구는 관철되지 않았다. 남은 개발자들은 대신 금전 보상이라도 받고 싶었다. 개발자들은 빨간 봉투 제도에 질려 있었다. 빨간 봉투란 창업 초기부터 이어져온 넥슨 특유의 인센티브 제도였다. 기준 없는 인센티브란 게 문제였다. 몇

십만 원부터 몇백만 원까지 중구난방으로 들어 있었다.

성과 보상 제도는 성과 평가 제도가 있어야 실현할 수 있다. 게임이 성공하기까지 누가 얼마나 기여했는지를 제대로 평가할 수 있어야 합당한 보상을 해줄 수 있다. 평가가 공정하지 못하면 보상이 왜곡된다. 그렇다고 완벽하게 공정한 평가도 있을 수 없다. 개발 기여도를 평가하는 기준은 어느 정도는 주관적일 수밖에 없다. 결국 개발 조직을 설득할 수 있는 CEO의 카리스마도 필요하다. 경영진이 이렇게 평가했으니 받아들이라고 요구할 수도 있어야 한다. 비개발자인 데다 나이도 어린 서원일이 개발자들을 그렇게 설득해낸다는 건 불가능했다. 1세대 개발자들이 떠나가는 것을 막지 못했다. 서원일의 잘못이 아니었다. 경험에 비해 책임이 너무 막중했다.

이런 상황을 간파한 데이비드 리는 넥슨의 공동대표로 선임되면서 가장 먼저 인센티브 제도부터 손을 보기 시작했다. 결국 개발 조직의 수장들과 마주 앉아야 했다. 상대는 서민과 김동건과 정영석이었다. 김동건이 초안을 짰다. 게임 매출의 평균 3퍼센트를 개발자들의 인센티브로 제공한다는 게 골자였다. 게임 출시 첫해에는 6퍼센트로 정했다. 게임을 개발하는 동안에는 인센티브를 받지 못해서였다.

물론 최종 협상 대상은 김정주였다. 데이비드 리는 김정주를 설득할 줄 알았다. 당연히 개발자들도 데이비드 리를 믿게 됐다. 협상은 성공적이었다. 개발자들은 숙원 사업이었던 인센티브를 얻었다.

인센티브 협상을 성공적으로 이끌면서 데이비드 리는 넥슨 일본 법인에 이어 넥슨 한국 법인까지 장악했다. 넥슨의 심장부인 넥슨 개발 조직의 지지도 얻어냈다. 원원이었다.

그런데 서원일 공동대표가 물러난 후 데이비드 리가 단독 대표로서 맨 먼저 한 일은 김정주와 거리 두기였다. 데이비드 리는 김정주한테 말했다. "일단 맡겼으면 믿어주세요." 김정주는 데이비드 리의 요구에 순순히 응했고 직원들 개개인과의 소통을 최대한 자제했다. 서원일의 실패에 대한 책임감도 느꼈다. 창업 초기처럼 스물일곱 살짜리 대표를 세우겠다는 발상은 참신했지만 권한을 제대로 위임하지 않았다. 김정주는 서원일이 아까웠다. 무리하지 않았다면 10년쯤 뒤엔 넥슨의 기둥이 됐을 인재였다.

덕분에 데이비드 리는 모든 의사 결정 체계를 거머쥐는 데 성공한다. 우선 모든 일대일 메일을 금지했다. 자신한테 오는 이메일도 반드시 제삼자를 참조하게 했다. 회의를 하면 회의록을 남기게 만들었다. 일대일 메일은 조직을 점조직화한다. 여기서 이 말 하고 저기서 저 말 하는 체제가 된다. 데이비드 리는 데이터를 축적하고 분석하는 작업도 시작했다. 데이비드 리는 직관적으로 움직이는 조직을 객관적으로 바꿔야 한다고 판단했다. 넥슨을 더 체계적으로, 회사답게 만들고 싶었다.

데이비드 리의 넥슨

데이비드 리는 넥슨의 공동대표를 맡자마자 인센티브 체계를 수립하기 위해 우선 IBM에 성과 관리 컨설팅을 의뢰했다. 동시에 넥슨 안에도 성과 관리 프로젝트 팀을 따로 꾸렸다.

성과관리팀은 사실상 데이비드 리의 직할부대가 됐다. 그 전까지는 CEO 직속팀이란 게 없었다. 성과와 보상은 회사의 모든 정보와 인력에 접근할 수 있는 만능열쇠다. 덕분에 데이비드 리와 성과관리팀은 자연스럽게 넥슨의 사령탑 역할을 하게 됐다.

데이비드 리와 성과관리팀은 죽이 잘 맞았다. 특히 박지원과 김태환은 데이비드 리의 총애를 받았다. 박지원은 꼼꼼했고 김태환은 유연했다. 둘은 연세대 정외과 선후배 사이로 학교 다닐 때부터 친했다. 김태환은 개발팀과의 소통에도 능했다. 넥슨 창립 10주년 행사 때 사회를 봤다가 인기인이 된 뒤로 많은 사람들이 김태환을 좋아했다.

데이비드 리와 성과관리팀의 회의는 30분을 넘기는 법이 없었다. 데이터에 기반해서 판단을 내리는 사람들이었다. 답이 다를 경우가 별로 없었다. 업무 영역은 갈수록 늘어났고 성과 관리를 넘어서 회계 관리부터 인수 합병 업무까지 맡으면서 사실상 경영기획실 역할을 하게 됐다. 데이비드 리는 넥슨 일본 법인과 한국의 넥슨을 오가며 일을 했다. 데이비드 리가 넥슨 일본 법인에 있을 때도 성과관리팀이 데이비드 리의 눈, 귀와 수족 역할을 했다.

이제까지의 넥슨에는 없던 체계가 만들어졌다. 2005년 하반기쯤 되자 데이비드 리와 일곱 본부장 체제의 경영 구조가 자리를 잡게 됐다.

데이비드 리는 무리한 조직화보단 조직의 경쟁력을 지켜내면서 구성원의 지지를 얻어내는 데 더 치중했다. 조직보다 중요한 건 조직원의 마음이다. 데이비드 리는 넥슨의 평균임금을 높여놓았고 덕분에 개발자들이 이탈하는 걸 막아냈다.

2005년 넥슨의 매출은 2177억 원을 돌파했다. 〈카트라이더〉와 〈메이플스토리〉와 〈마비노기〉가 매출을 견인했다.

이제 넥슨은 김정주가 아니라 데이비드 리의 회사가 되어가고 있었다.

나가서 독립하기, 안에서 독립하기

남다른 성취욕을 가진 이들이 그렇듯,
이승찬에게 그것은 어쩌면 선택이었다기보다
숙명이었을 거다.

보소! 따뜻한 집 놔두고
와 바깥에서 고생하는 교?

야생성을 타고난 내 운명을
집고양이 따위가 어찌 알까?

그리고 모진 고생을 겪으며 고군분투한 끝에
자신의 회사에서 만든 게임 〈메이플스토리〉가
놀라운 성공을 거두었다.

뿅.!

더 놀라운 것은 전에 다녔던 회사 넥슨이
그 게임을 거액에 사들인 것이다.

잘 만들었네.
나한테 팔아.

하지만 난 그때 내 회사와 게임을 판 걸
지금도 후회하고 있어.

하지만 가장 놀라운 것은
모두가 부러워할 만큼
경제적 보상을 받고도
이승찬은 만족하지
않는다는 사실이다.

"왜에???"

"욕심쟁이?"

"미워."

애초에 독립해서 자기 회사와 브랜드를
갖길 원했던 그의 욕망은 단지
물질적 성취만이 아니었다.

게임을 만드는 사람에게는
만드는 행위와 그로 인한
성패가 바로 짜릿한
승부의 경험이에요.

그는 자신의 창의력을 대중 앞에서 끊임없이
평가받고 싶어 하는 타고난 승부사였다.

발군의 창의력과 실력을 지닌 인재일수록 회사나 조직 안에 진득하게 안주하지 않는 경향이 있다.

" 우오오~~"

" 멍 멍"

그래서 어느 회사든 특별한 인재를 붙잡기 위해 특별한 조건과 대우를 마련한다.

용감한 사냥개 모집합니다!
세 끼 갈비, 정원 딸린 독채 제공!

그런 인재 대우 방식이 늘 좋은 성과를 낼까?

막상 들어오니까 따시네.
따시니까 나가기가 싫네.

천만에.

머고? 인마,
안 띠댕기고 잠만 자나?

인재의 도전과 실험, 창의력이 성과로 이어지려면 그가 자기 일에 얼마나 애착을 갖느냐에 달렸는데

재능과 실력은 돈으로 살 수 있지만,

연봉 두 배 줄게.
우리 팀으로 와.

열정은 살 수 없기 때문이다.

머라? 결승전은 안 뛴다고?

벌써 연봉만큼 뛰었잖유?

그런 점에서 참 특이한 인물이 넥슨에 한 명 있다.

내 얘기 하려고?

김동건.

비범한 재능과 승부욕을 지녔지만
회사 밖이 아닌 안에서 자기 욕망을
실현하고 있는 자다.

쟈가 그래 실력 좋나?
우리 회사로 스카우트해보까?

어지간해서 힘들 긴데예?
저 눈매 좀 보이소.

오랫동안 넥슨의 주요 임원이었던
김상범 이사는 김동건을 창의력은 물론
친화력과 조직 관리 능력까지 겸비한
인재라고 평한다.

내가 넥슨에서 했던
일 중 기장 질했다고
자부하는 것 중 하나가
바로 김동건을 회사에
데려다 놓은 거였지.

이를테면 그는,
도전적인 야생성을 조직 안에서 발휘하는
또 다른 방식의 승부사다.

"동건이는 안 나오고
집에 있을 거란다"

"맞나?"   "별일이네?"

김동건이 회사 안에서 성취욕을 발휘하기 위해 스스로 택한 방법은

자신이 직접 운영하는 스튜디오를 만드는 것이었다.

조직 안의 또 다른 조직.

데브캣이라고 이름도 붙였어.

자신과 의기투합할 수 있는 소수의 동료들과 함께 독자적으로 게임을 개발하고

넥슨이라는 회사명이 아닌 데브캣 스튜디오의 이름으로 홍보했다.

개발과 운영 동향을 알리는 신문도 발행했지.

그래서 〈마비노기〉는 데브캣이 만든 게임이야.

데브캣 스튜디오는 그렇게 넥슨에서 창의력과 기동력을 갖춘 조직 시스템의 성공적 사례로 기록되었다.
김동건은 자신이 몸담고 있는 회사인 넥슨보다 더 신뢰받는 자신의 브랜드를 만들고 꾸려보고 싶었을까?

그렇다면 그런 의지를 실천으로 옮겨 성과를 거둔 김동건도 대단하지만 그런 발칙한 생각을 허용한 넥슨도 평범하진 않다.

21년 세월을 거치면서 넥슨에서는
많은 인재들이 독립과 성공을 꿈꾸며
나가기도 했고, 또다시 들어오기도 했다.
이승찬도 다시 돌아왔었고,

" 왔어? 잘해봐"

" 뭐하냐? 밥 먹었어?"

김동건은
여전히
그 자리에
계속 있다.

많은 사람들의 다양한 욕망이
실현되기도 했고 좌절되기도 했던 넥슨은
지금, 그리고 앞으로 인재들에게
어떤 집이 될까?

리더는 어떻게 인정받는가

기업은 궁극적으로 차기 경영 헤게모니를 창출할 수 있어야 한다. 변화한 경영 환경에 맞춰 기업을 이끌 수 있는 경영자를 조직 내부에서 배출할 수 있을 때 지속 가능성을 갖는다. CEO만 선임하면 끝이 아니다. CEO를 떠받칠 새로운 경영 체제까지 함께 구축돼야 한다. 쉽지 않은 일이다.

넥슨은 불과 창업 10년 차에 차기 경영 헤게모니를 창출해내는 데 성공했다. 데이비드 리 체제였다. 넥슨의 변화무쌍한 조직 문화와 데이비드 리의 열정과 개발 조직의 필요가 맞아떨어진 결과였다. 데이비드 리는 탁월한 경영자였다. 대주주 김정주의 뒷배만 믿고선 결코 넥슨을 장악할 수 없다는 걸 간파했다. 이방인인 자신이 넥슨이란 게임 기업을 장악하려면 어디에서부터 파고들어야 하는지 포착했다. 인센티브 체제 구축을 위한 성과 평가였다.

그건 넥슨의 개발 조직도 원하는 바였다. 1세대 개발자들이 대거 이탈한 뒤 남은 개발자들은 적절한 보상을 요구하고 있었다. 데이비드 리는 성과평가팀을 통해 개발 조직을 바꿔냈다. 대신 개발 조직은 보상을 얻어낼 수 있었다. 넥슨 경영에 체계가 잡혔다.

차기 경영자가 이렇게 스스로의 힘으로 경영 헤게모니를 쟁취하면 강력한 리더십을 발휘할 수 있다. 그만큼 기업 경영에 속도가 붙는다. 실제로 데이비드 리는 김정주의 지원이 필요 없을 정도로 전권을 획득했다.

대기업과 벤처 기업을 막론하고 넥슨처럼 경영권 교체가 자생적으로 이뤄진 경우는 거의 없다. 여전히 많은 기업들이 봉건적 경영 수준에 머물러 있다.

데이비드 리는 넥슨을 체계적인 기업으로 변모시켰다. 인센티브 체제를 수립해서 개발 조직에 동기가 충만하게 만들고자 애썼다. 자신은 대주주 김정주와 함께 장기인 인수 합병에 집중하면서 외부에서 새로운 성장 동력을 끌어오려고 노력했다.

데이비드 리 체제에선 게임 센스라는 개념이 개발자들 사이에서 중요해졌다. 초기엔 천재적 역량으로 난해한 게임 코드를 풀어내는 역량이 각광받았다. 그러다 온라인 게임 산업이 성숙해지면서 게임과 게이머들의 유기적 관계를 포착하는 감각이 요긴해졌다. 게임 센스는 넥슨이 어떻게 성공한 게임 기업이 됐는지 단적으로 설명해주는 단어다. 게임 센스를 가진 인재들이 넥슨의 주축이 되면서 넥슨은 흥행과 작품성이란 두 마리 토끼를 다 잡을 수 있게 된다.

게임 센스는 한편으론 저주받은 재능이다. 일반 게이머들은 게임 센스로 중무장한 넥슨의 개발자들한테 번번이 홀렸다. 재미있지만 어느새 호주머니의 돈을 빨아들이는 넥슨의 게임들을 보면서 고마움과 미움을 동시에 느꼈다. 그들은 넥슨을 '돈슨'이라고 부르기 시작한다. 이것 역시 나중엔 넥슨이 해결해야 할 또 다른 숙제로 떠오른다. 이번에도 역시 기회 뒤엔 위기가 숨어 있었다.

8장

인센티브의
역설

창의성을 관리한다는 것

　　데이비드 리는 박지원과 김태환의 수상한 동태를 포착했다. 박지원과 김태환은 데이비드 리 대표의 직속 부서인 성과관리팀의 핵심 요원들이었다. 성과관리팀의 목표는 분명했다. 넥슨의 KPI ^{Key Performance Indicator} 그러니까 핵심 성과 지표를 완성하는 게 목표였다. KPI는 앞으로 넥슨이 어디로 나아갈지를 알려주는 항해 지도가 될 터였다. 그렇게 되면 어느 부서가 지금 얼마만큼의 매출을 내고 있고 어느 부서의 목표는 앞으로 얼마가 돼야 하며 어느 부서는 왜 목표를 달성하지 못했는지를 한눈에 파악할 수 있다. 데이비드 리는 또 KPI를 통해 넥슨의 조직과 사람들을 장악해나가고 있었다. 누가 무엇을 어떻게 하고 있는지 한눈에 알 수 있었다. KPI는 넥슨의 항해 지도이자 선박 구조도였다. 박지원과 김태환은 그렇게 중차대한 일을 하고 있었다.

　　그런데 정작 두 사람은 슬금슬금 넥슨에서 도망칠 궁리들을 하고 있었다.

넥슨의 두 종족

넥슨은 태생 자체가 개발자 중심의 회사였다. 박지원과 김태환도 넥슨은 게임 회사고 개발자가 중심이 되는 회사여야 마땅하다는 건 알고 있었다. 다만 비개발자들 입장에서는 개발자들이 종종 자신들의 역할을 제대로 인정하지 않는다는 인상을 받는 경우가 있었다. 개발자와 비개발자는 다른 종족이라고 느낄 때가 많았다.

사실 개발과 비개발의 갈등은 창업 초기부터 늘 있었던 일이다. 넥슨에선 창업 동지인 최승우조차 비개발자라는 이유로 소외감을 느낄 정도였다. 이제 겨우 서른 안팎인 박지원과 김태환은 말할 것도 없었다. 김태환은 KPI 작업을 하면서 개발 부서의 저항을 피부로 느꼈다. 김태환은 넉살이 좋았다. 개발자와 비개발자를 가리지 않고 두루 친한 편이었다. 그런 김태환도 개발 부서 사람들을 상대할 땐 애를 먹었다. 게임 개발 부서는 성과 관리 작업에 저항감을 보였다. 게임 개발이 언제 끝날지는 아무도 모른다는 게 개발 부서의 기본 입장이었다. 게임이 대박을 칠지 쪽박이 날지 아무도 모르는 건 당연했다. 그러니 게임이라는 콘텐츠에 마감과 목표라는 잣대를 들이대기조차 쉽지 않았다. 데이비드 리도 게임 콘텐츠의 속성을 모르지 않았다. 다만 CEO로서 넥슨을 최소한의 예측은 가능한 기업으로 만들어야 한다고 느꼈다. 실무진들은 중간에서 괴로웠고 성과관리팀에서 연락이 오면 개발자들은 다들 슬금슬금 피하기 일쑤였다. 성과관리팀 전체가 지쳐가고 있었다.

데이비드 리는 박지원과 김태환의 동태를 파악하자마자 행동을 취했다. 성과관리팀부터 쪼개버렸다. 성과관리팀 인력들이 앞으로 넥슨을 이끌 주축들이라고 여겼고 이대로 놓쳐버리긴 아까운 인재들이었다.

한 명은 일본으로, 한 명은 중국으로 발령을 내버렸다. 한 명만 한국에 남겨뒀다. 그때 박지원은 일본으로 보냈다. 한국에 남은 사람은 김태환이었다. 데이비드 리는 성과관리팀의 후신인 전략기획팀을 만들었다. 단순 성과 관리가 아니라 회사의 성장 전략을 짜는 부서로 격상시켜서 인센티브를 분배하는 조직에서 인센티브를 기획하는 팀으로 만든다. 데이비드 리는 김태환을 전략기획팀장에 앉혔다.

대작 〈제라〉의 실패

2006년 2월 넥슨은 〈제라〉의 흥행 참패로 큰 충격에 빠진다. 〈제라〉는 넥슨 역사상 최대 규모의 프로젝트였다. 개발자만 40명에 제작비만 100억 원 넘게 투입했다. 엔씨소프트의 게임들에 비하면야 크다고 할 수 없었지만 넥슨 안에선 블록버스터였다. 국민 게임 〈카트라이더〉도 초창기 개발자는 고작 서너 명에 불과했다. 2005년 6월 시연회를 열 때만 해도 〈제라〉는 〈그라나도 에스파다〉, 〈썬〉과 함께 MMORPG 빅3 기대작으로 불렸다. 마침내 넥슨이 〈리니지〉에 도전장을 내밀었다며 기대도 컸다. 〈카트라이더〉가 캐주얼 게임 시장을 지배하고 있었다. 〈메이플스토리〉가 소프트코어 MMORPG 시장을 지배했다. 〈제라〉까지 성공하면 하드코어 MMORPG 시장까지 확보할 수 있게 된다. 넥슨의 게임 포트폴리오가 완성되는 셈이었다.

개발 과정은 순탄치 않았다. 〈제라〉의 최초 기획자는 정상원이다. 정상원이 나가자 서민이 이어받았다. 그사이에 넥슨의 대표는 정상원에서 서원일을 거쳐 데이비드 리로 세 차례나 바뀌었다. MMORPG를 정교하게 완성하려면 마이크로 매니지먼트가 필수다. 〈리니지〉를 만들면서 김택진이 그렇게 했다. MMORPG는 거시적이면서 동시에 미시적이어야 한다. 그렇지 않으면 성공하기 어렵다. 거대한 가상 세계 속에서 개개인의 캐릭터가 돌아다니는 게임이기 때문이다. 세계와 개인을 모두 세세하게 신경 써야 한다. 조물주의 자세가 필요하다. 〈제라〉는 그만큼 쫀쫀한 관리를 거치지 못한 채 공개됐다. 원래 넥슨이 그런 쫀쫀한 조직도 아니었다.

2006년 5월 결정적인 사고가 터졌다. 〈제라〉의 게임 그래픽 가운데 일부가 기존 사진을 베꼈다는 문제 제기와 함께 표절 의혹에 휘말린다. 그래픽에 대한 표절 의혹이 〈제라〉와 넥슨에 대한 불신으로 이어질 수밖에 없었다. 결국 〈제라〉는 실패한다.

효율성 대 창의성

데이비드 리는 허들 회의를 강화했다. 허들 회의는 2005년 데이비드 리 체제 수립 직후부터 시작했다. 허들 회의는 게임 개발을 중간 점검하는 자리다. 개발 부서와 비개발 부서의 수장 예닐곱 명이 참석했다. 2006년부터는 허들 회의에서 탈락하면 게임 개발을 즉각 중단하고 개발팀을 해체할 정도로 위상이 높아졌다. 이전에는 넥슨 경영진은 게임 개발에는 사실상 간여하지 않았다. 개발은 오직 개발 부서의 성역이었다.

데이비드 리는 허들 회의를 비개발 부서와 개발 부서가 함께 참여하는 게임 개발 공동 의사 결정 기구로 만들었다. 속내를 들여다보면 비개발 부서의 영향력을 개발 부서로 확대한 셈이다. 데이비드 리 나름대로는 비개발 부서의 효율성과 개발 부서의 창의성을 섞어보려는 의도였다.

대신 개발 부서엔 막대한 인센티브가 주어졌다. 데이비드 리는 금전적 인센티브가 일단 당장은 개발자들한테 그럭저럭 동기부여가 될 거라고 봤고 개발자들 역시 인센티브만 받으면 충분한 동기부여가 될 거라고 약속했다.

2006년 봄 데이비드 리는 개발 조직을 네 개의 본부로 나눴다. 서민이 개발이사를 맡았다. 스튜디오 시스템이 안착됐다. 로두마니 스튜디오와 데브캣 스튜디오가 이때 회사 내 공식 조직으로 승격했다. 스튜디오별로 인센티브를 나눈 다음 각 본부장이 분배할 수 있도록 개발 조직 안에 칸막이를 쳐주었다.

스튜디오 체제 아래에선 당연히 본부장의 영향력이 절대적일 수밖에 없다. 본부장한텐 스튜디오 안에서 개발자 개개인에게 인센티브를 차등 지급할 수 있는 권한이 주어졌다. 사실 넥슨은 태생적으로 이런 회사 내 회사의 구조를 갖고 있었다. 게임본부장들은 처음부터 스튜디오를 자기 팀이라고 여겼다. 넥슨이란 회사는 느슨한 울타리나 대외적인 간판에 가까웠다. 회사는 게임을 운영하는 데 필요한 도움을 주는 조력자였다. 덕분에 스튜디오 개발팀은 오직 개발에만 전념할 수 있었고, 특히 김동건이 이런 구조를 선호했다. 김동건이 창업을 해서 넥슨 밖으로 뛰쳐나가지 않은 이유다.

2006년 초여름, 개발 부서에 대한 KPI 작업이 미완으로 끝났다. 진작에 끝난 비개발 부서의 KPI와는 대조적이었다. KPI에 대한 개발 부서의 저항은 생각보다 거셌다. 데이비드 리와 실무를 맡은 김태환은 개발 조직에 적용할 세세한 KPI를 만들어낸다는 게 불가능하다는 결론에 도달했다. 게임을 만들 때, 기획자의 책임이 어디까지인지, 서버 개발자와 그래픽 디자이너 가운데 누가 더 책임이 큰지, 게임이 성공하면 개발자의 공이 큰지, 아니면 운영을 잘한 게임 매니저의 공이 큰지, 가늠한다는 건 불가능했다.

결국 비개발 부서에만 KPI를 꼼꼼하게 적용했다. 개발 부서는 그냥 각 개발본부장이 알아서 공정을 관리하고 부서별 매출에 따라 인센티브를 알아서 분배하는 식으로 정리했다.

관리의 역효과

허들 회의와 스튜디오별 인센티브 제도는 예상 못 한 결과를 불러오기 시작했다. 허들 회의는 다른 부서와 정보를 공유해서 개발 과정을 합리화하는 게 목적이었다. 적어도 〈제라〉 같은 실패는 없애야 했다. 정작 허들 회의는 실패도 줄였지만 성공도 줄여버렸다. 개발자들은 시장이 아니라 허들을 보고 개발을 하기 시작했다. 앞서서 허들을 넘은 게임을 답습하려는 경향을 보였다. 집단 지도 체제는 보수적 선택을 하기 마련이다. 권한이 분산되는 만큼 책임도 분산되기 때문이다. 부서마다 한마디씩 해서 깎아내다 보니 게임이 둥글둥글해지기 일쑤였다. 그렇게 만들어진 게임은 시장에선 개성이 없다는 평가를 받았다.

허들 회의에서 나오는 얘기들은 늘 비슷했다. "콘텐츠 소비 속도를 올리세요." "PVE가 부족하니까 PVE를 보완하세요." PVE란 Player Versus Environment를 뜻한다. 쉽게 말해서 몬스터 숫자를 늘리란 얘기다.

허들 회의에선 〈카트라이더〉도 절대 나올 수 없는 게임이었다. 이런 얘기가 나올 게 뻔했다. "레이싱 게임? 절대 안 됩니다. 시중에서 유통 중인 레이싱 게임의 동접은 2만 명 수준이네요. 난이도 조절도 어렵잖아요." 사실 이것과 똑같은 얘기를 김정주가 했었고 정상원도 했었다. 차이가 있다면 김정주와 정상원은 구태여 만들어보겠다는 정영석을 제지하지 않고 내버려 뒀다는 점이다. 그땐 고집을 부리는 개발자와 고집을 꺾지 않는 유연한 경영진이 있었다. 그만큼 넥슨의 개발 생태계는 건전했다. 전략기획팀장 김태환은 넥슨 개발 조직 안에서 그런 고집과 아량이 줄어들어 간다고 느꼈다. 사실 개발이사인 서민도 똑같이 느끼고 있었다. 넥슨은 아무도 손을 들지 않는 조직으로 변하고 있었다. 서민은 알수 없는 위기감을 느꼈다.

이런 허들을 넘어서라고 인센티브를 줬다. 정작 인센티브는 허들을 넘어야 하는 동기가 아니라 허들을 넘지 않아도 되는 동기로 작용했다. 어렵게 허들을 넘어가며 개발을 해서 얻는 인센티브보다 이미 매출을 많이 일으키는 팀에 오래 남아 있는 게 더 이익이었다. 〈메이플스토리〉처럼 대박을 낸 게임 개발자들한텐 엄청난 인센티브가 주어졌다.

2006년에 이르자 넥슨의 매출은 2449억 원에 달하게 됐다. 2001년 김정주는 넥슨이 매출 3000억 원 정도는 돼야 상장을 고려해볼 수 있다고 했었다. 불과 5년 만에 매출 3000억을 눈앞에 두게 됐다. 넥슨의 인센티브는 평균적으로 매출의 3퍼센트였다. 2006년 매출의 3퍼센트면 70억 원이 넘는다. 당시 넥슨의 인력 규모를 고려하면 어마어마한 액수다. 모두가 인센티브에 안주하기에 충분했다.

무게중심의 이동

결과적으로 인센티브는 개발이 아니라 운영 능력을 향상시켰다. 무에서 유를 만들어내는 개발은 위험 부담만 크고 당장의 인센티브는 없다. 유에서 유를 뽑아내는 운영은 위험 부담은 작고 인센티브는 크다.

넥슨의 운영 실력은 일취월장했다. 인센티브는 부분 유료화와 결합하면서 큰 시너지를 냈다. 운영자들은 무엇이든 팔아보려고 애썼다. 더 팔 수 있도록 게임 환경을 조정하는 법도 배웠다.

데이비드 리는 부분 유료화가 미국 모델과 일본 모델의 중간이라고 봤다. 미국 모델은 모두 무료로 뿌리는 대신 광고 수익을 노리는 형태였다. 일본 모델은 모두 유료로 뿌리는 형태였다. 부분 유료화는 무료와 유료의 혼합 형태였다. 데이비드 리는 인센티브로 부분 유료화의 운영 효율을 극대화하는 데 성공했다.

최승우는 격세지감을 느꼈다. 예전엔 운영을 하려는 개발자들이 없었다. 다들 개발에만 매달렸고 이미 만들어진 게임의 해외 운영에는 관심이 없었다. 해외 시장을 개척하면서 가장 힘들었던 부분이다. 이젠 달랐다. 너도나도 중국 〈카트라이더〉 운영과 일본 〈메이플스토리〉 운영에 매달렸다.

게다가 새로운 사실이 밝혀졌다. 온라인 게임은 운영하기에 따라서는 몇 년이고 계속 매출이 증가할 수도 있다. 게임의 수명은 생각보다 길 수도 있다. 게임 시장의 흐름도 바뀌고 있었다. 이미 성공한 게임을 갖고 있는 회사 입장에선 애써 신규 개발에 매달릴 필요가 줄어들었다. 데이비드 리는 인센티브의 작용과 부작용을 누구보다 잘 알고 있었다. 술자리에서 개발자들과 어울리며 누구보다 먼저 그들의 욕망을 이해했다. 그는 효율성을 극대화할 수밖에 없는 최고경영자 입장이었다. 인센티브로 운영 효율성을 극대화할 수 있다면 마다할 수 없었다. 또 해외 시장에 대한 믿음이 있었다. 신규 개발을 못 해도 해외 운영만으로도 넥슨의 덩치를 몇 배는 키울 수 있다고 봤다. 데이비드 리는 시야가 넓었다. 한국에만 갇혀 있지 않았다. 중국 시장에 넥슨의 운영 능력을 접목하면 승산이 있다고 판단했다. 넥슨이 결국엔 개발 회사가 아니라 투자 회사로 갈 수밖에 없다고 느끼기 시작했다. 이 정도 매출 규모의 회사가 창의성을 유지하는 것은 어렵지 않겠나 하는 의문이 들었다. 데이비드 리는 자신의 한계도 잘 알고 있었다. 개발자 출신이 아닌 자신이 개발 부서의 문화를 바꾸는 데는 분명 제약이 있었다.

2006년 11월이었다. 데이비드 리는 한국의 넥슨 대표직에서 물러난다. 데이비드 리는 넥슨 일본 법인의 대표를 맡고 한국의 넥슨은 권준모와 강신철의 공동대표 체제가 된다. 권준모는 넥슨이 인수한 모바일 게임 회사 엔텔리전트의 대표였다. 권준모 대표는 경희대학교 심리학과 교수 출신이다. 엔텔리전트는 모바일 게임 〈삼국지 무한대전〉을 개발했다. 엔텔리전트는 넥슨 모바일이 된다.

데이비드 리 체제가 끝난 게 아니었다. 오히려 데이비드 리 체제가 강화된 형태였다. 데이비드 리는 진작부터 넥슨 일본 법인으로 조금씩 넥슨의 무게중심을 옮겨놓고 있었다. 데이비드 리는 한국과 일본을 오가며 셔틀 경영을 했고 일본에 있을 때도 화상 회의로 한국 상황을 챙겼다. 권준모와 강신철 체제라고 해서 데이비드 리가 한국 경영에 간여하지 않은 게 아니다. 이미 데이비드 리는 넥슨 일본 법인과 한국 넥슨의 관계를 뒤집어놓았다.

데이비드 리는 넥슨 일본 법인에 없었던 CFO^{최고재무책임자} 자리를 신설했다. CFO는 넥슨 일본 법인뿐만 아니라 넥슨 그룹 전체의 회계를 총괄했다. 한국에서 넥슨의 재무를 책임지고 있던 한경택과는 별개였다. 영국인이었던 넥슨 일본 법인의 CFO는 당시 일본에 머물고 있던 박지원의 회계 선생님 노릇도 했다. 영어에 능통했던 박지원이 넥슨 일본 법인 CFO를 밀착 수행할 수밖에 없었다.

사실 두 사람이 함께 했던 일은 바로 넥슨 일본 법인의 일본 상장 준비였다. 데이비드 리와 김정주는 진작부터 일본 상장을 염두에 두고 있었다. 언제까지나 상장을 미룰 순 없었다. 한국 증시가 답이 아니라면 일본 증시를 두드려보는 것도 해법이었고, 일본 투자자들이 게임 기업에 더 호의적이었다. 한 일본 게임 회사가 도쿄 증시에 상장해서 대박을 터뜨리는 걸 보면서 김정주와 데이비드 리는 결심을 굳혔다.

연극계로 간 CEO

2006년 가을이었다. 김정주는 자기 소개서를 쓰고 있었다. 가을 학기에 한국예술종합학교 협동과정 예술경영학과에 지원할 작정이었다. 유정현도 말리진 않았다. 김정주를 이해해서였다. 김정주에게도 머리 식히며 쉬어갈 구석이 필요했다. 찾아낸 게 공부였고 연극이었다. 김정주는 연극에 흠뻑 빠져 있었다.

김정주는 이렇게 썼다. "68년생이니 올해로 서른아홉, 내년에 마흔이 되는 사람입니다. 저보다 나이가 많으신 분의 지원도 없지는 않겠지만, 혹시라도 학교를 다닐 수 있게 된다면 아마도 거의 최고령이 되지 않을까, 그런 걱정이 되기도 합니다." 나이 마흔에 갑자기 연극 공부를 해보겠다고 나선 이유를 이렇게 설명했다. "저는 늘 콘텐츠에 목말라 하며 살아왔습니다. 가끔씩은 왜 내가 이토록 허망한 것에서 벗어나지 못하나, 하는 생각을 할 때도 있지만 좀 벗어나 보려고 하다가도 문득 정신을 차려보면 또 잔뜩 주문해둔 책 속에서 허덕이고 있거나, 내려받아 둔 드라마에 빠져 집을 못 나가고 있거나, 일주일 여행 스케줄을 온통 공연으로 가득 채워놓고 집안 식구들을 불편하게 하고 있는 자신을 발견하곤 합니다. 공연장 사람들의 그 생생함은 제게 전혀 다른 의미를 가져다주었습니다."

김정주는 고백했다. "사실 저희 쪽의 작업 방식이란 이메일로 뭔가를 이야기하며, 인터넷을 통해 중간 점검을 하고, 그 결과를 역시 디지털 형태로 받아 확인을 하는 그런 과정이었습니다. 물론 세상이 그렇게 변해간다고 하고 앞으로도 더 많은 일들이 또 그렇게 바뀌어가겠지만, 실제 그 작업에 참여하는 사람들이 느끼는 공허함은 제게 늘 풀지 못한 숙제로 남아 있었기 때문입니다." "지난 15년간 게임이라는 장르만을 하면서, 물론 앞으로도 20년, 30년 어떻게든 그 관계가 이어지기는 하겠지만, 이제 좀 다른 형태의 콘텐츠도 찾아봐야 할 것 같다는 생각을 하게 되었습니다. 그리고 그 중심에 사람 냄새가 물씬 묻어나는 매우 아날로그적인 공연이 있었던 것입니다."

이듬해인 2007년 김정주는 한국예술종합학교 예술경영학과 전문사 과정에 입학한다. 마흔이었다.

게임 제작자나 애호가들이
그런 우려와 비판이
부당하다고 해서

억울해.

싼 게?

중독성을 마냥 부정하거나

게임 안 해도 참을 수 있어.

덜덜

다른 대중문화 장르와의
형평성만을 내세우는 건,

영화가 더 폭력적이야~용.

그래서?

현명하지도 않고
도움도 안 된다.

……

게임 기획자들과 개발자들이 가장 역점을 두는 게
중독성과 몰입 효과라는 건 누구나 아는 사실.

좀 더 오래, 자주, 많이 유저들을
붙잡을 수 있는 아이디어 없어?

섹시하게,
화끈하게 ……

비판을 미루거나
회피하는 것만이
능사가 아니다.

……

선정성에 관한 건?

내 의지가 아냐.
나를 선택한 녀석
취향이지.

우오! 저렇게 입고 싸우러 왔어.

속옷만 입었는데?

하이힐 신었어.

아침에 머리도 하고 왔나봐.

가슴도 짱 커.

나 사랑에 빠졌어.

차라리 해학에 가깝다.

게임이 가진 본질적인 속성은 탐험과 보상에 대한 기대인데, 특히 보상 시스템이 중독과 밀접하다.

도파민 시스템이라고
들어는 봤니?

빌드 시스템인가요?

게임, TV 등 새로운 매체의
대중문화를 옹호하는 미국의 저명한
저널리스트이자 미디어 비평가인
스티븐 존슨은 자신의 저서 『바보상자의 역습』에서
오히려 게임의 중독성을 더욱 적극 부각하는
발상의 전환을 제시하기도 한다.

나처럼 잘생긴
미국 사람이 허튼소리
하는 거 봤어?

Everything
bad is
good for you.

청소년들이 게임에 매달려서
기대하는 보상을 얻기 위해
복잡한 퍼즐을 풀고,
난이도 높은 미션들을
수행하는 과정에서
지능이 발달한다는……
믿거나 말거나.

Steven
Johnson

수학 숙제를 하게 하려면 방에 가둬야
하고, 집안일을 돕게 하려고
외출 금지를 해도 말을 안 듣는 아이들이
왜 게임 〈울티마〉에서는 6개월씩 군말 없이
대장간 일을 반복할까?

온라인 게임은 오늘날 가장 발달한 첨단 놀이 문화의 장르다.

게다가 사람들을 유혹하는

자극과 중독성도 한층 강화된.

이제 게임을 만드는 진영으로
공이 넘어왔다.

옜다!

중독, 폭력, 음탕, 덕후, 메롱~

맞받아칠까? 포기할까? 무시할까?
가장 현명한 선택은 비판을 받아 드는 것이다. 게임이 전자 시대에 더욱 성숙한 놀이 문화로
자리 매김하기 위해서는 지지하는 목소리뿐만 아니라
사회가 던지는 문제도 의미 있게 받아들여야 한다.
앞서 간 대중문학들이 그랬던 것처럼,
여타의 영상 매체들이 그랬던 것처럼,
록 음악이 그랬던 것처럼,
지금까지 생명력을 잃지 않고 성장하고 있는
거의 모든 문화 예술들이 겪었던 것처럼

이 문제에 관해
진지하게
생각해보겠습니다.

안 쳐?

불확실성이라는 화두

'재미 경영'이야말로 넥슨 경영의 정수 가운데 하나다. 넥슨은 언제나 재미로 움직이는 기업이었다. 게임의 동력이 게이머가 느끼는 재미에서 나오는 것처럼 넥슨 역시 구성원들이 느끼는 재미를 지렛대로 회사를 굴렸다. 다만 시기마다 재미의 내용이 달랐다. 창업 초기엔 불가능을 가능하게 바꾸는 도전의 재미가 있었다. 세계 최초의 그래픽 머드 게임을 만들고 있다는 재미야말로 돈 주고도 살 수 없는 재미였다. 뛰어난 개발자들이 상대적으로 적은 보상에도 불구하고 넥슨에서 열정을 불살랐던 이유다. 덕분에 정상원, 송재경, 서민 같은 개발자들은 게임 역사에 영원히 자기 이름을 새겨놓았다. 전설이 됐다. 창업 초기 스타트업들에는 이런 도전과 창조의 재미가 충만하기 마련이다. 없다면 그건 실패한 스타트업이다.

넥슨은 이런 창조의 재미를 창업 이후에도 수년 동안 유지하는 데 성공했다. 흔히 '손드는 문화'라고 말하는 넥슨 특유의 자발성이 원천이었다. 달리 설명하면 나서기만 하면 월급을 받으면서 하고 싶은 일을 할 수 있다는 얘기였다. 이것이야말로 넥슨식 월급쟁이의 재미였다. 넥슨에선 개개인 스스로가 자발적 보상 체계를 작동시켰다. 회사에서 성취감과 만족감을 느꼈다. 캐주얼 게임을 개발할 때까지만 해도 창조와 도전의 재미는 여전히 조직 내부에 팽배했다. 월급쟁이들이 자기 회사처럼 일을 해댔다. 재미는 언제나 넥슨 최고의 인센티브였다.

숨은 이유도 있었다. 넥슨은 창사 이후 10년 넘게 점조직이나 다름 없었다. 역삼역과 선릉역 사이에 점조직처럼 흩어져서 게임별 부서별 최소 단위로 움직였다. 조직원들은 넥슨이라는 거대 회사에 속해 있다기보단 특정 게임 개발팀에 있다는 소속감이 더 컸다. 이렇게 점조직화돼 있으면 재미라는 동기를 부여하기도 쉽다. 회사 일이 아니라 우리 팀 일, 결국 내 일이라고 착각하기 때문이다. 개개인은 자발적 보상 체계를 작동하게 된다. 보상 체계 중에서 최고의 인센티브는 언제나 자발적 보상이다.

그런데 넥슨이 대규모 조직으로 진화하면서 더 이상 도전이나 창조 같은 무형의 재미가 충분한 동기부여 역할을 할 수 없게 됐다. 조직이 커지면 재미의 내용도 달라질 수밖에 없다. 창의성은 포기해야 할지도 모른다. 게임 기업뿐만 아니라 창의성에 기반한 적잖은 콘텐츠 기업들이 똑같은 기로에 서게 된다. 게임은 콘텐츠 사업이고 콘텐츠 사업에선 창의성이 핵심 부품이라는 비즈니스 환경은 달라지지 않는다는 게 문제다. 조직의 크기와 상관없이 넥슨 같은 게임 기업은 창의성을 포기하고 싶어도 포기할 수 없다.

넥슨은 성과 관리와 인센티브라는 재미로 창의성을 유지하려고 시도했다. 그러나 콘텐츠 창작 과정에선 완벽한 성과 관리가 어렵다는 한계에 봉착했다. 역시 넥슨뿐만 아니라 적잖은 콘텐츠 기반 기업들이 부딪힌 벽이다. 그러자 불확실한 개발보단 확실한 운영 노하우가 극대화됐다. 이런 조직의 변화는 대외적으론 돈슨이라는 넥슨의 이미지를 만들어냈다.

넥슨은 계속 실험을 했다. 정답은 없었다. 단서는 나왔다. 재미다. 넥슨은 어떤 재미를 제공하느냐에 따라 예민하게 반응하는 젊은 조직이다. 이걸 재미에 대한 조직의 반응성이나 민감성이라고 부를 수 있다. 넥슨처럼 재미 반응성이 높은 기업은 어떤 재미를 제공하느냐에 따라 개인과 조직이 기꺼이 불확실성에 몸을 던지게 만들 수 있다. 과거에 재미있었던 기억을 조직이 간직하고 있다면 금상첨화다. 건설이나 조선과는 다른, 게임이라는 IT 영역의 태생적 장점이다. 어린이한텐 재미만 있으면 세상 모든 게 장난감이다. 젊은 기업 역시 마찬가지다.

기업은 불확실성을 극도로 싫어한다. 불확실성을 제거하는 작업이야말로 기업 활동의 전부라고 할 수 있다. 그러나 역설적으로 불확실성이 없는 기업은 정체된다. 불확실성을 확실하게 제거하려고 시도할수록 확실히 성장이 정체된다. 역시 넥슨이 좋은 사례다. 넥슨 역시 허들 회의로 불확실성을 체계적으로 제거하겠다고 시도했었다.

기업은 현재의 불확실성과 싸우면서 동시에 미래의 불확실성으로 진보해야만 한다. 기업과 조직원이 그런 불확실성에 기꺼이 매료되게 만들 수 있는 인센티브는 재미뿐이다. 자기가 하고 싶은 일을 하면서 월급을 받는 재미, 불가능한 일을 해내는 재미, 세상에 없는 것을 만들어내는 재미 같은 것들이다. 이런 것들은 돈으로 바꿔지지 않는 재미들이니 불태환 재미라고 할 수 있다. 돈 버는 재미는 안정을 가져다주지만 경험상 정답은 아니다. 이제 더 나은 해답을 찾을 때다. 넥슨이 한때 찾았던 답이다. 지금 되찾으려는 답이다. 지금 모든 기업들이 애타게 찾아 헤매는 답이다.

9장

빛 속의
어둠

흥행과 위기는
어떻게 맞물리는가

2007년 3월 4일이었다. 〈개그콘서트〉에 〈카트라이더〉가 등장했다. '같기道'라는 코너였다. '같기道'는 〈개그콘서트〉의 최고 인기 코너였다. 무술 관장 둘이 수제자들과 함께 엉뚱한 맞대결을 벌이는 콩트 형식이었다. "이런 것 같기도 하고 저런 것 같기도 하다"라는 유행어를 만들어 냈다. 그날도 양쪽은 여느 때처럼 아옹다옹하고 있었다.

밀리는 것 같던 한쪽의 무술 관장이 갑자기 비장의 무기를 꺼내 들었다. "카트레이서"라고 외쳤다. 〈카트라이더〉 얘기였다. 개그맨들은 〈카트라이더〉의 온갖 아이템을 갖고 장난을 치기 시작했다. 물 폭탄을 터뜨렸다. UFO 광선으로 상대방을 붙잡아 뒀다. 잠시 숨어 있던 무술 관장이 사이렌을 울리며 나타났다. 다들 놀라며 외쳤다. "어, 사이렌이다. 도망가." 무술 관장은 자석을 꺼내 들었다. "어딜 도망가." 모두 자석에 끌려왔다. 무대 위는 엉망진창이 됐다. 〈카트라이더〉의 배경음악이 울려 퍼졌다.

객석에선 연신 폭소가 터졌다. 자석까지 등장하자 다들 자지러졌다. 모두가 〈카트라이더〉를 알고 있었다. 자석이 뭔지, 사이렌이 뭔지, UFO 광선이 뭔지도 알고 있었다. 다들 한 번씩은 〈카트라이더〉를 해봤단 얘기다. 적어도 친구가 〈카트라이더〉를 즐기는 걸 어깨너머로 본 적은 있었단 얘기다. 2007년 한국의 게임 인구는 1800만 명 정도로 추정한다. 〈카트라이더〉의 계정 회원은 1600만 명이 넘었다. 대한민국에서 게임 안 하는 사람 빼고는 다 〈카트라이더〉를 해봤단 뜻이다. 〈카트라이더〉 게임 리그도 생겼다. 그때까진 〈스타크래프트〉만 누려왔던 독보적인 지위였다. 〈카트라이더〉는 PC방 게임 순위에서도 〈스타크래프트〉를 눌렀다. 〈카트라이더〉는 더 이상 일개 게임이 아니었다. 국민 게임이었다.

사실 〈카트라이더〉는 국민 게임을 넘어선 상태였다. 이미 대륙 게임이었다. 2007년 2월 25일 중국 동시 접속자가 80만 명을 돌파했다. 2006년 4월 〈카트라이더〉의 중국 서비스를 시작하고 1년도 채 안 된 시점이었다. 중국에서 〈카트라이더〉는 〈파오파오 카딩처〉라고 불렸다. 달리는 카트라는 뜻이다. 중국의 구글인 바이두에서 〈카트라이더〉를 검색한 횟수만 3700만 건을 넘어섰다. 바이두 역사상 가장 많이 검색한 게임이 됐다. 선풍적인 인기였다. 〈카트라이더〉 전성시대였다.

〈카트라이더〉의 회사 넥슨

넥슨의 개발 수장인 서민은 〈개그콘서트〉를 보면서 짜릿함을 느꼈다. 이른바 '업'됐다. 서민만 업된 게 아니었다. 넥슨의 게임 개발자들은 긍지를 느꼈다. 〈카트라이더〉를 개발한 정영석은 대중 스타가 됐고 언론의 인터뷰 요청이 쇄도했다. 게임 개발자가 유명인 대접을 받는 시대였다. 다들 정영석을 '〈카트라이더〉의 아버지'라고 불렀다. 동네 슈퍼에서 같이 계란 풀어서 라면 먹던 형이 리처드 개리엇* 못지않은 게임 업계의 영웅이 됐다.

비슷한 시기에 넥슨닷컴을 만들었다. 넥슨의 게임을 한자리에 모아 놓은 게임 포털이었다. 〈바람의나라〉와 〈마비노기〉부터 〈크레이지아케이드 비엔비〉와 〈퀴즈퀴즈〉까지 포진해 있었다. 여기에 〈카트라이더〉까지 가세했다. 넥슨닷컴은 금세 1등 게임 포털로 등극했다. 국민 게임 〈카트라이더〉가 넥슨이라는 브랜드까지 견인하는 형국이었다.

그때까지 〈카트라이더〉는 알아도 넥슨은 모르는 게이머들이 태반이었다. 캐주얼 게임을 즐기는 게이머들의 속성이 원래 그랬다. 이제부터라도 넥슨이라는 회사 브랜드를 키워야 한다고 판단했다. 넥슨이 만든게임을 게이머들이 기대하고 기다리게 만들어야 했다.

브랜드가 강해지면 개발본부 입장에서도 유리한 점이 많았다. 신규 게임의 실패 확률을 낮춰줄 거라고 봤다. 넥슨이 만들면 재미있다는 인식이 확산되면 처음에 입소문을 내기가 쉽다. 그만큼 개발자들의 부담을 줄일 수 있다.

넥슨닷컴을 게임 플랫폼으로 만들면 보다 안정적으로 회사를 끌고 갈 수 있었다. 유통 역량을 강화하려면 넥슨 브랜드를 더 키우는 게 필요했다. 게다가 일본 상장 계획도 변수였다. 투자자들의 관심을 끌려면 넥슨이란 회사를 널리 알릴 필요가 있었다. 〈같기道〉에 〈카트라이더〉가 등장하던 시절이었다. 이대로 가면 넥슨도 국민 게임 회사가 될 것 같기도 했다.

---

* 〈아칼라베스〉, 〈울티마〉 시리즈 등을 통해 RPG 시대의 포문을 연 세계적인 게임 개발자.

2007년은 넥슨에게도 넥슨의 임직원들에게도 화려했던 시절이다. 성장과 분배라는 두 마리 토끼를 다 잡은 것 같기도 했다. 2007년 넥슨의 매출은 처음 3000억 원을 돌파했다. 매출 3000억 원이라는 숫자는 의미심장했다. 그 옛날 김정주는 매출 3000억 원을 달성할 때까진 상장할 수 없다고 못 박은 적이 있었다. 어느 세월에 매출 3000억짜리 회사가 되느냐며 다들 뛰쳐나가 버렸지만 넥슨은 정말 3000억짜리 회사가 됐다. 인센티브도 쏟아졌다. 2007년 한 해 동안에만 3000억 원의 3퍼센트인 90억 원이 보너스로 풀렸다. 어느새 수입차가 넥슨 주차장을 가득 채우기 시작했다.

인센티브의 맹점

상대적으로 조용한 곳이 한군데 있었다. 데브캣 스튜디오였다. 게임본부장 김동건에게는 데브캣 스튜디오로 할당받은 인센티브를 분배할 권한이 있었다. 본부장부터 말단까지 직급 기준으로 일괄 분배하여 지급할 수도 있었다. 다른 스튜디오는 대개 그렇게 했다. 김동건은 다른 선택을 했다. 김동건은 데브캣 스튜디오의 개발자들이 모인 자리에서 이렇게 결정했다. "우리는 1/n을 기준으로 갑니다."

데브캣 스튜디오는 잠시 술렁였다. 개개인의 책임과 기여도에 대한 고려가 아주 없는 건 아니었다. 평균적으로, 1/n을 기준으로 해서 스튜디오 안에서는 격차가 너무 크지 않도록 안배했다. 이를 위해 우선 김동건부터 솔선수범했다. 데브캣 스튜디오의 대표작인 〈마비노기〉는 김동건의 머릿속에서 나온 게임이었다. 김동건의 지분이 제일 크다는 걸 누구나 인정했다. 김동건이 인센티브를 많이 가져가도 뭐라고 할 사람은 아무도 없었다. 그런데 김동건 몫도 1/n에서 크게 벗어나지 않았다.

　김동건은 데이비드 리와 다른 개발본부장들과 인센티브 제도를 고안한 장본인이었다. 처음 인센티브 제도를 만들 때 김동건이 마지막까지 고민했던 건 인센티브가 나눠 먹기에 그쳐선 안 된다는 점이었다. 인센티브가 개발 의지를 불러일으키는 자극제가 되어야 했다. 김동건은 미래 지향적인 인센티브 제도를 설계해야 한다고 느꼈다.

　김동건에게 게임 개발은 돈벌이가 아니었다. 게임을 창조하는 과정에서 더 큰 희열을 느꼈고 돈은 그저 따라올 뿐이었다. 김동건은 내심 불안할 수밖에 없었다. 돌아보니 아무도 신규 게임 개발에 몰두하지 않는 것 같았다. 기존 게임 운영이 최우선이었다. 물론 게임 운영도 개발이다. 기존 게임을 더 재미있게 재개발하는 작업이다. 그러나 김동건은 넥슨이 신규 게임 개발에 더 몰입해야 한다고 생각했다.

　김동건은 매출을 기준으로 했던 게 인센티브 제도의 맹점이 됐다고 느끼기 시작했다. 개발보단 재개발에 더 특효인 제도였다. 신규 게임은 개발 기간엔 매출이 발생하지 않는다. 서비스를 시작해도 처음부터 매출이 크게 일어나긴 어렵다. 성공한 기존 게임 매출을 따라잡는다는 건 요원하다. 기존 게임이 해외 매출까지 올리기 시작하면 격차는 더 벌어진다. 당연히 개발자들은 다들 재개발을 통해 매출을 극대화하려고 애쓸 수밖에 없었다. 넥슨의 인센티브 제도는 미래 지향형이기보단 현재 완료형이었다.

　김동건은 1/n로 인센티브를 나눠서 신규 개발보단 운영 재개발에만 치중하는 분위기를 바꿔보려고 했다. 신규 개발이든 운영 재개발이든 인센티브가 똑같다면 개발팀 분위기가 운영에 편중될 이유가 없었다. 그런데 김동건이 몰랐던 게 하나 있었다. 운영 재개발에 치중하지 않는다고 해서 신규 개발에 몰두하는 건 아니었다. 김동건은 이걸 나중에 깨달았다. 어쩌면 인센티브만의 문제는 아니었다. 처음부터 인센티브에 연연하지 않는 개발자들은 따로 있었다. 처음에 〈마비노기〉 개발을 끝내고 데브캣 스튜디오 안에 신규 개발팀을 꾸렸을 때 맨 먼저 합류한 개발자들은 그만큼 〈마비노기〉의 운영 인센티브를 포기한 셈이었다. 알면서도 기꺼이 신규 개발팀으로 왔다. 그만큼 새로운 게임을 개발하겠다는 열의가 강했다. 자발적 개발 의지가 타산적 인센티브보다 컸단 얘기다. 진짜 게임 개발의 인센티브는 개발자 각자의 가슴속에 있다는 걸 깨달았다. 금전적 인센티브 여부와 상관없는 내적 동기였다.

곳곳에서 자라는 위기

2007년은 넥슨의 전성기다. 동시에 위기의 진원이었다. 넥슨은 대대적인 브랜드 전략을 수립했다. 광고도 만들고 모델도 세우고 캠페인도 벌였지만 뚜렷한 효과가 없었다. '글로벌 펀 리더'라는 목표도 세웠다. '글로벌 엔터테인먼트 회사'라는 비전도 만들었다. 넥슨이라는 이름은 솜 알렸으나 그뿐이었다.

넥슨 상표를 붙인다고 해서 게임이 전부 성공하는 것도 아니었다. 〈카트라이더〉가 재미있다고 넥슨의 다른 게임들도 전부 다 국민 게임이 되는 건 아니었다. 넥슨은 운영 역량을 극대화한 덕분에 유통력을 강화하는 데는 성공했다. 외부 개발사 입장에선 넥슨에게 운영을 맡기면 흥행이 더 잘된다는 건 분명했다. 그건 B2B의 명성이었다. B2C 차원에선 얘기가 달랐다. 넥슨이 운영하면 오히려 유료 과금을 더 많이 한다는 인식만 확산됐다. 게이머들 사이에서 넥슨이 돈슨이라고 불리기 시작한 것

사람과 일

도 이 무렵부터다. 이래선 넥슨이라는 브랜드를 키운 보람이 없었다.

게다가 넥슨은 개발사냐 배급사냐의 간극에서 갈피를 못 잡고 있었다. 신규 게임을 개발해야 한다는 강박에도 시달리고 있었다. 기존 게임이나 더 잘 운영해서 버텨보자는 기류도 있었다. 게임 플랫폼이 돼서 유통을 강화하자는 기류도 있었다. 다 접고 투자사로 변신하자는 기류도 있었다. 경영 전략이 모호한 상태로 2007년을 흘려 보내고 있었다.

2007년 하반기 무렵부터 게임 시장이 요동치기 시작했다. 서울대 비운동권 총학생회장 출신의 괴짜 게임 사업가 허민이 만든 〈던전앤파이터〉가 게임 시장을 접수해나갔다. 〈던전앤파이터〉의 기세는 놀라웠다. '던파 신드롬'이라고 불릴 정도였다. 2006년 12월엔 동시 접속자 수 10만 명을 돌파했다. 2007년 개최한 〈던전앤파이터 페스티벌〉엔 3만 명이 넘는 게이머가 참석했다. 일개 게임 단독 행사에 구름 관중에 몰린 것이다.

〈던전앤파이터〉는 횡스크롤 게임이었다. 그래픽 수준은 오락실 아케이드 게임 정도였다. 〈리니지 2〉나 〈제라〉 같은 블록버스터 게임이 주도하던 게임 시장에서 〈던전앤파이터〉는 별종이었다. 그런데도 게이머들은 〈던전앤파이터〉에 열광했다. 〈던전앤파이터〉엔 단순하면서도 기기묘묘한 재미가 있었고, 횡스크롤 게임이지만 다양한 던전 맵이 마련돼 있어서 지루하지 않았다. 게임 캐릭터도 다양했다. 횡스크롤 게임은 플레이 방식은 단순하게 만들고 캐릭터와 맵은 다양하게 만들어서 쉽지만 변화무쌍한 재미가 있었다.

〈던전앤파이터〉는 MMORPG와 캐주얼 게임의 재미를 혼합한 게임이었다. 〈리니지〉처럼 무겁지도 〈카트라이더〉처럼 가볍지도 않았다. 〈메이플스토리〉처럼 어리지도 〈제라〉처럼 심각하지도 않았다. 게다가 캐릭터들끼리 싸울 때는 〈스트리트 파이터〉 수준의 타격감을 느낄 수 있었다. 퀘스트 수행이 아니라 그저 결투를 벌이기 위해 〈던전앤파이터〉를 즐기는 게이머들도 많았다. 이름 그대로 던전과 파이터를 결합한 게 흥행 요소였다.

김정주는 〈던전앤파이터〉를 해보고 머리를 한 대 얻어맞은 것 같았다. 넥슨에서 개발했어야 마땅한 게임이었다. 〈메이플스토리〉 때와 똑같은 불안감이 엄습해오는 걸 느꼈다. 〈메이플스토리〉도 넥슨이 놓친 게임이었다. 〈메이플스토리〉를 가까스로 인수하고 1년쯤 지나서 서민한테 이렇게 말했다 "사실 〈메이플스토리〉를 안 샀으면 어땠을까 지금도 두려워. 정말 후달렸어. 많이 비싸게 샀으니까 좀 조급했던 것 같긴 한데, 그래도 안 샀으면 큰일 났을 거야." 2008년에 접어들자 김정주는 그때의 조급증을 다시 느끼고 있는 자신을 발견했다.

〈던전앤파이터〉 인수

네이비드 리는 취임 초기부터 심성주의 내성산섭을 염격하게 자난했다. 김정주는 일상적인 경영에선 거의 손을 뗐다. 밖에서 보기엔 데이비드 리가 전권을 가진 CEO처럼 보였다. 하지만 데이비드 리 입장에서는 대주주와 때론 싸우고 때론 협상하면서 일을 한다는 건 상당한 스트레스였다.

2008년에 접어들자 데이비드 리는 김정주의 불안감까지 감당해야 했다. 지쳐가고 있었다. 사실 세계 경제 상황도 안 좋았다. 2007년부터 스멀스멀 미국에서 서브프라임 모기지 부실화가 진행되고 있었다. 현금 보유량을 늘려서 다가올 위기에 대비해야 했다. 그런데 김정주는 데이비

　　　　　　　　　　　　　　　　　　　　　　　사람과 일

드 리한테 〈던전앤파이터〉를 당장 인수해야 하는 게 아니냐고 요구했다.

데이비드 리로선 말도 안 되는 얘기였다. 〈던전앤파이터〉의 가치를 몰라서 하는 말이 아니었다. 당시 경기 상황이나 넥슨의 실력으로선 대규모 인수 작업에 나설 상황이 아니었다. 〈던전앤파이터〉를 인수하려면 오랫동안 준비해온 일본 상장 작업을 원점에서 다시 검토하는 수밖에 없었다. 쌓아놓은 현금을 소진하고도 또 얼마를 대출받아야 할지 몰랐다. 괴짜 허민이 〈던전앤파이터〉를 팔 거란 보장도 없었다.

김정주는 데이비드 리가 〈던전앤파이터〉 인수를 원하지 않는다고 봤다. 2008년 늦봄쯤 되자 둘 사이에는 서서히 갈등이 불거진다. 〈던전앤파이터〉를 인수한다고 해서 성공하리란 보장도 없었다. CEO라면 리스크를 관리할 필요가 있다. 김정주가 하자고 한다고 다 할 순 없다.

데이비드 리가 처음 〈던전앤파이터〉 인수에 소극적이었던 건 상장 작업이 수포로 돌아갈까 하는 걱정 때문만은 아니었다. 넥슨이 운영에 몰두하게 된 근본적인 원인은 〈메이플스토리〉 인수였다. 탈탈 털어서 사왔으니 본전을 뽑아야 했다. 〈던전앤파이터〉도 그렇게 흘러갈 공산이 컸다. 본전을 뽑으려면 얼마나 오랫동안 공장을 돌려야 할지 알 수가 없었다.

김정주는 데이비드 리에게 상장도 하고 〈던전앤파이터〉도 인수하라고 요구했다. 데이비드 리는 무리라고 생각했지만 결국 〈던전앤파이터〉 인수에 동의했다. 데이비드 리는 전략기획실을 통해 〈던전앤파이터〉의 중국 시장 잠재력을 파악했다. 숫자가 나왔다. 〈카트라이더〉 덕분에 넥슨 안엔 중국 시장 데이터가 상당히 쌓여 있었다. 데이비드 리는 중국에서만 터져준다면 해볼 만하다고 판단했다. 그때부터 데이비드 리가 김정주보다 더 적극적으로 〈던전앤파이터〉 인수를 추진했다.

〈던전앤파이터〉의 개발사 네오플은 이미 텐센트와 배급 계약을 맺고 2008년 6월을 목표로 중국 시장 진출을 준비하고 있었다. 김정주나 데이비드 리 입장에선 중국에서 〈던전앤파이터〉가 터지기 전에 협상을 끝내야 했다. 터지면 돈 주고도 살 수 없는 게임이 될 수 있었다.

던전에 빠진 넥슨

허민과의 협상은 결국 김정주 몫이었다. 김정주는 허민을 붙잡으려고 애를 썼다. 허민은 미꾸라지처럼 도망다녔다. 한번은 계약하기로 한 날 안 나타난 적도 있었다.

2008년 7월이었다. 김정주는 허민을 겨우겨우 협상 테이블에 앉혔다. 허민도 팔 생각이 아주 없진 않았던 모양이었다. 허민과 마주 앉은 김정주는 이렇게 말했다. "이게 가진 돈 전부야." 이승찬과 〈메이플스토리〉 인수 협상을 할 때 썼던 전략이다. 허민은 대꾸했다. "은행에서 대출받아 오시면 되잖아요." 결국 넥슨은 네오플과 〈던전앤파이터〉를 3852억 원에 인수했다.

넥슨은 넥슨 일본 법인을 통해 2788억 원을 융통했다. 그래도 모자랐다. 일본 미쓰이스미토모은행을 통해 추가로 500억 원을 끌어왔다.

물론 〈던전앤파이터〉 인수는 넥슨으로선 신의 한 수였다. 2008년 6월 중국 서비스를 시작한 〈던전앤파이터〉는 폭발적인 반응을 얻었다. 게다가 〈던전앤파이터〉를 개발한 네오플의 영업이익률은 70퍼센트가 넘어갔다. 한마디로 황금 알을 낳는 거위였다. 허민은 계약을 마무리하자마자 네오플을 떠났다. PC 사양이 떨어지는 중국에선 〈던전앤파이터〉 같은 단순한 게임이 잘 통했다. 그건 넥슨도 〈카트라이더〉와 〈메이플스토리〉를 통해 경험한 일이었다. 〈던전앤파이터〉는 일종의 역혁신 제품이었다. 마음만 먹으면 블록버스터 게임도 만들 수 있었지만, 현지 시장에 맞춰서 성능을 낮춘 제품을 개발하고 보급한 셈이다.

〈던전앤파이터〉는 넥슨한텐 약인 동시에 독이었다. 〈던전앤파이터〉로 넥슨은 놓쳤던 기회를 바깥에서 사올 수 있었다. 대신 넥슨 내부의 모순들은 모두 던전 속에 묻혔다. 넥슨의 신규 개발 역량은 약화되어 있었다. 인센티브 제도는 제대로 작동하지 않았다. 그걸 수년째 운영 역량으로만 메웠다. 수치는 좋았지만 건강한 상태는 아니었다. 그게 터져 나올 시점에 〈던전앤파이터〉를 인수했다. 새로운 성장 동력을 외부에서 수혈하는 데 성공했다. 이제까지처럼 걱정 없이 지낼 수 있을 것 같기도 했다.

2007년은 넥슨이 정상에 선 시기면서 동시에 가장 위험한 시기였다. 2008년 〈던전앤파이터〉 인수는 그 위기가 수면 위로 드러날 뻔하다가 다시 수면 아래로 잠복해버리게 만들었다.

성공 DNA의 힘

성공한 기업엔 성공 DNA가 있다. 인간의 DNA는 생존과 번식에 성공한 선조들의 유산이다. DNA 속엔 과거 성공의 기억들이 압축돼 있다. 기업의 DNA도 마찬가지다. 시장에서 생존하고 성장하는 데 성공했던 기억들이 기업의 DNA를 이룬다. 성공한 기업은 자신의 성공 DNA를 보존하고 싶어 한다. 문서화하고 상징화하고 신격화하고 의인화한다. 기업사를 책으로 펴내고 사옥이나 연수원을 크게 짓고 창업주를 초인적인 위인으로 만든다. 삼성 웨이니 신한 정신 같은 구호가 등장하기도 한다.

사실 가장 좋은 방법은 따로 있다. 기업의 DNA는 사람의 기억 속에서 가장 효과적으로 유지되고 계승된다. 성공을 기억하는 조직원들이 조직에 많이 남아 있을수록 DNA는 더 선명하게 보존된다. 그래서 기업은 핵심 DNA 집단을 양성해야 한다. 어떤 기억이 유지되고 계승되기를 원하는지 선별하고 그런 공통된 경험을 지닌 집단을 조직 내부에 배양해야 한다. 이걸 코어 그룹이라고 부를 수 있다. 코어 그룹은 기업 세포의 핵을 이룬다.

넥슨에도 코어 그룹이 있었다. 넥슨을 창업한 1세대 개발자 집단이었다. 그들은 게임 개발에 중독된 엘리트 그룹이었다. 이 집단이 분열되면서 넥슨은 성공 DNA가 훼손되는 심각한 내상을 입을 뻔했다. 그런데 거꾸로 넥슨의 성공 DNA가 게임 업계 전체로 확산되면서 경쟁사들이 공진화하는 뜻밖의 결과로 이어진다. 기업 생태계는 어느 정도는 자연 생태계의 진화 법칙을 따른다. 대신 넥슨은 2세대 개발자 집단을 통해 성공 DNA를 계승하고 진화시키는 데 성공한다.

동시에 넥슨은 데이비드 리에서 박지원과 김태환으로 이어지는 또 다른 코어 그룹을 형성하는 데 성공한다. 넥슨의 실세 CEO로서 데이비드 리의 업적은 인수 합병이나 넥슨포털이나 인센티브가 아니다. 게임 기업에 코어 그룹의 사업 인재들을 양성하는 데 성공했다는 점이다. 게임도 알고 비즈니스도 아는 경영자를 양성하는 건 쉽지 않은 일이다. 개발자가 경영을 아는 것도 경영자가 게임을 아는 것도 모두 어렵다. 데이비드 리는 그런 인재였고 그런 후계자 그룹을 양성했다. 넥슨에 자기 식의 새로운 성공 DNA를 심는 데 성공했다.

넥슨은 코어 그룹이 여러 개인 독특한 기업이다. 보통 창업주를 중심으로 한 이너 서클이 형성된 뒤엔 다른 그룹들은 배제되기 마련이다. 황제 경영이 일상화된 한국 대기업에서 야당이 존재하긴 어렵다. 그런데 넥슨은 개발자 코어와 사업부 코어와 창업주 코어 그룹들이 경영 헤게모니를 두고 내부 경쟁을 벌이며 성장해왔다. 그만큼 다양한 성공 DNA를 지닌 기업이 됐다.

물론 실패 DNA도 있다. 실패의 기억 역시 DNA 속에 단단히 각인된다. 원래 위험을 감지하는 능력은 가장 효과적인 생존의 기술이다. 넥슨도 수많은 실패를 거듭했다. 넥슨은 성공한 실패를 할 줄 아는 기업이었다. 실패에서 배울 줄 알았기 때문이다. 부분 유료화는 실패 DNA의 산물이다.

그런데 넥슨에선 벼락같은 대박이 실패의 기억들을 쓸어가 버렸다. 〈메이플스토리〉와 〈던전앤파이터〉 인수다. 두 차례의 빅딜이 넥슨에 행운이자 위기였던 이유다. 원래 인수 합병은 외부의 성공 DNA를 접목할 수 있는 기회다. 인력들이 뒤섞이면서 기업 DNA도 변화하거나 진화하게 된다. 그러나 〈메이플스토리〉와 〈던전앤파이터〉 인수에선 DNA 칵테일이 일어나지 않았다. 이렇게 풍요로운 매출은 조직 내부의 모순을 덮어버리기 쉽다. 내부적으로 성공 DNA는 옅어지고 있는데 밖에서는 '돈슨'이라는 말을 들었다.

그럼에도 불구하고, 넥슨의 DNA는 강했다. 강력한 코어 집단이 개발과 사업 양측에 존재한 덕분에 다음번 혁신을 도모할 수 있었다. 인간은 제도를 만들고 제도는 문화를 만들고 문화가 곧 DNA가 된다. 기업의 혁신은 코어 그룹의 유무와 코어 그룹이 지닌 문화의 밀도에 달려 있다. 넥슨은 그런 밀도 높은 문화를 형성했다. 그게 넥슨의 저력이다.

넥슨이 고비마다 위기를 극복할 수 있었던 근원적인 동력은 인센티브 제도나 인수 합병이 아니었다. 인센티브가 현재의 보상을 극대화하고 미래의 도전을 극소화할 때 게임 개발을 위해 불합리한 도전을 선택한 코어 그룹의 개발자들이 있었기 때문이다. 안정적인 인사관리 업무를 팽개치고 불확실한 해외 업무에 자원한 코어 그룹의 사업부서원들이 있었기 때문이다. 가장 빨리 보상을 포기하고 가장 빨리 리스크를 선택하는 집단이 넥슨 안엔 여전히 존재한다. 그들이 넥슨의 코어 그룹이다. 그들이 지금 넥슨의 사업과 개발을 이끌고 있다. DNA를 잃지 않은 기업만이 끝내 전진한다.

도약

10장

돈슨

초심으로의 길

10

김정주가 나직하게 말했다. "다들 법인 카드 내역서를 가져와 보세요." 본부장들을 모두 모아놓은 회의 석상이었다. 본부장들은 당황했다. 대주주가 임원들의 법인 카드까지 들춰보겠다고 나섰다. 김정주가 회사의 일상적인 운영이나 소소한 재무에 직접 간여하기는 거의 처음이었다. 넥슨이 신흥 벤처이던 시절에도 관리는 유정현이 챙겼지 김정주가 간여한 건 아니었다. 김정주는 큰 그림만 그렸다. 작은 경영은 믿고 맡겼다. 그 믿음이 깨졌다는 걸 의미했다.

최승우는 20년 넘게 김정주를 알았다. 때때로 불안에 사로잡혀서 날카로워지긴 했지만 이런 삼엄한 분위기는 처음이었다. 김정주가 결단을 내렸다고 느꼈다. 회사가 뒤집어질 터였다.

2008년 가을, 넥슨은 폭풍 전야였다. 공식적으로는 아직 데이비드리가 넥슨 그룹을 이끌고 있었다. 실제론 CEO 유고 상태였다. 그 시절급작스럽게 닥쳐온 개인사로 인해 데이비드 리가 넥슨에 출근조차 못

한 지 한참이었다.

리셋, 넥슨

김정주는 회사가 어떻게 돌아가는지 그동안의 사정을 챙겨보기 시작했다. 다양한 정보들을 수집했다. 이견도 있고 불평도 있고 불만도 있고 비난도 있었다. 데이비드 리의 공과가 자명해졌다. 데이비드 리는 넥슨을 기업다운 기업으로 만들었다. 덩치도 키웠다. 대신 특유의 창의성이 줄어들었고 신규 게임 개발이 지지부진했다.

김정주도 인센티브 제도의 명암을 모르지 않았다. 넥슨을 게임처럼 리셋해야 한다는 결론에 도달했다. 데이비드 리 체제는 개혁적이었지만 그 체제의 역할과 한계는 처음부터 분명했다.

얼어붙어 있는 본부장들 앞에서 김정주는 이렇게 말했다. "좀 과했네요. 술값이 이렇게 많다니요. 지금 넥슨은 게임이 안 나오고 있잖아요. 인원만 엄청나게 늘어나 있고요. 뭔가 앞으로 큰 문제가 될 소지가 있는 게 아닌가요." 엄중 경고였다. 김정주 앞에서 경영진들은 할 말이 없었다. 그렇게 김정주 친정 체제가 복위됐다.

2008년 10월 김정주는 넥슨 임직원들과 대규모 워크숍을 가졌다. 흔들리는 조직을 추스를 필요가 있었다.

워크숍에서 김정주는 두 가지를 강조했다. 창의성과 국제화였다. 사람들의 관심은 데이비드 리 다음은 누가 회사를 맡게 될지에 쏠렸다. 워크숍에서 김정주가 강조한 두 가지가 차기 체제를 사실상 암시했다. 서민과 최승우였다. 각각 창업 초기부터 넥슨의 개발과 해외를 전담해 온 인물들이었다.

이 무렵 김정주는 넥슨의 내부 교통정리를 마무리 지었다. 우선 허들 회의를 폐지했다. 허들 회의는 개발자들에게 가장 큰 불만 사항이었다. 김정주는 우선 개발에 대한 비개발의 간섭을 제거해줬다. 대신 신규 게임을 대부분 원점에서 재검토하기 시작했다. 심지어 로두마니 스튜디오가 개발한 캐주얼 게임 〈우당탕탕 대청소〉도 폐기했다. 〈카트라이더〉의 전설 정영석 본부장이 개발하던 게임도 가차 없이 날아가는 판이었다.

김정주는 인센티브 제도 역시 대대적으로 수술했다. 매출 기준의 인센티브 제도는 전면 재검토에 들어갔다. 분배를 해줬지만 개발이 되지 않았다. 더 이상 분배를 지속할 필요가 없었다.

구조 조정

2009년 1월 최승우가 넥슨 일본 법인의 대표로 선임됐다. 예고된 인사였다. 최승우는 대표를 맡으면서 술을 입에 대지 않겠다고 공언했다. 넥슨 일본 법인은 회식 없는 회사가 됐다.

넥슨 일본 법인은 사실상 데이비드 리가 세우다시피 한 회사였다. 최승우는 일본 법인을 장악하기 위해 나름의 극약 처방을 쓴 셈이다. 공식 회식은 자취를 감췄고 일본 법인은 수도원 같은 회사로 변모했다. 대신 일본 법인은 별다른 구조 조정을 겪진 않았다. 어차피 개발 조직이 큰 회사도 아니었고 전체 인력도 많지 않았다. 최승우는 사람은 그대로 두고 분위기만 바꿨다. 그렇게 넥슨 일본 법인을 접수했다.

넥슨코리아 대표 인사는 늦춰졌다. 사실 넥슨코리아는 2008년 12월부터 대규모 구조 조정설에 휩싸인 상황이었다. 2008년 넥슨의 매출은 4000억 원을 돌파했다. 2007년에 비해 1000억 원 가까이 늘었다. 2008년 미국발 금융 위기로 전 세계 경기가 위축된 상황이었으나 넥슨은 아랑 곳없이 성장했다. 그런데도 넥슨이 구조 조정을 한다고 나섰다. 게임 업 계 전체가 경악했다. 이유도 규모도 모른 채 구조 조정설만 내외부에서 조직을 뒤흔들고 있었다. 낭설은 아니었다. 김정주는 실제로 2008년 가 을부터 구조 조정안을 마련하고 있었다. 물론 금융 위기라는 대외 악재 도 현실적인 이유긴 했다.

김정주는 우선 개발자 중에서 옥석을 가려야 한다고 봤다. 넥슨이 다시 개발에 집중하는 회사가 돼야 한다고 봤다. 잘 개발한 게임을 해외 에서 제대로 터뜨리는 회사가 돼야 한다고 봤다. 창업할 당시부터 김정 주가 그려온 넥슨의 선순환 구조였다. 거품부터 빼야 했다. 김정주는 만 들고 파는 부서 외에는 전부 거품으로 간주했다.

2009년 3월이 돼서야 서민과 강신철이 넥슨코리아의 공동대표로 선임됐다. 또 공동대표 체제였다. 서민과 강신철은 대학 동기면서 입사 동기다. 견제와 균형과 분업을 이루기에 적절했다. 그렇게 난산 끝에 넥 슨코리아에선 서민 체제가 걸음마를 뗐다.

2009년 봄은 넥슨에게는 왔으나 오지 않은 봄이었다. 구조 조정으 로 많은 인력이 회사를 떠났다. 임직원들의 심리적 충격은 컸다. 처음 겪 는 대규모 구조 조정이었기 때문이다. 회사가 성장해도 자신들은 잘릴 수 있다는 생각을 하게 됐다.

넥슨의 구조 조정은 언론을 통해선 선제적 구조 조정이란 이름으 로 보도됐다. 잘나갈 때 군살을 빼놓는 전략이란 말이었다. 사실 넥슨의 구조 조정은 비용 절감이 목적이 아니었다. 회사 문화를 개발 중심의 체 제로 되돌리는 게 숨은 목적이었다. 넥슨의 가장 큰 문제는 개발력 약화다. 개발력을 강화하려면 과거의 넥슨을 되찾아야 한다. 이게 김정주와 서민의 결론이었다. 김정주와 서민은 넥슨에 창의적 DNA가 있다고 믿었다.

2009년 3월 김정주와 유정현은 넥슨홀딩스와 함께 제주도로 내려간다. 넥슨홀딩스는 나중에 넥슨 그룹의 지주회사인 NXC로 재편됐다. 넥슨네트웍스 제주 사무실도 세운다. 넥슨네트웍스는 넥슨의 게임 서비스를 담당하는 전문 법인이다. 이때부터 제주 청년 고용 창출의 일등 공신이 된다. 김정주와 유정현은 제주도에 컴퓨터 박물관도 지을 계획이었다. 아이들도 자라고 있었다. 김정주는 이때부터 한라산을 오르기 시작한다.

다시, 씨뿌리기

2009년 여름 내내 서민은 넥슨이 과거의 창의적 개발 조직으로 되돌아가게 만들려고 고군분투했다. 본부장 체제를 없애고 실장 체제로 조직을 개편했다. 집단 지도 체제에서 대표 직할 체제로 조직을 혁신한 셈이었다. 서민은 게임 개발 하나하나에 간여했다.

서민은 넥슨 안에 개발 생태계를 조성해보려고 애썼다. 개발자 출신 CEO가 할 일은 될성부른 싹이 나오는 분위기를 만드는 일이라고 생각했다. 좀 괜찮은 싹이 올라오면 불러다가 물도 주고 거름도 주면서 크게 도와주는 일이라고 봤다. 그건 초창기에 김정주나 정상원이 했던 방식이었다. 서민은 과거의 넥슨이 창의적이었던 건 수평적인 문화였기에 가능했다고 봤다. 서민은 김정주가 있는 회의실에서도 다들 할 말은 다하던 넥슨의 문화를 기억하고 있었다. 그런 문화를 재현해야 창의적인 게임이 나올 수 있다고 여겼다.

2009년 가을쯤 되자 서민의 노력은 벽에 부딪혔다. 서민이 선택한 방법은 개발 문화 확산이었다. 큰형님처럼 개발자를 하나하나 붙잡고 밀고 끌면서 동기를 부여하는 예전의 방식이었다.

그러나 기대한 만큼 개발 의지가 확산되지 않았다. 예전에 정상원이 넥슨의 게임 개발 생태계를 조성하는 데 성공했던 건 그걸 받쳐주는 반짝이는 게임 인력이 있었기 때문이다. 이쪽에서 이승찬이 나오면 저쪽에서 김동건이 나왔다. 과거의 넥슨엔 게임에 환장하는 게임 천재들이 즐비했다. 지금은 아니었다. 더 기다려야 한다는 건 알고 있었다. 서민은 임기가 있는 CEO였다. 서민은 똑똑한 개발자야말로 넥슨의 보배라고 생각하게 됐다.

2009년 9월이었다. 〈던전앤파이터〉의 중국 동시 접속자 수가 210만 명을 돌파했다. 한중일 동시 접속자 수는 230만 명이었다. 〈던전앤파이터〉가 터졌다. 〈던전앤파이터〉 인수는 무모한 도박에서 신의 한 수로 신화화됐다. 2009년 내내 넥슨은 신규 개발 때문에 속앓이를 했다. 아이러니하게도 겉으론 〈던전앤파이터〉 덕분에 웃고 있을 수 있었다.

2009년 12월이었다. 서민은 결단을 내렸다. 넥슨코리아의 개발 조직을 개발 부서와 라이브 부서로 나눴다. 구조 조정 못지않은 혁신적인 조직 개편이었다. 신규 개발에만 집중하는 조직과 운영 재개발에 해당하는 라이브 개발에만 집중하는 조직으로 아예 나눠버렸다. 라이브를 버릴 수 없지만 신규 개발도 해야 하는 상황에서 나온 해법이었다. 사실 개발자들도 저마다 성향이 있었다. 실패할 수도 있는 신규 게임 개발에 전력을 다하는 걸 좋아하는 개발자도 있지만 기존 게임의 매출을 올리는 데 능숙한 개발자도 있었다. 서민은 둘을 나눠놓고 아예 따로 관리하려고 했다.

하지만 게이머 일부는 넥슨에 대해 강한 거부감을 가졌다. 넥슨이 만든 게임을 하면서도 넥슨은 싫어했다. 라이브 본부가 강해지면서 게이머들의 불만도 더 커졌다.

역설이었다. 새로운 체제에 들어서며 2009년 내내 초심으로 돌아가려는 노력이 이어졌다. 넥슨 경영진은 돈슨이라는 말을 정말 싫어했다. 그러나 그 원치 않는 오명은 점점 커져가고 있었다.

인수, 인수

2010년 5월, 넥슨은 〈군주〉를 개발한 엔도어즈와 〈서든어택〉을 개발한 게임하이를 잇따라 인수했다. 〈서든어택〉은 FPS First Person Shooter 게임의 신기원을 이룩했다. FPS는 〈레인보우 식스〉 같은 1인칭 온라인 슈팅 게임 장르다. 〈서든어택〉 이전까지 한국은 FPS 장르의 불모지로 불렸다. MMORPG와 캐주얼 게임만 잘되는 시장이었다. 〈서든어택〉은 무려 106주 연속 PC방 점유율 1위를 달성했다. 넥슨은 게임하이의 지분 29.3퍼센트를 732억 원에 인수했다. 무려 4000억 원에 달했던 〈던전앤파이터〉에 비하면 가벼운 인수 가격이었다.

게임하이 인수가 〈던전앤파이터〉처럼 〈서든어택〉이라는 게임을 얻기 위한 합병이었다면 엔도어즈를 통해선 MMOPRG인 〈군주〉와 〈아틀란티카〉를 얻었다. 〈군주〉와 〈아틀란티카〉 모두 해외 매출이 70퍼센트가 넘어가는 글로벌 게임이었다. 엔도어즈엔 아직 공개되지 않은 게임들도 즐비했다.

넥슨은 사람도 얻었다. 넥슨은 이미 2009년 매출이 7000억 원을 돌파했다. 이런 추세라면 연 매출 1조 원 클럽 가입은 시간문제였다. 게임을 개발하기에 넥슨만 한 곳이 없었다.

넥슨은 대규모 인수 합병을 능수능란하게 수행할 수 있는 기업으로 진화했다. 레버리지를 일으키고 협상을 유리하게 이끌고 결국 인수한 회사를 성공시키는 데는 넥슨만 한 회사가 없었다.

넥슨의 게임 포트폴리오도 다양해지고 있었다. 캐주얼 게임부터 MMORPG에 FPS까지 두루 갖췄다. 넥슨닷컴은 이미 네이버의 한게임이나 CJ E&M의 넷마블을 압도하는 게임 포털이 됐다. 한국 게임 생태계의 허브가 돼가고 있었다. 넥슨은 구글처럼 다른 기술 회사들의 중간 회수처 역할을 해줘야 했다. 한국 게임 산업에서 넥슨의 역할은 더 이상 게임 개발력으로 중소 게임 업체들과 경쟁하는 게 아니었다.

외부에서 찾은 답

2010년 11월 강신철은 아예 네오플의 대표로 자리를 옮겼다. 넥슨 코리아는 서민 단독 대표 체제가 됐다. 인수 3년이 지나면서 네오플의 개발자들이 대거 이직할 조짐을 보이고 있었다. 강신철처럼 개발과 경영을 연결해줄 수 있는 경영자가 네오플을 챙겨야 했다. 서민과 함께 넥슨의 공동대표를 맡고 있었지만 강신철은 2010년 4월부턴 사실상 네오플 쪽에 전념하고 있었다.

강신철은 게임사 턴어라운드[•]에 장기를 보였다. 인수된 회사의 주요 인력이 인수한 회사에 충성도가 낮은 건 당연했다. 강신철은 그걸 인

• 조직 개혁과 경영 혁신을 통해 실적을 개선하는 것.

정한 상태에서 넥슨과 피인수 회사의 장점을 결합하는 데 장기를 보였다. 넥슨이 게임 인수의 허브가 된 건 단순히 돈이 많고 협상을 잘해서만이 아니었다. 인수 합병 이후를 책임질 수완 있는 경영진이 있었다.

강신철한테 게임 개발은 프로듀싱과 마케팅을 결합한 하나의 과정이었다. 코딩만 프로듀싱이 아니었다. 이런 개념은 강신철이 개발과 비개발의 중간에서 역할을 해왔기 때문에 갖게 된 시각이었다. 개발에만 매몰되지도 비개발에만 치우치지도 않았다. 인수한 회사의 운영 효율성을 극대화하는 데 적합한 사고방식이었다. 게다가 강신철은 네오플 개발자들이 마음에 들었다. 넥슨이 좀 더 영악하게 개발을 한다면, 네오플에는 그저 〈던전앤파이터〉가 좋아서 회사를 다니는 개발자들도 적지 않았다. 그 옛날 넥슨에게서 나던 냄새를 맡았다. 그런 풋풋한 느낌이 좋았다. 강신철이 넥슨코리아 대표로 있으면서도 오히려 네오플에 집중한 이유였다.

네오플은 이미 〈던전앤파이터〉의 후속작으로 〈사이퍼즈〉를 준비하고 있었다. 막상 〈사이퍼즈〉 개발팀은 넥슨의 낙하산 경영자인 강신철한테 우호적이지 않았다. 〈던전앤파이터〉 때문에 네오플을 인수했다고 느껴서였다. 강신철이 〈사이퍼즈〉 개발을 중단할 궁리만 할 거라고 생각했다. 사실 처음 봤을 때엔 강신철도 〈사이퍼즈〉가 가능성은 있지만 해결해야 할 문제점도 많다고 느꼈다. 그래도 강신철은 오히려 〈사이퍼즈〉를 밀어줬다. 경영진이 빠져나간 회사에 남겨진 개발자들이 느끼는 박탈감을 최소화하려 했다.

결국 〈사이퍼즈〉는 강신철을 중심으로 네오플을 단결시키는 구심점이 됐다. 네오플은 넥슨의 새로운 개발본부가 돼가고 있었다. 서민은 개발의 난맥을 안에서 풀려고 애쓰고 있었다. 강신철은 오히려 넥슨 내부에서보다 넥슨 외부에서 답을 찾을 수도 있겠다 싶었다.

경쟁이 치열한 자본주의 세계에서는
무역을 전쟁에 비유하기도 한다.

세계로!

나가자!

1등 하자!

보너스도!

해외 영업에서 성공하기 위해서는
어떤 것에 중점을 둬야 할까?

파트너를 잘 만나야 해.

유익한 관계를 위해 어떤 현지 파트너와
손잡아야 할까?

손이 참 고우시네.

수작 부리는 거니?

넥슨이 세계로 눈을 돌릴 즈음에,
해외 사업 책임자가 김정주 사장에게 물었다.

어떤 사가 우리 회사에
도움이 될 파트너일까요?
그리고 만나서 먼저 뭘 할까요?

김정주가 원하는 것은 특별한 실력이나
재력, 인맥 같은 것이 아니었다.

그냥 사귀기에
좋은 사람.

넥슨과 김정주는 해외 사업 경험이 없었지만
그는 멀리 있는 사람들과 관계 맺는 것이 가까운 곳에서
친구를 사귀는 것과 다르지 않다고 생각했다.

이해관계의 득실을 계산하지
말고, 오래 사귀기에 좋을 사람
만나서 그냥 사귀어봐.
그런 사람은 처음 보면 딱
감이 오잖아?

240

〈바람의나라〉, 〈메이플스토리〉, 〈크아 비엔비〉 등 실적 좋고 경쟁력 있는 게임을 확보하게 되었지만
게임 회사로서는 해외 사업이 첫 경험이었다.

우리 이제 폼 나게 해외 사업 하자.

바빠요. 말 시키지 마요.

해외여행이나 보내주지.

그리고 빠르게 성장하는 국내 서비스에 매달리는 것만으로도 버거운 때였다.

나만 안 바쁜가?

......

적극적으로 나서는 사람이 없으면, 일 맡길 사람을 찾아 나서야 하는 법.

밖에서 데려와야겠다. 누굴 시키지?
누굴 시키지? 누굴 시키지? 누굴 시키지?

적임자로 떠오른 사람은?

그래! 걔 시키지 뭐.

하지만 포기하지 않고 갖은 방법을 썼다.
먹을 것도 사고,

밥 먹어.

밥만 먹어요?

술도 샀다.

위하여!

뭘 위해요?

조직 안에서의 관계나 역할에 대해 사장이
나서서 교통정리를 해주면 좋겠지만
김정주 사장은 언제나 누구에게나 그랬듯이

잘해봐.

알아서 하란 소리였다.

으이구~~바랠 걸
바래야지.

최승우는 왜 그토록 내부 사람들과 친해지려고 애썼을까?
그냥 자신이 맡은 해외 사업만 하면 되지 않았을까?
아니다.
넥슨은 게임 회사고 넥슨의 주력 상품인
온라인 게임은 만든 사람들의 고유 기술과 감성을
고스란히 담은 문화 콘텐츠 상품이었다.

여기서 빛신 존재판 해외에서도
나는 계속 낯선 자일 뿐이야.

그런 걸 만드는 사람들과
사귀지 못하면서
스스로도 낯설어하는 걸 들고
해외로 나갈 수 없었다.

문화 상품을 가지고 하는 교역은
무엇보다도 친구를 잘 사귀는 것이다.

궁극적으로 게임 같은 문화 상품을 구매하는 사용자들이 소비하는 것은
인간관계의 경험이다.
그것은 다른 제품들과 달리 사용자들이 오래 써도 감가상각이 발생하지 않는다.
오히려 많이 나누면서 관계가 무르익을수록 가치와 내구성은 더 높아진다.

애초에 김정주가 친구 사귈 것을 권하면서
그에게 바랐던 것도
여기서 사귄 친구와 멀리서 사귀는 친구를
이어주는 가교 역할이지 않았을까?

그동안 글로벌하게 술 축내면서도
몸 망가지지 않은 걸 보면
역시 나는 남자야.

남자답게 몸만 쓰지 말고
섬세하게 마음도 쓰란 말이야.

지배 없는 경영

요즘은 많은 기업들이 내부 의사소통이 활발하고 상하 관계가 없는 수평적인 조직 문화를 추구한다. 탑다운형 기업들의 한계를 체감해왔기 때문이다. 분명 실리콘밸리의 수평적 기업 문화는 미국 벤처 생태계 성장의 문화적 기반이다. 엔젤 투자자와 벤처 기업가가 허름한 식당에서 냅킨에 사업 기획서를 써놓고 토론하는 모습이야말로 실리콘밸리 문화의 상징이다.

한국에선 쉽지가 않다. 존칭이 내면화된 언어부터 장애물이다. 어떤 회사는 영어 이름을 지어 부른다. 다른 회사는 한국 이름 뒤에 직함 대신 '님'만 붙인다. 어떻게든 수평적인 소통을 해보려는 시도다. 창의적인 아이디어는 조직 어디에서 튀어나올지 모른다. 상사가 두렵고 부하 직원은 수족인 상명하복 조직에서 오직 경영진만 생각이란 걸 한다. 당연히 모두 함께 상상하는 수평적인 기업이 생각하는 속도를 절대 따라잡을 수 없다.

창업 초기엔 수평적이었던 기업도 규모가 커지면서 수직적인 조직으로 변하는 경우가 적지 않다. 동시에 창의성과 유연성도 줄어든다. 넥슨이라고 예외가 아니었다. 체계적인 기업으로 성장했지만 동시에 손드는 문화는 사라졌다. 먼저 손들고 자원하는 문화야말로 가장 넥슨다운 특징이었다. 하지만 넥슨도 관료화됐다. 넥슨은 과거의 자기 모습을 되찾고 싶어 했다. 창의적이었던 과거로 돌아가야 한다고 믿었다. 돌아갈 수 있다고 여겼다.

진화엔 역진이 없다. 퇴행이 있을 뿐이다. 넥슨은 구조 조정과 조직 개편으로 과거와 같은 모습을 되찾고 싶어 했다. 그런데 창의적이었다는 사실은 기억하고 있었지만 왜 창의적이었는지는 제대로 이해하지 못했다. 제도 몇 가지만으로 수평적인 조직을 만드는 건 불가능하다.

답은 김정주가 갖고 있었다. 김정주는 기업의 성장은 거품과 거품을 빼는 과정이라고 본다. 성장은 반드시 거품을 동반한다. 데이비드 리체제의 거품도 필연이었고 개발력을 회복하고 과거로 회귀하려는 서민 체제의 시도 역시 숙명적이었다. 각각의 CEO들은 자기 시대에 주어진 사명을 성실하게 수행했다. 수평적이고 개방적인 문화 속에서 창조성의 불씨를 되살리려 애썼다.

넥슨은 그 긴 과정을 한발 한발 통과했다. 덕분에 지금 넥슨은 대규모 조직이면서도 수평적이고 유연한 조직 문화를 가진 큰 기업으로 진화했다. 수직적인 조직은 만들 수 있다. 수평적 조직은 만들어져야만 한다. 수평적 조직이란 조직원 개개인의 관계가 형성되기 전까진 불가능하다. 관계가 수평적 유대의 요소인데 그건 시간과 노력이 필요한 문제다. 수평적인 조직을 추구하는 기업은 많지만 수평적인 문화를 실제로 성장시키는 기업은 드물다.

이제 이름 대신 이메일 아이디로 부르진 않지만, 넥슨은 충분히 개방적이고 유연하다. 넥슨 사람들은 스스로를 '을 같은 갑'이라고 부르곤 하는데 어느 정도는 사실이다. 그게 넥슨의 스타일이라고 모두가 인정하기 때문이다. 손드는 문화 역시 예전과는 다른 방식으로 되살아났다. 무조건 손을 들진 않지만, 결국 누군가는 손을 든다. 조직 내부에 손을 드는 사람들이 일정 숫자 이상 존재하기 때문이다. 넥슨은 리스크를 즐기는 사람의 비율을 일정 수준 이상으로 유지하는 데 성공했다.

　김정주는 대주주의 역할이 무엇이어야 하는지 정확하게 꿰뚫고 있는 몇 안 되는 창업주다. CEO의 경영학 너머에 EXECUTIVE CEO의 역할이 있다. 대주주의 경영학이다. 김정주는 언제나 견제와 균형을 중요하게 여긴다. 정부 형태로 치면 거번먼트가 아니라 거버넌스다. 각 집단들이 견제와 균형을 통해 최선의 의사 결정을 도출하도록 유도하는 게 거버넌스다. 그래서 김정주의 용인술과 경영적 판단들은 언제나 복합적인 목적을 갖고 있다. 하나의 요소만으로 분석해선 전부를 이해하기 어렵다. 김정주는 최소한의 인사권 행사만으로 기업에 변화를 일으키고 배의 항로를 바꿀 줄 안다. 재벌과 벤처를 통틀어 한국에선 유일무이한 재능이다.

11장

도쿄 공략

글로벌 기업으로의
도약

1988년 여름이었다. 서울대 컴공과 3학년 김정주와 서울대 정외과 2학년 최승우는 도쿄 아키하바라를 거닐고 있었다. 아키하바라는 한국의 용산전자상가쯤 됐다. 최승우는 아키하바라 따위엔 별 관심도 없었다. 김정주와 짝이 된 게 화근이었다. 매년 일본항공은 한국 대학생 네 녕씩을 선발해서 일본 연수를 시켜줬다. 1988년엔 김정주와 최승우가 뽑혔다. 하필 1988년에만 네 명 모두 남학생들이었다. 남자 넷이서 몰려다니긴 서로가 싫었다. 두 명씩 찢어졌다. 김정주가 최승우를 찍었다. 이유는 하나였다. 최승우의 아버지는 외교관이었다. 최승우는 어릴 적에 해외에서 생활한 덕분에 일본어를 잘했다. 김정주는 최승우를 데리고 이리저리 돌아다녔다. 최승우는 1년 선배인 김정주의 등쌀에 가기 싫어도 따라나서야 했다. 그날도 아키하바라까지 끌려온 터였다.

아키하바라의 대형 게임 판매점 앞으로 길게 줄이 늘어서 있었다. 줄 중간엔 텐트까지 세워져 있었다. 밤새 텐트에서 잠을 자며 줄을 선 거였다. 김정주와 최승우는 그 모습이 신기해서 기웃기웃거렸다. 오전 11시가 다 돼가는데도 게임 가게는 문을 열 생각도 안 하고 있었다. 원래 아키하바라는 점심 무렵 문을 여는 가게가 많았다. 최승우는 길게 늘어선 줄을 보면서 참 신기하다고 생각했다. 김정주한테 말했다. "일본 사람들은 게임 포장지도 함부로 안 버린다면서요? 칼로 사악 잘라서 깨끗하게 게임 타이틀을 꺼냈다가 다시 신줏단지 모시듯이 넣어놓는다 하던데요. 게임 가지고 뭘 저렇게까지 하는지, 원." 그런데 김정주가 대뜸 대답했다. "나 말야, 나중에 게임을 제대로 만들어서 일본인들이 내가 만든 게임을 사려고 저렇게 줄을 서는 걸 구경 좀 해보고 싶어. 그러면 참 기분이 좋을 것 같아."

일본에서 터 닦기

2009년 1월 넥슨 일본 법인 대표를 맡으면서 최승우는 1988년의 아키하바라를 떠올렸다. 그날 최승우는 김정주의 꿈을 목격했다. 그때 김정주는 지나가는 말처럼 일본을 제패할 게임을 만들겠다고 말했다. 실제로 김정주는 한국에서 제일 큰 게임 회사를 만들었고 이제 그 게임 회사로 세계 게임 산업의 종주국인 일본에 도전하고 있었다.

그날 최승우는 고작 1년 선배인 김정주한테 이렇게 명확한 꿈이 있다는 걸 알고 깜짝 놀랐다. 아키하바라는 세계 게임 산업의 메카였다. 당연히 아키하바라는 온통 일본 게임투성이였다. 아키하바라에서 한국 게임 같은 건 듣지도 보지도 못한 존재였다. 한국 게임으로 일본에서 인정받겠다는 건 한국 축구 국가 대표팀을 월드컵 4강에 올려놓겠다는 것만큼이나 터무니없는 포부였다. 최승우는 오늘 하루 재미나게 살면 된다고 생각하는 평범한 대학생이었다. 최승우는 포부도 당당한 김정주가 약

5초 정도 몹시 훌륭하다고 생각했다. 5초 뒤 최승우는 김정주한테 말했다. "형, 그래서 우리 오늘 점심은 뭐 먹어요? 뭐 사주실 건데요?"

20년 뒤 철없던 대학생 최승우는 넥슨 일본 법인의 대표로서 넥슨의 도쿄 공략을 진두지휘하게 됐다. 이제 넥슨의 도쿄 상장은 전적으로 최승우의 양어깨에 달린 일이었다. 도쿄 상장은 데이비드 리가 2004년 넥슨 일본 법인 대표를 맡으면서부터 일관되게 추진해온 일이었다. 데이비드 리는 우선 넥슨의 덩치를 키웠다. 게임 매출이 비약적으로 증가했고 동시에 회사의 현금 보유량도 늘어났다. 넥슨이 투자자들한테 매력적인 회사로 보이게 다듬었다. 도쿄 상장을 염두에 둔 포석이었다.

2004년 12월 김정주가 넥슨의 현금을 탈탈 털어서 〈메이플스토리〉를 인수하면서 상장 계획은 무기한 보류됐다. 그렇다고 상장 계획 자체를 백지화한 건 아니었다. 데이비드 리는 넥슨 일본 법인의 박지원을 통해 다시 상장을 추진했다. 박지원은 일본 법인의 영국인 CFO를 도와서 상장 실무를 맡았다. 2008년 7월 김정주가 〈던전앤파이터〉를 빚까지 져가면서 인수하자 상장 계획은 또다시 보류됐다. 결국 최승우가 상장 작업을 마무리해야 했다. 어느새 심성수의 꿈이 최승우의 꿈이 돼 있었다.

최승우는 상장 작업을 원점에서 다시 시작했다. 우선 상장 주간사부터 바꿨다. 최승우는 넥슨 일본 법인의 전체 비용을 30퍼센트 이상 줄였다. 건물 임대료부터 각종 소프트웨어 라이센스 비용에 회계 법인 수수료까지 일괄적으로 3분의 1씩 줄였다. 상장을 주간하고 있던 증권사에 지불하는 수수료도 예외일 수 없었다. 증권사는 거부했다. 전례가 없다는 이유였다. 사실 넥슨이 불리한 줄다리기였다. 주간사를 바꾸면 처음부터 다시 작업을 할 수밖에 없었다. 게다가 그 가격으로 따로 맡길 증권사가 있는 것도 아니었다. 대안은 노무라증권뿐이었다. 노무라는 상장 수수료를 5퍼센트로 정해놓고 에누리를 안 해주는 걸로 유명했다. 그런데도 최승우는 당장 30퍼센트를 깎아주지 않으면 노무라와 얘기하겠다고 버텼다.

최승우는 보여주고 싶었다. 비용이 문제가 아니었다. 일본식으로 일하는 습성을 깨고 싶었다. 일본에선 대부분 매뉴얼대로 일했다. 최승우는 해외 영업을 하며 융통성 없는 장사란 없다는 걸 배웠다. 언제나 방법이 있고 여지가 있었다. 그런데 넥슨 일본 법인 임직원들이나 일본 관계사 사람들은 하나같이 '이 정도가 최선'이라는 말을 입에 달고 살았다. 최승우는 진짜 최선이란 이런 거란 걸 보여주고 싶었고 마침내 뚝심이 통했다. 노무라에 의사를 타진하자 이틀 만에 하겠다는 연락이 왔다. 결국 노무라로 상장 주간사가 바뀌었다. 물론 박지원을 비롯한 실무진은 죽을 맛이었다. 노무라와 처음부터 다시 손발을 맞춰야 했다.

사실 넥슨은 상장을 서두를 이유가 없었다. 2008년 금융 위기의 여파가 아직 남아 있었다. 〈던전앤파이터〉를 인수하면서 껴안은 은행권 부채도 좀 줄여놓아야 했다. 한동안은 다른 생각 안 하고 게임 운영 공장만 열심히 돌려야 했다. 노무라 증권으로 주간사를 바꾸면서 돈도 아끼고 시간도 번 꼴이었다.

"사귄 다음에 일을 해"

2010년으로 접어들면서 넥슨의 무게중심은 한국에서 해외로 움직이고 있었다. 넥슨의 매출은 1조 원대를 넘보고 있었다. 2008년부터 이미 해외 매출이 한국 매출을 넘어서고 있었다. 2010년으로 들어서면서 격차가 더 벌어지고 있었다. 〈던전앤파이터〉가 중국에서 승승장구하면서 해외 매출이 폭증했기 때문이었다.

최승우로선 감개가 무량했다. 최승우는 자타가 공인하는 넥슨의 해외통이었다. 최승우는 해외 매출이라고는 1원도 없던 시절부터 넥슨의 해외 사업을 담당했다. 넥슨 일본 법인의 모태라고 할 수 있는 넥슨 일본 총판을 세운 것도 최승우였다. 오쓰카라는 일본 사업가와 50 대 50으로 합작 법인을 만들었다. 아직 한국에서조차 온라인 게임이 활성화되기 전이었다. 사실 오쓰카와 최승우는 일면식도 없었다. 한국에서 온라인 게임이 뜬다는 소식을 듣고 찾아온 일본인 사업가들은 많았다. 최승우도 누구와 손을 잡아야 하는지 알 수가 없었다. 김정주는 최승우에게 말했다. "어차피 누가 누군지 모르잖아. 일단 술 좀 마시고 친구 삼아봐. 그렇게 어울리다 보면 마음 맞는 사람이 생기잖아. 그 친구와 일을 해. 그러다 잘 안 돼도 친구 사이니까 얘기하기 쉽잖아." 김정주는 최승우의 등을 두드려주며 말했다. "잘해봐." 일본 시장을 선점하겠다는 의지는 앞섰지만 이건 성급한 시도였다.

이런 방식의 해외 시장 진출은 대만과 중국에서도 이어졌다. 역시 대만과 중국에서도 최승우는 친구들을 사귀었다. 다른 게임 회사들은 아직 국내 시상에서만 머물 때 넥슨이 먼저 해외로 눈을 돌린 건 사실이었다. 주먹구구식이란 게 문제였다. 대만과 중국에선 하루가 멀다 하고 해외 사업을 총괄하는 최승우한테 불평불만을 터뜨렸다. 온라인 게임은 팔고서 끝이 아니었다. 운영도 해줘야 했다. 결국 넥슨의 개발자들이 챙겨줘야 했다. 최승우는 서버 팀장을 하던 서민한테 시시때때로 부탁했다. 그러나 해외 업무는 늘 우선순위에서 밀렸다. 자꾸 게임이 죽자 해외 게이머들은 이내 떨어져 나갔다. 대만과 중국 진출도 그렇게 지지부진해졌다.

최승우는 한국 개발자들이 해외 법인의 외국인 개발자들을 교육하는 방법도 동원해봤다. 어차피 한국에서 챙겨줄 수 없다면 자급자족해야 했다. 소용없었다. 해외 법인이 고용한 현지 개발자들은 한국 개발자들 수준에 한참 못 미쳤다. 한국 개발자들이 아무리 설명해줘도 좀처럼 작업 효율이 올라가질 않았다. 최승우가 봐도 답답할 지경이었다. 급기야 최승우는 한국의 개발자들한테 말했다. "이 게임을 발명하고 창조한 건 당신들입니다. 이걸 만들지도 않았고 그만큼 역량도 안 되는 현지 개발자들이 당신들만큼 이 게임을 운영한다는 건 무리입니다. 조금만 눈높이를 낮춰주면 안 될까요. 자신이 만든 게임에 자긍심을 갖는 건 당연하지만 그게 오만으로 비치면 안 됩니다. 초등학생이나 유치원생 대하듯 가르쳐주세요."

싱가폴에 넥슨아시아 지사를 세울 때였다. 자본금이 50만 달러 정도였다. 싱가폴에는 내로라하는 글로벌 게임 회사의 아시아 본사가 즐비하다. 넥슨은 무명 회사나 다름없었다. 현지 개발자들을 선발하기가 쉽지 않았다. 면접을 보러 온 현지 개발자가 최승우한테 오히려 면박을 줬다. "답답하시네요. 싱가폴처럼 경쟁이 치열한 시장에서 넥슨이 그나마 괜찮은 개발자들을 고용하려면 연봉이라도 높아야 하는 것 아닌가요? 이 돈 받고 넥슨에서 일할 A급 엔지니어는 없어요." 최승우는 한숨만 나왔다. 최승우도 이제 온라인 게임을 해외 시상에서 세내로 운영하려면 일급 개발자가 필요하다는 걸 누구보다 잘 알고 있었다.

최승우가 해외에서 처음 돈이란 걸 벌어본 건 2003년 〈크레이지아케이드 비엔비〉가 중국에서 동시 접속 70만 명을 달성하면서부터였다. 해외 매출이란 게 생겨났다. 최승우는 그때 처음으로 넥슨코리아 안에서 해외사업팀 일을 전담하는 한국 개발자를 선발할 수 있었다. 그런데 정작 이 개발자마저도 해외 사업보단 국내 게임 개발 쪽 일에 치우쳤다. 뽑아놓긴 해외사업팀으로 뽑았는데 국내 개발이 바쁘다며 국내 개발팀이 데려다 썼다. 최승우는 할 말은 많았지만 할 수 있는 말이 없었다. 〈크레이지아케이드 비엔비〉 말고는 돈도 제대로 못 버는 해외사업팀의 팀장은 늘 유구무언이었다. 그렇다고 해외에서 당장 A급 엔지니어를 구할 수도 없는 노릇이었다. 싱가폴에서 당한 망신을 잊을 수가 없었다.

급기야 최승우는 국내 개발팀 안에 로컬라이제이션팀Localization Team 이라는 닌자 조직을 만들었다. 사실은 해외사업팀 소속이지만 국내 개발팀과 함께 개발 작업에 참여했다. 직접 해외 게임 운영도 하고 그때그때 해외 사업에 필요한 국내 사업팀의 협조를 받아내는 일도 했다. 해외 매출이 증가하고 해외 운영 엔지니어의 수준이 높아지기 전까진 이럴 수밖에 없었다. 로컬라이제이션팀은 해외사업팀 매출에 상당한 기여를 했다. 부족한 현지 운영 능력을 보완해줄 수 있었다.

이런 역경을 거쳐서 해외 매출이 국내 매출을 능가하는 수준까지 올라왔다. 앞으로도 해외 매출은 더욱 늘어날 수밖에 없었다. 해외 매출을 더 늘리려면 현지 게이머들의 성향을 잘 아는 수완 좋은 현지 개발자들을 더 고용해야 했다. 그러자면 도쿄 상장이 좋은 수단이었다. 넥슨의 해외 위상이 올라갈수록 좋은 해외 개발자들을 끌어들이기에 수월해진다. 도쿄 증시에 상장하게 된다면 넥슨의 위상이 달라질 수도 있었다. 2003년 상장통을 겪을 때만 해도 상장은 분배의 방편이었다. 이제 상장은 글로벌 회사로 도약해야 하는 넥슨을 한 단계 성장시킬 방편이었다.

최승우에겐 비개발 출신 창업 멤버로서 몸에 밴 습관이 하나 있었다. 최승우는 비개발 부서는 개발 부서와의 관계를 늘 염두에 둬야 한다고 생각했다. 어차피 매출은 개발 부서가 일으킨다. 비개발 부서가 비용을 아끼는 노력이라도 하지 않으면 개발 부서와의 관계가 망가지기 십상이다. 그래서 늘 비개발은 한발 물러나 있어야 한다고 봤다. 최승우는 개발 인력의 능력에 넥슨의 존폐가 달려 있다고 생각했다. 최승우가 본사인 넥슨 일본 법인의 대표였지만 개발의 본산인 넥슨코리아에는 쉽게 간여하지 않았던 이유다. 해외 매출을 늘리고 상장을 준비하는 데만 집중했다.

반면에 넥슨코리아의 신규 게임 개발은 여전히 지지부진했다. 자고 일어나면 〈크레이지아케이드 비엔비〉와 〈카트라이더〉가 튀어나오던 시절의 개발력을 좀처럼 회복하지 못하고 있었다. 최승우가 더 죽을 맛이었다. 넥슨코리아의 개발력이 예전 같지 않다는 건 해외 사업을 확장해야 하는 입장에서 괴로운 일이었다. 그러나 모르는 척해야 했다.

〈리그 오브 레전드〉를 노리다

욱일승천하는 〈리그 오브 레전드〉가 골칫거리였다. 미국의 라이엇 게임즈Riot Games가 개발한 〈리그 오브 레전드〉는 2009년 10월 27일 북미 시장에 먼저 출시했다. 중국 게임 회사 텐센트가 중국 배급권을 가져갔다. 〈리그 오브 레전드〉는 북미와 중국에서의 인기에 힘입어 서서히 제2의 〈스타크래프트〉 열풍을 만들어낼 조짐을 보이고 있었다. 해외 흐름을 잘 아는 최승우는 신경 쓰였다. 세나가 중국 배급권을 텐센트가 가져갔고 텐센트는 이미 넥슨과 네이버를 합친 규모의 거대 IT 기업으로 성장해 있었다. 〈리그 오브 레전드〉는 호랑이 등에 날개를 달아준 격이었다.

답은 인수 합병이었다. 그렇다면 또 답은 다시 도쿄 상장이었다. 글로벌 인수 합병을 전 세계적으로 추진하자면 그만한 위상과 자본을 갖출 필요가 있었다. 상장을 하면 지분 맞교환 방식으로 인수하는 것도 가능했다. 언제까지나 은행 빚을 얻어다가 회사를 인수할 수도 없는 노릇이었다. 〈던전앤파이터〉를 그렇게 인수할 수 있었던 건 결국 좁은 한국 게임 생태계였기 때문이었다.

글로벌 인수 합병에서 그런 일대일 담판이 가능할 턱이 없었다. 결국 해외 게임 회사가 넥슨과 지분을 맞바꿀 만큼 넥슨을 매력적인 회사라고 느껴야 했다. 최승우는 더 정교한 인수 합병을 추진해야 한다고 봤다. 그러자면 상장 작업에 박차를 가해야 한다는 결론이었다.

사실 최승우도 상장에 대해서 100퍼센트 찬동하는 건 아니었다. 회사를 시장에 공개한다는 건 그만큼 주주들의 눈치를 보게 된단 뜻이었다. 기동성이 떨어질 수밖에 없었다. 김정주도 이걸 우려해서 상장을 마다하는 측면이 컸다. 최승우는 김정주의 또 다른 속내도 알고 있었다. 김정주는 상장이 회사와 자신을 망칠지도 모른다는 두려움에 시달리고 있었다. 회사를 상장해서 돈방석에 앉았다가 결국 불행해지는 주변 친구들을 너무 많이 봤다. 김정주는 돈보다 회사가 더 중요한 사람이었다.

그럼에도 불구하고 넥슨에게 상장은 더 이상 미룰 수 없는 일이 돼가고 있었다.

드디어, 상장

정작 김정주는 2011년까지도 상장을 주저하고 있었다. 아무리 상장 분위기가 무르익고 있었다고 해도 상장을 통해 기업을 공개하고 주식을 돈으로 환산하는 것보단 인수 합병을 통해 경쟁력을 기르는 게 관심사였다. 김정주는 국내외에서 끊임없이 인수 합병 대상을 물색했다.

김정주는 이미 오래전부터 인수 합병의 초석과 큰 그림을 그리는 데 몰두하고 있었다. 제주도에 머물다 훌쩍 다른 회사를 구경하러 해외로 떠나곤 했다. 거기서 누군가와 밥을 먹고 저기서 누군가와 여행을 하면서 인연을 쌓고 그사이에 입수 합병 같은 딜을 만들었다. 거래는 사람과 사람이 만나는 것이지 회의 석상에서 이뤄지는 게 아니라는 게 김정주의 생각이었다.

그렇게 몇몇 기업이 물망에 올랐다. 〈리그 오브 레전드〉를 개발한 라이엇게임즈도 인수 대상이었으나 잘 풀리지 않았다. 우선 중국 배급권을 가진 텐센트가 버티고 있었다. 텐센트 역시 라이엇게임즈를 인수하려고 호시탐탐 노리고 있었다. 결국 금액의 문제였다.

2011년 2월, 텐센트가 4억 달러에 〈리그 오브 레전드〉의 개발사인 라이엇게임즈의 지분 대부분을 인수했다는 기사가 해외 매체에 게재됐다. 김정주는 텐센트가 인수할 걸 알고 있었다.

넥슨 역시 턱밑까지 추격했다. 하지만 끝까지 밀어붙이기엔 고려해야 할 사항이 너무 많았다. 가장 걸렸던 것은 2011년에 예정되어 있던 일본 상장이었다. 무리해서 이번 딜을 성사하게 되면 상장은 또 미뤄야 했다. 그동안 기다려줬던 직원들과, 함께 상장을 준비해왔던 노무라증권에게 차마 또 상장을 미루자고 할 수는 없었다.

그리고 텐센트는 넥슨 중국 사업의 가장 좋은 파트너였다. 끝 모를 가격경쟁을 벌여봤자, 라이엇게임즈 두 사자들만 이익을 볼 게 뻔했다. 넥슨은 지나친 경쟁으로 인수전이 과열되는 것을 피하고 텐센트와의 관계를 잘 유지하기로 결정했다.

하지만 아직까지도 아쉬움이 가장 큰 딜이었다. 텐센트의 라이엇게임즈 지분 인수는 세계 온라인 게임 시장 판도를 바꿔놓았다.

텐센트가 〈리그 오브 레전드〉를 인수하면서 넥슨의 상장 작업은 오히려 빨라졌다. 이제까지 넥슨이 성공한 인수 합병 대상은 모두 한국 기업들이었다. 글로벌 인수 합병 시장에서 승리하려면 이제 넥슨도 세계 무대에서 상장을 해야 했다. 정문을 통해 정공법으로도 접근할 수 있어야 했다.

김정주한테도 상장은 풀기 어려운 숙제였다. 한국 상장도 거부했고 홍콩 상장도 거부했다. 나스닥 상장도 거부했다. 물론 김정주가 나스닥을 거부한 건 현실적인 이유도 있었다. 나스닥에 진출했던 한국 기업들 중에 잘된 사례가 없었고 아시아 변방에서 온 기업에 나스닥의 애널리스트들은 별 관심이 없었다. 주기적으로 분석 보고서도 써주고 뉴스에도 나와주지 않으면 아무리 큰 호재가 있어도 주가는 오르지 않았다. 반면에 일본 증권 시장엔 게임주에 대한 우호적인 분위기가 있었다.

정상원은 김정주가 일본 상장을 선택한 것조차 시간 끌기라고 봤다. 그래서 넥슨이 도쿄 증시에 상장되기 한 달 전까지도 주변에 "절대 상장을 안 할 것"이라고 호언장담했다. 정상원뿐만 아니라 김정주를 아는 많은 사람들이 그렇게 믿었다.

2011년 12월 14일 넥슨은 도쿄증권거래소 1부 시장에 상장했다. 넥슨의 주당 공모가는 1300엔이었다. 주식 총수는 4억 2500만 주였다. 시가총액은 5500억 엔에 달했다. 한화로는 8조 1700억 원이었다. 2011년 도쿄증권거래소에 상장한 기업 가운데 가장 큰 규모였다. 넥슨은 상장과 동시에 7000만 주를 신규 발행했다. 900억 엔의 자금을 증시에서 조달하는 데 성공했다. 한화로 대략 1조 3364억 원이었다. 2011년 넥슨은 매출 1조 원 돌파가 확실한 상황이었다. 정상원이 틀렸다. 넥슨은 상장했다.

1988년 여름 김정주와 최승우는 도쿄증권거래소에도 구경 갔다. 그곳에서 상장 기업들의 면면을 둘러봤다. 2011년 12월 최승우는 도쿄증권거래소에서 넥슨 상장을 알리는 타종식을 열었다. 그 모습을 김정주가 지켜봤다. 김정주는 정말 넥슨에 투자하기 위해 일본인들이 줄을 서게 만들었다. 아키하바라에서 최승우에게 도쿄 공략의 포부를 밝힌 지 20년 만이었다.

19세기 말에 피기 시작해서
20세기 초까지 만개했던 황금시대.
우디 앨런 감독이 우리를
그 시절로 데려가서 보여준 것은
오늘날보다 특별히 더 값지고
풍요롭다고 여기는 예술이
아니다.

Woody
Allen

근대의 역사를 인생으로 치자면
그 시절의 예술은 새로움을
추구하던 젊은 시절이었던 거지.

사람이 나이가 들면
젊은 것이 좋아지는 법이지.

넥슨도 그렇다.
돈 잘 벌고 풍요롭기는
지금이 과거보다
훨씬 더 낫지만

부러울 것 없는 지금의 넥슨에게
아쉬운 점은 오히려 과거의 젊음일 거다.

젊다는 게 뭐지?

"앗! 또 서버 죽었다."

새로운 것들을 구상하고 시행착오를
밥 먹듯이 겪으면서도 주눅 들지 않았던
젊은 조직.

눈에 뵈는 게 없다는 거?

온라인 게임이라는 용어 자체가
생소했을 정도로 모든 것이 새로웠고

니 다니는 회사에서는
요새 뭐 만드노?

온라인 게임 만드는데예.

장래를 보장해주는
검증된 사업의 표준도 없는,
도무지 성공을 예측할 수 없는
무형의 제품을 만들면서

그기 머고? 돈이 되는 기가? 비전은 있나?

그걸 지가 우째 알겠심꺼?

프로페셔널과 아마추어 정신이 뒤섞인
조직에 저마다의 실험과 자율이 춤추던 시절.

죽을래? 니 다니는 데 회사 맞나?

그들은 젊었고, 그들이 하는 일도, 그들이 만드는 것들도 모두 젊었다.

"발밑에 서버를 두고 살았었지."

"유저들한테는 실시간으로
서비스했어."

"만드는 우리도 즐기는 유저들도
모두 생소했으니까."

"낮이고 밤이고 사고 나면
바로바로 해결해야 했고."

"같이 놀았지 뭐."

266

이제는 어차피 돌아갈 수 없는 시절이고
다시 겪으려야 겪을 수 없는 경험이지만

" 니 때리치우고 고마 유학이나 가."

" 지금 회사에서 하는 일이 맘에 듭니더."

"머라꼬? 온라인 게임이라꼬?
그기 머 밥 미기주나?"

" 그래도 밥은 무꼬 안 살겠습미꺼?"

" 꼴랑 밥 무꼬 살라꼬 대학 가고
대학원 갔나??"

" 하고 싶은 일을 해야지예."

" 이기 확! 니 그 회사에
예쁜 가시나 있지?"

" 아입니더."

황금시대에 빛났던 무언가를 가져오면
지금에 어울리는 빛을 발할지도 모른다.

글로벌 기업이 된다는 것

해외 진출은 언제 시작해야 하는가. 한국 시장이 좁다는 건 사업가라면 누구나 안다. 국내 시장의 한계는 자명하다. 보통은 국내에서 어느 정도 시장점유율을 확보하면 해외 공략에 나서는 게 순서라고 여긴다. 틀렸다. 국내와 해외를 동시 공략해야만 승산이 있다.

어렵지만 일단 해외 시장에서 매출을 올리기 시작하면 막대한 현금 창출 능력을 갖게 된다. 그 힘으로 국내 시장에서도 시너지를 올릴 수 있다. 반면에 국내 시장에서 점유율 1위에 오른다고 해도 해외 시장 공략엔 절대적인 시간이 필요하다. 언제 도전해도 어렵긴 마찬가지란 얘기다. 어차피 내수에 머물 게 아니라면 처음부터 국내와 해외 시장 공략을 병행하는 글로벌 시각이 필요하다. 김정주는 일찍부터 이런 합동 작전을 기획했다. 단지 포부가 커서가 아니다. 그건 위인전에나 나오는 해석이다. 글로벌 시각이 있어서만도 아니다. 글로벌한 시각이 따로 있다는 것만큼 로컬적인 사고방식도 없다. 사업 감각이다. 처음부터 크게 생각하는 사람이 따로 있다. 재능이라고 할 수 있다. 시장의 맥을 읽어내는 눈이 있다는 뜻이다. 모두가 반대할 때 밀어붙일 수 있는 뚝심도 있었다.

사실 해외 시장 개척은 통찰과 뚝심을 모두 갖추지 않으면 불가능한 일이다. 산업화 시대의 기업인들인 정주영이나 김우중 같은 경영자들의 해외 개척 이야기가 자꾸만 도시 전설 같아지는 이유다. 언제나 해외 시장 개척은 맨땅에 헤딩 같을 수밖에 없다. 맥을 읽는 감각과 무모해 보이는 고집이 없으면 실행에 옮기기 어렵다.

그래도 김정주한텐 최승우가 있었다. 최승우의 해외 시장 개척 이야기도 전설 같긴 마찬가지다. 아무것도 없이 해외에 나가서 구매자가 이해하지도 못하는 물건을 팔아 오는 이야기다. 최승우가 대우상사 출신이라는 건 한국 기업사의 아이러니다. 최승우가 넥슨에 합류하게 된 건 대우그룹이 해체됐기 때문이었다. 대우는 해외 시장 개척의 최선봉에 섰던 기업이었다. 해외 언론이 몽골 기병대에 비유할 만큼 신출귀몰한 방식으로 해외 시장을 개척해나갔다. 지금의 대우인터내셔널인 대우상사야말로 몽골 기병대의 최정예 최선봉이었다.

최승우는 대우에서 해외 시장에 대한 공포를 지워냈다. 넥슨에서 보여줬던 일단 부딪혀보는 방식은 대우 정신과 이어지는 구석이 있다. 인간 최승우의 낙천성 역시 중요한 요소였다. 최승우는 대기업에 다니다 구멍가게 같은 넥슨으로 옮기면서도 별다른 토를 달지 않았다. 망망대해 같은 해외 시장을 개척하는 데 적임자는 어쩌면 가장 낙천적인 인재다.

보통 대기업들은 해외 시장을 개척할 때 물량 공세에 의존하기 쉽다. 돈이 많아서가 아니다. 국내에서처럼 갑질을 하면서 시장을 개척하고 싶기 때문이다. 부족한 해외 네트워크를 돈으로 메우려고 든다. 당연히 백전백패다. 해외 시장 개척은 결국 밑바닥에서 다시 회사를 세우는 것과 같다. 최승우는 기꺼이 그걸 했다. 그 과정에서 엄청난 노하우를 쌓았다. 지금도 넥슨이 최승우를 명예회장으로 예우하면서 네트워크와 경험을 공유하는 이유다.

도쿄 상장으로 넥슨은 본격적인 글로벌 인수 합병 단계로 진입했다. 위젯과 네오플 인수는 동네 수준에 불과했다. 게다가 넥슨으로의 흡

수 합병이었다. 글로벌 인수 합병은 전혀 생각하지도 못한 DNA를 넥슨 내부에 심어내는 작업이었다. 해외 개발팀을 신규 채용하는 게 아니라 인수 합병을 통해 끌어들이는 노하우를 쌓아야만 했다.

한국 기업들은 진정한 해외 인수 합병을 경험한 경우가 많지 않다. 삼성조차 1990년대 해외 인수 합병이 실패한 뒤론 해외 인력만 채용할 뿐이다. 넥슨은 도쿄 상장 이후 미국과 일본에서 해외 게임 기업들을 줄줄이 인수했다. 해외 개발 인력들이 생각하는 넥슨의 게임은 한국 개발 인력들이 생각하는 넥슨의 게임과 정의부터 다를 수밖에 없다. 그렇게 회사와 제품에 대한 서로 다른 정의가 공존하는 게 진정한 글로벌 기업이다.

넥슨은 글로컬한 기업으로 진화하고 있다. 최승우는 일찍부터 넥슨이 글로컬한 기업이 돼야 한다는 걸 깨달았다. 글로벌하면서도 로컬라이제이션이 된 기업을 말한다. 북미와 일본에서 개발한 게임은 한국에서 개발된 게임과는 다르다. 게임은 문화 콘텐츠인 탓에 글로컬해야만 한다. 보편적이면서도 고유한 문화적 특징을 갖고 있어야 한다. 넥슨의 글로컬화는 넥슨 북미 법인에서 개발한 게임이 한국 시장에서도 통하는 단계까지 진화할 때 완성될 것이다. 모든 위대한 기업들이 걸어갔던 진정한 글로벌로의 길이다.

12장

동맹

엔씨소프트와
손을 잡다

김정주는 한라산을 오르고 있었다. 제주도로 내려간 후 한라산을 집 뒷산처럼 드나들었다. 한라산 중턱쯤에 도착했을 때였다. 저 멀리로 제주 오름과 푸른 바다가 보였다. 김정주의 휴대전화가 울렸다. TJ였다. 엔씨소프트 직원들은 김택진을 TJ 사장이라고 불렀다. 김정주는 전화를 받았다. "어, 형." 김택진이 말했다. "나 방금 결정했어." 김정주는 말했다. "아, 그래요? 바로 서울로 올라갈게요." 김정주는 그날로 서울행 비행기에 몸을 실었다.

2012년 5월이었다. 김정주는 다음 날 김택진과 담판을 지었다. 넥슨과 엔씨소프트의 빅딜은 하룻밤, 하루낮 사이에 마무리됐다. 내용은 이랬다. 넥슨은 엔씨소프트의 주식 14.68퍼센트를 취득한다. 넥슨은 엔씨소프트의 최대 주주가 된다. 김택진의 엔씨소프트 지분은 9.99퍼센트로 줄어들어 2대 주주가 된다. 넥슨은 김택진에게 지분 취득 대가로 현금 8045억 원을 지급한다. 주당 평가액은 25만 원이다. 캐주얼 게임 왕국 넥슨과 MMORPG 제국 엔씨소프트가 하나가 된다. 김정주와 김택진이 한배를 탄다. 확정 발표만 하면 일본과 한국 증시와 전 세계 게임 업계를 뒤흔들어 놓을 절묘한 거래였다.

기묘한 거래

최승우는 기묘한 거래라고 생각했다. 최승우는 김정주에게 빅딜이 성사됐다는 이야기를 전해 들었다. 놀랍진 않았다. 김정주가 엔씨소프트에 관심을 보인 건 하루 이틀 일이 아니었다. 최승우한테도 "언젠가는 넥슨과 엔씨소프트가 함께해야 한다"라는 얘기를 귀가 따갑게 해왔다. 김정주는 언제든지 빅딜을 할 준비가 돼 있었다. 선택은 김택진한테 달려 있었다. 최승우는 그저 김택진이 넥슨과 살을 섞을 결심이 섰나보다 싶었다. 이제부터 실무는 최승우의 몫이었다. 넥슨 일본 법인의 대표로서 엔씨소프트와의 실무 협상을 마무리 짓고 대금을 결제해야 했다.

최승우는 넥슨의 인수 합병을 숱하게 지켜봐 왔다. 그런데 엔씨소프트처럼 기묘한 경우는 처음이었다. 최승우는 빅딜 실무를 진행하면서 지분 취득 목적을 경영 참여가 아니라 단순 투자 목적으로 명시하기로 했다. 정말이었다. 빅딜은 인수 합병이 아니었다. 투자였다.

빅딜의 본질

사실 빅딜의 숨은 의미는 따로 있었다. 신사협정이었다. 넥슨과 엔씨소프트는 한국 게임 시장에서 치열한 경쟁을 벌여왔다. 넥슨은 엔씨소프트의 텃밭인 MMORPG 시장에 끊임없이 도전장을 내밀었다. 엔씨소프트 역시 넥슨의 텃밭인 캐주얼 게임 시장 진출을 시도해왔다. 그렇게 10년 세월을 경쟁하며 지냈다.

이제까진 넥슨과 엔씨소프트의 경쟁이 서로의 성장에 좋은 자극이 됐다. 그러나 더는 아니었다. 한국 시장 안에서 아옹다옹할 시간이 없었다. 한국이 온라인 게임의 종주국인 건 맞지만 온라인 게임을 한국만 만들 수 있던 시대는 지나갔다. 중국에선 텐센트가 천하를 제패하고 있었다. 일본에선 손정의 회장의 동생인 손태장 회장이 이끄는 겅호온라인이 욱일승천하고 있었다. 미국에선 합병을 통해 EA를 왕좌에서 밀어낸 액티비전 블리자드가 〈월드 오브 워크래프트〉와 〈디아블로 3〉를 앞세워 세계대전을 벌이고 있었다.

빅딜로 넥슨과 엔씨소프트는 선택과 집중을 할 수 있게 됐다. 엔씨소프트는 더 이상 사업 포트폴리오를 고민하지 않아도 됐다. 넥슨도 마찬가지였다.

대작 경쟁을 멈춘 대신 넥슨은 라이브 개발을 더욱 강화했다. 게임 배급사로서 넥슨의 운영 능력과 물량 공세를 당해낼 자는 이제 없었다. 게다가 걸출한 운영 개발자들까지 포진해 있었다. 넥슨은 2012년 7월 〈피파 온라인 3〉의 한국 배급권을 EA로부터 확보한다. 상장으로 현금을 확보한 데다 대작 게임 개발에 대한 미련까지 버린 덕분에 과감하게 베팅할 수 있었다. 넥슨과 엔씨소프트 빅딜의 본질은 동맹이었다.

빅딜은 넥슨만큼이나 엔씨소프트에도 절실했다. 넥슨이 글로벌 게임 배급사로 성장했다면 엔씨소프트는 블록버스터 게임 제작사로 진화했다. 넥슨은 항상 새로운 게임이 필요했고 엔씨소프트는 제작에만 집중할 수 있는 환경이 필요했다.

미완으로 남은 동맹

2012년 11월이었다. 넥슨은 양재동 엘타워에서 지스타 프리뷰 행사를 열었다. 게임 축제인 지스타가 개막하기 전에 넥슨의 게임들을 미리 볼 수 있는 자리였다. 데브캣 스튜디오의 김동건이 무대에 올랐다. 〈마비노기〉의 후속편인 〈마비노기 2: 아레나〉를 소개하기 위해서였다. 그런데 놀라운 영상이 소개됐다. 김택진이 화면에 등장했다. 넥슨의 신작 게임을 소개하는 자리에 엔씨소프트의 대표가 나타났다. 김택진은 말했다. "〈마비노기 2: 아레나〉는 엔씨소프트와 넥슨이 공동 개발하는 첫 번째 컬래버레이션 프로젝트입니다. 넥슨과 엔씨소프트의 장점이 어우러져서 〈마비노기 2: 아레나〉가 완성되길 바랍니다."

넥슨코리아와 엔씨소프트는 또 다른 화학적 동맹을 시도하고 있었다. 김동건이 이끄는 데브캣 스튜디오가 삼성동 포스코사거리에 있는 엔씨소프트의 N스퀘어 개발본부로 옮겨 갔다. 엔씨소프트와 데브캣 스튜디오가 한방을 쓰게 됐다. 엔씨소프트의 게임에도 넥슨의 부분 유료화 모델을 적용할 수 있는지 실험해볼 수 있었다. 넥슨 역시 엔씨소프트의 MMORPG 개발 노하우를 적용해볼 수 있었다. 처음 기대는 그랬다.

김동건은 엔씨소프트와의 협업이 쉽지 않다는 걸 금세 깨달았다. 결국 같은 N스퀘어 건물에 있지만 넥슨과 엔씨소프트 개발자들은 서로 거의 교류를 하지 않는 상황이 벌어졌다. 엔씨소프트와 넥슨의 개발 조직을 하나로 합쳐서 시너지를 낸다는 복안은 실패했다.

김정주가 김택진한테 "함께하자"라고 말한 건 20년도 더 된 일이었다. 사실 넥슨을 창업할 때도 송재경과 함께 김택진을 찾아가서 "함께하자"라고 말했다. 김택진이 거절했다. 보스턴에서 회사 연수를 받고 돌아온 김택진이 당장 현대를 그만두긴 부담스러웠을 것이다.

그때부터 김정주와 김택진은 같은 길을 걷는 경쟁자이자 협력자였다. 2012년으로 접어들면서 두 사람은 모두 혼자 힘으론 건너기 힘든 강을 만났다. 둘은 동맹을 맺었다. 함께 강을 건넜다. 강을 건너고 나서가 문제였다. 동맹은 20년 세월을 바탕으로 하루아침에 결정됐다. 하루아침에 하나가 되기엔 각자 20년 세월을 살아온 둘은 너무 달랐다. 빅딜은 미완의 동맹이었다.

디즈니의 길, 넥슨의 길

저마다 개성도 취향도 연령도 다양한 사람들이지만 단번에 한가지 이미지로 만들 수 있는 방법이 있다.

어떻게?

이렇게!

모두 미키마우스!

만화영화에 등장했던 수많은 주인공 중 가장 단순한 모양만으로 전 세계인들의 감성을 하나로 모을 수 있는, 이른바 몰입 효과에 있어 미키마우스를 능가할 만한 게 또 있을까?

게다가 미키마우스는 이제 곧 한 세기를 맞이하게 될 긴 세월을 거치면서 사람들과 꾸준히 함께했고 지금도 여전히 그 속에서 살고 있다.

왠지 밉지 않죠?

월트 디즈니가 만화가 어브 아이웍스와 의기투합해서
동그란 귀를 가진 생쥐 캐릭터를 만들면서 시작된 살아 있는 판타지.
사람들에게 꿈과 희망을 주고 감동을 선사하고 싶어 하는
콘텐츠 제작자와 사업가치고 디즈니를 부러워하지 않을 사람이 있을까?
디즈니 같은 회사의 길을 따라 걷고 싶지 않은 회사가 어디 있을까?
뭘 준다 해도 바꾸지 않을 미키마우스를 가졌고,
그 외에도 때가 되면 어김없이 세계 어린이들의 마음을 사로잡는 캐릭터와 이야기를
끊임없이 만들어내는 꿈같은 회사.

굳이 꿈을 준다고 애써 설명하지 않아도

너에게 꿈과 용기를 주고 싶어.

됐고, 아이템이나 주고 가.

누구나 디즈니에는 특별한 꿈이 있다고 믿으며

와! 문 열었다.

거기서 선보이는 콘텐츠를 누리는 데 지불하는 비용을 결코 아까워하지 않는다.
그런 디즈니의 길을 어떻게 하면 따라갈 수 있을까?

아무래도 테마파크가 있어야겠지?

과연? 테마파크로 나쁜 짓 하는 회사도 있어.

따라갈 길을 알면 누구나 다 하게?

디즈니가 부럽다고 해서 따라갈 수 있는 게 아냐.

김정주 사장 역시 디즈니를 선망하긴 마찬가지지만
그에게 디즈니는 그저 좋은 꿈일 뿐이다.

카트 놀이동산 하나
만드시죠?

애니메이션을
제작하시든지?

디즈니를 따라갈 길을 찾을 방도도
없을뿐더러 그 길은 오직
디즈니의 길이기 때문이란다.

No!

오래전 월트 디즈니가 미키마우스를 만들면서
커다란 꿈은 꾸었겠지만
지금과 같은 회사가 될지 과연 알았을까?

김정주 사장은 넥슨이 앞으로 100년 정도 후에
어떤 회사가 되었으면 하는 바람은 있지만
정확하게 그 회사의 형태가 어떤 것일지는
자기가 선택하고 그림 그리는 것이
아니라고 한다.
그저 자기에게 주어진 30년 정도의 길을
알차게 걸어갈 뿐.
그리고 어쩌면 다음 세대에라도
모두에게 오래 사랑받는
디즈니 같은 회사가
되길 바라면서.

넥슨? 지금은 게임 회사야.

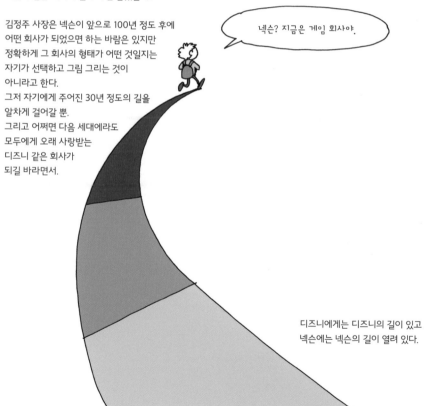

디즈니에게는 디즈니의 길이 있고
넥슨에는 넥슨의 길이 열려 있다.

가지 않은 길

13장

정체기

변하는 세상 속
전설들의 귀환

9년 만이었다. 정상원과 김정주는 무려 9년 동안이나 서로 얼굴을 안 보고 지냈다. 처음엔 정상원이 김정주를 피했다. 의견 차이가 감정싸움이 됐다. 차이는 잊혔다. 감정만 남았다. 나중엔 정상원도 김정주도 서로를 만날 여유가 없었다. 사느라 바빴다. 김정주는 경영하랴 연극하랴 여념이 없었다. 정상원은 네오위즈에서 〈피파 온라인〉을 개발하면서 온라인 축구 게임의 기술적 문제를 해결해나갔다. 10년 가까운 세월이 흐르는 동안 김정주는 으뜸가는 주식 부호가 됐다. 정상원은 제일가는 게임 개발자가 됐다.

2013년 7월 8일이었다. NXC는 넥슨컴퓨터박물관 개관식을 제주도에서 열었다. 150억 원이나 들여서 아시아 최초의 컴퓨터 박물관을 마련한 것이다. 컴퓨터 박물관은 김정주가 주도한 기획이다. 온라인 게임은 인터넷상에서만 존재한다. 생물처럼 끊임없이 변한다. 그만큼 흩어지고 잊히기 쉽다. 송재경이 〈바람의나라〉의 소스 코드를 처음 컴퓨터에 입력하기 시작한 게 1994년이었다. 1994년판 〈바람의나라〉가 어떤 모습이었는지는 이제 송재경도 모른다. 지난 20년 동안 서비스하면서 〈바람의나라〉는 무수히 변했다. 넥슨은 〈바람의나라〉에서 출발했다. 넥슨이 지속 가능한 회사가 되려면 넥슨의 유산을 유지하고 계승하고 발전시켜야 한다. DNA의 원형질을 보존하고 기억할 필요가 있다. 넥슨은 컴퓨터 박물관을 통해 한국에선 아직 생소한 온라인 아카이빙을 시도했다.

박물관 개관식의 하이라이트는 〈바람의나라〉 복원 계획 발표였다. 1996년판 〈바람의나라〉를 원형 그대로 복원해낸다는 계획이었다. 온라인 게임 역사상 처음 시도되는 일이었다. 무한히 업그레이드만 반복하는 시대에 발상의 전환이었다. 자연히 〈바람의나라〉의 초기 개발자들이 제주도 박물관에 모이게 됐다. 김정주와 송재경과 정상원과 서민이 한자리에 모였다. 원작자인 김진 작가도 함께했다. 역전의 용사들이 다 같이 제주도에서 하룻밤을 보냈다. 넥슨의 첫 번째 사무실이었던 역삼동 성지하이츠II 2009호로 다시 돌아온 것만 같았다. 밤새 이야기꽃을 피웠다.

9년 만에 다시 만난 김정주와 정상원 사이엔 이제 아무런 감정도 남아 있지 않았다. 추억만 남아 있을 뿐이었다. 두 사람은 밤새 속 깊은 대화를 나눴다. 김정주는 정상원이 필요하다고 느꼈다. 20년이나 지났는데도 정상원은 여전히 게임 개발에 대한 순수한 열정을 갖고 있었다. 지금 넥슨한테 필요한 건 정상원의 노련함과 순수함이었다. 김정주는 대뜸 정상원한테 말했다. "그러지 말고 다시 넥슨 안으로 들어와."

정상원은 이미 넥슨과 일하고 있었다. 네오위즈에서 독립한 정상원은 떵소프트를 차렸다. 두 번째 떵소프트였다. 첫 번째 떵소프트는 네오위즈에 인수 합병됐다. 서민 넥슨코리아 사장은 정상원 대표의 떵소프트 2.0이 만드는 게임에 일부 투자를 했다. 그렇게 정상원은 넥슨과 다시 손을 잡았다.

정상원은 분명 거물 개발자였다. 정상원이 어디로 움직이느냐에 따라 게임 개발사들의 세력 판도가 뒤바뀔 정도였다. 김정주도 그걸 알고 있었다. 제주도의 푸른 밤, 김정주는 정상원한테 아예 하나가 되자고 제안했다. 넥슨의 개발 조직을 좀 추슬러달라고 부탁했다. 정상원밖엔 없었다. 정상원도 흔쾌히 받아들였다. 거물의 무게가 다시 넥슨으로 쏠렸다.

급성장하는 모바일 게임

김정주와 정상원의 재결합은 그저 낭만적인 선택이 아니었다. 현실적이고 계산적인 결정이었다. 2013년 상반기에 송재경이 야심 차게 준비한 블록버스터 MMORPG 〈아키에이지〉를 공개했다. 김정주에 이어 김택진과도 결별한 송재경은 2003년 엑스엘게임즈를 차렸다. 엑스엘게임즈에서 송재경이 처음 들고나온 게임은 온라인 레이싱 게임 〈XL1〉이다. 〈리니지〉의 아버지 송재경이 MMORPG 대신 레이싱 게임에 도전했다는 것부터가 의외였다. 〈XL1〉은 소니의 콘솔 레이싱 게임인 〈그란 투리스모〉에 필적하는 온라인 레이싱 게임을 만든다는 야심 찬 기획이었다. 정작 〈XL1〉은 참패한다. 송재경은 오랜 슬럼프를 이겨내야 했다.

〈아키에이지〉는 송재경의 장기를 살려 만든 대작 MMORPG였다. 〈리니지〉는 전쟁이 테마였다면 〈아키에이지〉는 무역이 주제였다. 송재경은 끊임없이 자신이 창조한 〈바람의나라〉와 〈리니지〉를 능가하려고 애쓰고 있었다. 어쩌면 송재경의 라이벌은 송재경이었다. 쉽진 않았다. 〈아키에이지〉는 기대만큼 흥행에 성공하진 못했다.

정상원은 송재경을 보면서 위기감을 느꼈다. 2013년 한국 온라인 게임 시장은 최악의 빙하기로 접어들게 됐다. 엑스엘게임즈의 〈아키에이지〉뿐만이 아니었다. 엔씨소프트의 〈블레이드앤소울〉도 흥행 성적이 기대만 못했다. 결과적으로 대작 온라인 게임에 대한 투자 의욕이 크게 꺾였다. 정상원은 게임으로 대박을 내기는커녕 게임을 끝까지 완성하기도 어려워졌다고 느꼈다. 아무도 리스크를 감수하려고 하지 않았다.

대신 모바일 게임에 대한 기대 심리만 높아졌다. 〈애니팡〉이나 〈쿠키런〉 같은 모바일 게임들이 대박을 터뜨리면서 너도나도 모바일 개발에 뛰어들었다. 게임빌, 컴투스 같은 신흥 모바일 게임사들이 급성장하고 있었다. 슈퍼셀 같은 해외 업체의 질주도 눈부셨다. 심지어 넷마블처럼 모바일에 연착륙한 온라인 게임사도 등장했다. 정상원은 모바일 게임의 득세가 또 다른 위기의 징후라고 생각했다. 모바일 게임은 투자자들을 더 소심하고 조급하게 만드는 경향이 있었다. 모바일 게임은 개발 기간보다도 흥행 기간이 짧다. 온라인 게임처럼 10년이고 20년이고 운영할 수가 없다. 대충 만들어서 빨리 결과를 보려는 단기 투자자들이 득세할 수밖에 없다. 자칫 한국 게임의 전반적인 질적인 저하를 가져올 수 있었다. 정상원은 시장을 둘러봤다. 기댈 곳은 넥슨밖에 없었다. 온라인 게임에 꾸준히 투자를 계속할 양질의 투자자는 넥슨뿐이었다.

가지 않은 길

김정주한테 정상원은 우선 개발 쪽 난맥을 풀어줄 해결사였다. 넥슨이 게임 개발 부진에 시달리게 된 건 단순히 넥슨 내부 개발 조직이 못해서만은 아니었다. 아무리 넥슨이 커도 세상의 모든 게임 아이디어를 독점할 순 없다. 진짜 좋은 아이디어는 게임 생태계 안 어디에서 나올지 알 수 없다. 넥슨은 게임 생태계를 독점하는 게 아니라 게임 생태계와 공생하는 허브 역할을 해야만 했다. 새로운 게임 아이디어가 넥슨으로 기꺼이 흘러들게 만들어야 했다. 넥슨이 더 열린 조직이 돼야 했다. 오픈 이노베이션이었다. 정상원이 개발 조직을 이끌던 시절의 넥슨이 그랬다. 넥슨의 괴물 같은 개발력의 근간은 성과나 보상 같은 제도에 힘입은 게 아니었다. 회사 내외부에 작지만 효율적인 개발 생태계를 조성하는 데 성공했기 때문이었다. 개발자들은 촘촘한 인간적 신뢰로 묶여 있었다. 작은 생각들이 수시로 오갔다.

이승찬과 김진만이 〈메이플스토리〉를 만들기 위해 위젯을 창업했을 때였다. 김진만과 이승찬은 양정중학교 동기 동창이다. 형제 사이나 다름없었다. 김진만이 대학에서 시각디자인을 전공한 것도 이승찬의 미대생 친누나가 권유해서였다. 〈메이플스토리〉의 아기자기함은 김진만의 영향이 컸다. 김진만은 레고, 만년필, 시계, 자동차까지 온갖 것들에 호기심이 많은, 취향이 풍부한 사람이다.

이승찬과 김진만은 세강빌딩 뒤편에 한 뼘 남짓한 사무실을 얻었다. 사무실 집기를 사준 건 다름 아닌 넥슨의 선배 개발자들이었다. 냉장고는 강신철이 사줬다. 김정주는 에어컨을 달아줬다. 이승찬이 〈메이플스토리〉를 넥슨에 매각하기로 결심한 건 사실상 게임 개발이 넥슨의 테두리 안에서 이뤄졌기 때문이었다. 김정주가 이승찬한테 〈메이플스토리〉를 매각하라고 졸라댈 수 있었던 것도 그래서였다. 이렇게 게임 생태계 속에 넥슨이 깊숙이 밀착돼 있었다.

정상원은 넥슨이 잃어버린 개방형 생태계를 복원할 적임자였다. 넥슨 초창기에 혁신 생태계가 제대로 작동할 수 있었던 건 김정주와 정상원의 역할 분담 덕분이었다. 김정주는 직원 면담이 필요하면 회사로 전화를 걸어서 근처 맥도날드로 한 사람씩 불러내곤 했다. 넥슨에서 사무실은 회사가 아니라 작업장에 가까웠다. 회사가 하라는 대로 하는 게 아니라 이것저것 개인이 해보고 싶은 걸 해볼 수 있는 장비가 갖춰진 곳이었다. 어차피 회사 눈치 볼 것도 없었다. 사장은 아침부터 맥도날드에 있었다.

동시에 개발자들 한 사람 한 사람의 의욕을 북돋아주고 조율하는 역할은 정상원이 했다. 정상원은 지휘자처럼 전체 개발 조직의 균형을 유지했다. 정상원은 뛰어난 게임 개발자인 동시에 유연한 조직 관리자였다. 정상원은 보이지 않는 곳에서 사람과 사람을 이어주는 인맥의 허브 역할을 했고 큰형님으로서 조직의 문화를 빚어냈다. 김정주와 정상원은 아빠와 엄마였다. 덕분에 넥슨은 애들이 늘 어디로 튈지 모르는 두서없는 조직이면서도 서로 신뢰하고 소통하는 최소한의 소속감을 가진 유연한 조직이 됐다. 넥슨이 수직형 조직의 장점과 수평형 조직의 장점이 결합된 사선형 조직이 된 건 김정주와 정상원의 콤비 플레이 덕분이었다. 넥슨의 혁신 DNA는 컴퓨터 소스 코드나 재무제표나 인센티브 수치가 아니라 바로 조직 사이사이에 숨어 있었다. 김정주는 정상원과 함께 다시 한번 이런 조직을 만들어볼 작정이었다.

전설의 역설

넥슨에 돌아온 정상원은 낯이 설었다. 아직 직함은 띵소프트 대표였지만 역할은 더 커져 있었다. 낯설었던 건 넥슨에 아는 얼굴이 얼마 없어서가 아니었다. 다들 너무 만족스러워 보였다. 그러면서도 자신감은 없었다. 회사가 해준 게 뭐가 있느냐며 들이받던 패기도 사라졌다. 패기는 곧 자신만만함이었다. 예전 넥슨은 불만이 가득했지만 자신감으로 충만했다.

정상원은 삼성동에 있던 띵소프트 사무실을 아예 정리하고 판교에 있는 넥슨 신사옥 옆으로 옮겨 와 있었다. 〈메이플스토리〉의 하락세를 지켜보면서 정상원은 올 것이 왔다고 느꼈다. 주구장창 갈 줄 알았던 〈메이플스토리〉가 흔들리면서 넥슨의 미래에도 마침내 진짜 빨간불이 켜졌다.

정상원은 〈메이플스토리〉가 모바일 변화에 맨 먼저 직격탄을 맞았다고 분석했다. 김진만도 〈메이플스토리〉 사태를 예의 주시하고 있었다. 김진만은 2010년부터 〈메이플스토리 2〉를 준비하고 있었다. 당연히 〈메이플스토리〉의 위기가 남의 일이 아니었다. 분명한 건 〈메이플스토리〉의 위기가 〈메이플스토리 2〉 개발에 속도를 붙여줬단 사실이었다. 2013년 하반기쯤 되자 〈메이플스토리 2〉에 넥슨의 이목이 집중됐다.

김진만은 성공과 실패를 모두 경험했다. 게임 개발자로선 돈 주고도 사기 어려운 경험을 했다. 〈메이플스토리〉로는 대박을 쳤지만 다음에 만든 〈텐비〉로 쪽박을 찼다. 그때까지 김진만은 실패를 모르고 살았다. 뭘 하든 다 잘됐다. 위젯을 넥슨에 매각하고 2년 동안 놀다가 시메트릭 스페이스라는 회사를 차렸다. 2년 동안은 동종 업계 재취업이 금지돼 있었다.

김진만은 한가하게 놀았다. 그러곤 〈텐비〉로 포문을 열었다. 〈메이플스토리〉 덕분에 너도나도 앞다퉈 투자를 하겠다고 나섰다. 네오위즈의 투자를 받았다. 결과적으로 〈텐비〉는 게이머들한테 철저하게 외면받았다. 〈월드 오브 워크래프트〉의 라이트 버전을 만든다는 게 계획이었다. 이승찬과 김진만의 개념 속에서 〈메이플스토리〉는 〈디아블로〉의 라이트 버전이었다.

김진만은 귀여운 캐릭터가 심각한 스토리를 풀어가는 게임을 원하는 게이머들은 없다는 걸 뒤늦게 깨달았다. 천문학적인 액수를 날린 뒤였다. 자기와 이승찬만 믿고 시메트릭 스페이스에 합류한 후배들에게 미안했다. 마침 '정주 아저씨'가 시메트릭 스페이스를 사주겠다고 제안했다. 굳이 마다할 이유가 없었다. 믿고 따라와 준 후배들에게 금전적 보상이라도 해주려면 정주 아저씨의 도움이 절실했다. 김정주와 서민은 늘 비슷한 생각이었다. 옛날 사람들을 다시 모아서 뭔가 새로운 걸 해봐야 한다고 여겼다. 시메트릭 스페이스가 실패하자 김정주는 좋은 값에 회사를 인수했다. 결국 이승찬은 다시 넥슨코리아의 개발본부장이 됐다.

2010년 넥슨으로 돌아온 김진만에게 주어진 일이 〈메이플스토리 2〉였다. 서민은 김진만에게 〈메이플스토리 2〉 개발을 맡기면서 이렇게 말했다. "네가 처음부터 다시 만들어봐." 김진만은 〈메이플스토리 2〉의 문제점을 대번에 알 수 있었다. 무엇이 '메이플스토리'스럽다는 걸 미리 정의하고 시작했다. 〈메이플스토리〉를 만든 당사자인 김진만도 무엇이 '메이플스토리'다운 건지 제대로 알지 못했는데 말이다.

성공한 게임을 훼손하면 안 된다는 공포가 개발 조직을 짓누르고 있었다. 전설이 조직을 질식시키고 있었다. 전설의 역설이었다.

김진만은 자신이 만든 전설부터 무너뜨려야 했다. 전설은 무너져야 마땅했다. 2013년 여름방학에도 〈메이플스토리〉의 점유율은 좀처럼 회복되지 않았다. 〈메이플스토리〉는 넥슨도 영원하지 않다는 걸 보여줬다. 넥슨이라는 거대한 전설도 언제 붕괴될지 알 수 없었다. 이제 김진만의 〈메이플스토리 2〉가 전장에 나설 때가 다가오고 있었다.

새로운 세대의 성장

박지원은 2013년 여름 무렵 한국으로 돌아왔다. 박지원은 2005년 5월부터 넥슨 일본 법인에서 근무했다. 8년 만의 귀환이었다. 박지원은 넥슨의 판교 신사옥이 너무 낯설었다. 처음 출근하던 날 으리으리한 사옥으로 향하는 긴 출근 행렬을 목격했다. 박지원은 옆에 있던 서민 대표한테 말했다. "우리, 큰일 났는데요?"

박지원도 정상원이 느꼈던 걸 똑같이 느끼고 있었다. 박지원은 넥슨이 더 이상 배고프지 않은 회사가 돼버렸다고 느꼈다. 넥슨은 오랫동안 선릉역 이곳저곳의 오피스텔과 빌딩을 임대해서 암약해왔다. 넥슨은 하드웨어적으로도 점조직화된 회사였다. 조금만 성장하면 번듯한 사옥을 두고 꼴을 갖추기에 급급한 여느 회사와는 달랐다. 언제 어떻게든 변화하고 달라질 수 있는 아메바 같은 문화를 유지해왔다. 한국에선 유례가 없는 조직 형태였다. 그런데 거대한 사옥 앞의 질서 있는 행렬에선 넥슨만의 냄새를 맡을 수가 없었다.

그 무렵 넥슨코리아에선 김태환이 부사장으로서 갖가지 사업 부문을 챙기기 시작했다. 김태환이야 박지원과는 막역한 사이였다. 서민

사장은 개발을 최우선으로 애쓰고 있었다. 넥슨 창립 10주년 기념 사회를 봤던 신입 사원이 불과 10년 만에 넥슨의 대소사를 챙기게 됐다.

김태환은 사람에게서 해법을 찾는 사람이었다. 타고난 사회자였다. 넥슨의 조직원 한 사람 한 사람과 직접 만나 불만을 접수했다. 백 명이면 백 명 모두가 불만투성이였다. 김태환은 그들 하나하나를 조금씩 변화시키면 넥슨 전체가 달라질 수 있다고 봤다. 과거 김정주와 정상원의 방식이었다. 김태환은 특유의 친화력으로 넥슨을 끌고 나갔다.

반면에 박지원은 조직과 제도에서 해법을 찾는 사람이었다. 사람이라는 변수를 빼고 생각하는 습관이 있었다. 데이비드 리는 넥슨 일본 법인에서 박지원을 사업가로 훈련시켰다. 박지원은 음지에서 양지를 지향하는 인물로 진화했다. 최승우가 넥슨 일본 법인의 대표로 오면서부턴 개발 조직까지 관리하게 됐다. 최승우도 박지원을 아꼈다. 박지원은 전략 기획과 인수 합병에 이어 개발 관리까지 맡으면서 차근차근 경영 수업을 받아온 셈이었다.

넥슨과 싸우는 넥슨

엔씨소프트와의 동맹은 1년이 다 되도록 별다른 시너지를 내지 못하고 있었다. 그사이에 경호온라인이 핀란드 모바일 개발사 슈퍼셀을 1조 6000억 원에 인수했다는 소식이 전해졌다. 글로벌 게임 판도가 하루가 다르게 급변하고 있었다. 이제 넥슨은 쫓기는 입장이 됐다. 시간이 얼마 없었다.

그나마 〈메이플스토리 2〉의 개발이 순조롭게 진행되고 있었다. 김진만 역시 엔씨소프트와 함께 〈메이플스토리 2〉를 만들어보려고 했다.

가지 않은 길

김택진도 〈메이플스토리 2〉를 보고 넥슨을 부러워할 정도였다. 그러나 정작 두 회사의 시너지는 쉽지 않았다. 김진만은 그냥 하던 대로 독자적으로 〈메이플스토리 2〉를 개발했다. 사무실은 엔씨소프트와 함께 썼지만 실질적으론 별동 부대에 가까워졌다. 〈텐비〉의 실패 덕분에 김진만은 자신의 장단점을 제대로 파악할 수 있게 됐다. 더 이상 과욕을 부리지 않았다. 자신이 가장 잘할 수 있는 것에만 집중했다.

〈메이플스토리 2〉의 가장 큰 특징은 게이머가 맵을 스스로 개발할 수 있다는 점이었다. 〈마인크래프트〉의 개념을 차용했다. 레고처럼 맵을 조립하고 스스로 캐릭터나 의상도 제작할 수 있었다. 레고 마니아인 김진만의 취향이 그대로 드러났다. 김진만의 판교 집 지하엔 거대한 레고 세상이 꾸며져 있다. 서랍마다 수많은 레고 부품들이 일목요연하게 정리돼 있다. 완성된 레고는 없다. 만들면 부숴버리기 때문이다. 그렇게 끊임없이 재창조되는 게 〈메이플스토리 2〉의 특징이다. 김진만의 성격이다.

사업 부서의 박지원과 김태환도 개발 부서의 김진만과 비슷한 걸 느끼고 있었다. 〈메이플스토리〉만이 〈메이플스토리 2〉의 정답이냐는 김진만의 질문과 다르지 않았다. 박지원과 김태환도 결국 과거를 재현할 게 아니라 과거를 초월하는 게 정답이라고 느끼게 됐다. 예전에도 제도와 운영이 잘돼서 성공했던 게 아니었다. 박지원은 그 모든 게 한낱 총체적 우연일 수도 있었다고 봤다. 그렇다면 지금도 새로운 방식으로 성공하면 그만이었다.

박지원과 김태환은 사실상 데이비드 리가 키워낸 사업가들이었다. 그들이 데이비드 리한테 배운 건 분명했다. 넥슨 초창기 10년은 역사일 뿐 전설은 아니란 사실이었다.

박지원이 김태환을 처음 본 건 세브란스병원에서였다. 신입생이었던 김태환을 친구들이 행가래 해주다가 놔버렸다. 바닥에 떨어진 김태환의 앞니 하나가 부러져버렸다. 피투성이가 된 김태환을 박지원이 챙겨줬다. 둘은 신촌에 있는 '인터매니아'라는 PC방에서 매일 게임을 즐겼다. 넥슨엔 박지원이 먼저 입사했다. 다음에서 일하고 있던 김태환을 넥슨으로 부른 것도 박지원이었다.

박지원과 김태환의 관계는 김정주와 송재경의 관계와 닮아 있었다. 대학교 때부터 같은 생각을 했고 결국 같은 배를 탔다. 서로 다른 성향 때문에 다른 길을 갔지만 결국 만나게 돼 있었다. 사업은 결국 이런 인연에서 시작된다. 넥슨이 정체기에 빠진 건 어쩌면 환경이나 제도의 문제가 아니었다. 넥슨 초창기에 사람들을 이어줬던 인적 네트워크가 약화됐기 때문이었다. 온라인 게임 초기엔 모두가 서로 얽혀서 생각들을 공유했다. 사람과 사람 사이에서 새로운 생각들이 등장했다. 넥슨에서 사라진 건 그런 인연이었다.

박지원과 김태환이 그걸 새로 만들어가고 있었다. 그것도 과거와는 다른 자기들만의 이야기였다. 세대교체의 시기가 다가오고 있었다.

김정주는 글로벌 인맥을 쌓기 위해 전 세계를 떠돌아다녔다. 어제는 〈앵그리 버드〉를 개발한 로비오 경영진을 만나러 핀란드에 갔다가 오늘은 〈이브 온라인〉을 만든 CCP 사람들을 찾아 아이슬란드 레이캬비크에 가는 식이었다. 항공기가 닿지 않는 곳에는 배를 타고 헬기를 한 번더 타고라도 찾아갔다. 어디를 가더라도 뭔가 더 없을까 찾느라 어떤 때는 하루를 꼬박 배에서 보내기도 했다. 김정주는 돈만 있다고 인수 합병이 성사되는 게 아니란 사실을 누구보다 잘 알고 있었다. 글로벌 시장에서 키플레이어로 인정받는 게 필요했다. 그러자면 실력과 명성과 신뢰와 인맥을 모두 키워야 했다. 시간이 필요했다.

게임의 법칙 3

스티븐 존슨 같은 저널리스트는 게임의 순기능으로 지능 개발, 뇌 활동 증진 등의 예를 들지만
그런 관점은 오히려 게임의 잠재력을 지나치게 좁게 해석하는 궁색한 변명이다.

게임 하면 머리 좋아진다고
이 책에 쓰여 있잖아요?

『바보상자의 역습』

그렇게 똑똑한 사람은 왜
글을 써서 책 장사를 할까?

기능보다는 오히려 게임이라는 장르가 가진
더 많은 가치를 탐구해봐야 하지 않을까?

어떻게 하면
엄마를 설득할 수
있을까?

생산적 활동을 위한 여흥이면서 동시에
그 자체로 생산적인 활동이라든가,

게임으로
돈을 벌 거라고
해봐.

게임이 가지고 있는 문학적 잠재력에
주목하는 건 어떨까?

나한테 묻하저 자진이???

얘 기쩠니. 또밍기찌.

전통적인 형태의 문학은 작가가
글을 마치면서 이야기가 완성되지만

다 썼다.

게임은 만드는 자가
자기 아이디어와 작품을
세상에 내어놓는 순간부터
독자, 즉 사용자들에 의해
글쓰기가 비로소 시작되는
양방향성 문학의
대표적인 예다.

예전에 '아타리'라는 게임 회사가 있었다.

최초의 아케이드형 전자 게임 〈퐁〉을 만들어 세계 게임 산업을 선도했던 전설적인 회사였다.

아타리!

스티브 잡스도 한때 우리 회사 직원이었어.

놀런 부시넬이 이끌던 아타리는 히트작들을 계속 내놓으면서 승승장구했지만 몰락의 길을 걸었던 짧은 과정 또한 가히 전설이었다.

나는 동전 먹는 귀신이었어.

우리가 하는 실험들은 대부분 성공했고 매출은 거의 수직으로 상승했어.

Nolan Bushnell

회사에 대한 대중의 기대가 가장 컸을 때에 아타리는 느닷없이 쓰러졌다.

앗! 죽었다.

연이어 아타리를 뒤따르던 게임 시장의 많은 회사들이 덩달아 쓰러졌다.

게임 산업 전반이 얼어붙고 대중의 관심도 사라졌던 그 사건을 지금도 '아타리 쇼크'라고 부른다.

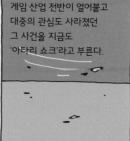

아타리는 왜 망했을까?

돈이 웬수였다. 성의 있게 게임을 만들지 않아도 돈을 지불할 소비자들이 널렸다고 생각한 회사는 조악하게 쑤셔 넣은 게임 패키지를 크리스마스 시즌에 맞춰 서둘러 출시했고, 그 하나의 게임이 대중과 게임 업계 사이에 거대한 불신의 벽을 만드는 데까진 몇 개월이 걸리지 않았다. 창의성과 문학적 서사보다 비즈니스 감성에 우선 순위를 둔 참담한 결과였다.

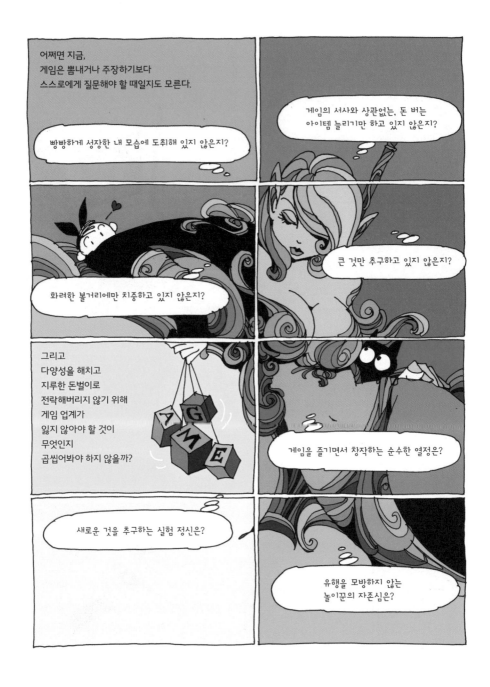

어쩌면 지금,
게임은 뽐내거나 주장하기보다
스스로에게 질문해야 할 때일지도 모른다.

게임의 서사와 상관없는, 돈 버는
아이템 늘리기만 하고 있지 않은지?

빵빵하게 성장한 내 모습에 도취해 있지 않은지?

큰 것만 추구하고 있지 않은지?

화려한 볼거리에만 치중하고 있지 않은지?

그리고
다양성을 해치고
지루한 돈벌이로
전락해버리지 않기 위해
게임 업계가
잃지 않아야 할 것이
무엇인지
곱씹어봐야 하지 않을까?

게임을 즐기면서 창작하는 순수한 열정은?

새로운 것을 추구하는 실험 정신은?

유행을 모방하지 않는
놀이꾼의 자존심은?

모든 문화의 새 경향이 그랬던 것처럼
새로운 것들은 그것에 익숙하지 않은기성세대에게 반발을 일으킨다.
하지만 그런 반감이 한 장르의 문화를
몰락하게 만드는 원인이 되었던 적은 없다.

게임을 몰락하게 할 수 있는 것은
외부의 비난이나 질시가 아니다.
오히려 그런 비판은 귀 기울여야 할 경종이며
섭취해야 할 비타민이다.

다양한 결실을 맺기 위해 필요한 것은
순수한 열정의 뿌리.

게임으로 인해 산업이
생겨나지만 게임 스스로는
제품이기 전에 작품이라고
여기는 자부심.

그리고
문학적 자질을
계속 일깨우는 것.

병은
풍요를 먹으면서
탐욕과 함께
안에서
자라는 것이다.

혁신의 딜레마

성공의 역설은 성공한 기업이라면 결코 피해 갈 수 없는 함정이다. 과거의 성공 방정식을 답습하고 싶어 하는건 기업의 본능이다. 그래서 더 빨리 실패한다는 게 성공의 역설이다. 성공의 역설은 기업의 관료화와 짝을 이룬다. 변화를 두려워하게 된 조직은 과거의 성공을 이상화하고 자신의 과거를 답습하는 자기 복제를 시작한다.

넥슨 역시 성공의 역설에 빠졌다. 넥슨은 성공의 역설을 전설을 무너뜨리는 방식으로 돌파했다. 이제까지 넥슨이 해왔던 선택들을 냉철하게 바라볼 수 있는 사람들로 새로운 경영진을 꾸렸다. 개발의 정상원과 사업의 박지원은 넥슨 바깥에서 넥슨을 볼 줄 아는 경영자들이다. 동시에 넥슨의 성공 방정식에 얽매이지 않을 수 있는 세대들이다. 무엇이 넥슨스러운 것인지 알지만 넥슨이라면 이래야 한다는 강박에 시달리지 않아야 넥슨을 혁신할 수 있었다. 성공의 역설을 극복하는 유일한 방법은 이렇게 적절한 세대교체뿐이다.

모바일 게임의 부상은 넥슨을 궁지에 몰아넣었다. 게임 업계에선 온라인 게임의 시대는 끝났다고 아우성들을 쳐댔다. 새로운 기술이 등장하면 과거의 기술들은 모조리 도태될 거란 공포가 확산된다. 기술 기업의 경영자는 우선 시장의 공포를 이겨낼 줄 알아야 한다. 자신의 캐시카우가 쓰러지는 순간에도 공포에 맞선다는 건 쉽지 않은 일이다. 넥슨의 경우 〈메이플스토리〉가 흔들릴 때 이런 공포를 맛봤다.

새로운 기술이 완벽하게 과거의 기술을 폐지한 경우는 많지 않다. 오히려 과거의 기술과 새로운 기술이 병존하는 경우가 더 많다. 인터넷이 종이 매체를 없애버릴거란 걱정은 기우였다. 전기 자동차가 당장 내연기관을 멸종시킬 거란 기대도 섣불렀다. 패러다임이 바뀌지 않는 한 신기술은 과거의 기술과 공존하기 마련이다. 패러다임이 바뀌어도 과거의 기술 축적이 신기술 개발의 재료가 되는 경우도 많다. 연금술은 화학에 대한 이해가 부족했던 과거 패러다임의 산물이었다. 산업혁명 이후 근대 화학은 연금술로 축적된 지식에 많은 빚을 졌다. 적어도 온라인 게임과 모바일 게임은 패러다임 전환이 아니었다. 게임이라는 콘텐츠를 PC라는 그릇에 담을 것이냐 스마트폰이라는 기기에 담을 것이냐의 차이일 뿐이었다.

넥슨은 모바일 혁신에는 뒤쳐졌지만 온라인 게임의 흐름까지 놓치지는 않았다. 결국 거기서 반격의 기회를 찾아냈다. 넥슨이 뒤늦게나마 모바일을 따라잡으면서 포트폴리오도 다양해졌다. 위기의 돌파구는 항상 자신의 차별화된 경쟁력이 무엇인지에서 찾아야 한다. 자신의 핵심 역량이 무엇인지 파악해야 전진할 수 있다. 신흥 모바일 회사처럼 가볍게 만들어서 카카오로 유통시키는 게 넥슨의 핵심 역량일 순 없다. 그걸 깨달으려면 우선 시장의 공포부터 이겨내야 한다.

넥슨은 입사와 퇴사가 비교적 자유로운 기업이다. 퇴사자가 재입사하는 경우가 적지 않다. 사실 한국의 많은 대기업들이 퇴사자의 재입사에 부정적이다. 신의 성실의 의무를 들먹이는 경우도 많다. 인재를 피아로 구분하는 사고방식이다. 넥슨은 개방형 혁신 생태계를 지향하는 기업이다.

게임 산업과 넥슨의 경계가 모호할수록 개방형 혁신의 성공 가능성도 높아진다. 인재는 언제나 들고 날 수 있다. 다만 나갔던 인재는 스스로 더 성장해서 돌아와야 한다. 그때 회사는 기꺼이 더 비싼 몸값을 지불해준다. 지금까지 넥슨을 성장시킨 인재들 가운데 상당수가 한때는 넥슨을 매몰차게 떠났던 사람들이라는 건 우연이 아니다.

김정주의 최대 장기가 이것이다. 김정주는 퍼즐을 맞추듯 인재와 기술과 자본을 조합한다. 한 번 맞춰봤던 퍼즐이라고 해서 쓸모없어지는 게 아니다. 언제 다시 필요해질지 모른다. 기업이라는 미완성의 퍼즐판 위에서 끊임없이 조각을 맞춘다. 나갔던 퍼즐 조각도 다시 불러올 수 있다. 과거에는 안 맞았던 퍼즐 조각이 맞아떨어지는 경우도 왕왕 있다. 퍼즐이 세월에 깎이고 넥슨이라는 퍼즐판의 구조가 또 바뀌기 때문이다. 사람은 변하고 판은 바뀐다.

14장

세대교체

새로운 성공 방정식의
실험

2014년 2월이었다. 박지원은 김정주와 벌써 몇 달째 실랑이를 벌이고 있었다. 김정주는 박지원을 넥슨코리아의 대표로 선임할 작정을 했다. 그러자 박지원은 김정주에게 장문의 메일을 보냈다. 왜 자신이 대표를 맡아선 안 되는지를 길게 적었다. 박지원은 지금 넥슨이 처한 위기의 근원이 개발 동력 상실에 있다고 지적했다. 흔히 넥슨은 인수 합병으로 성장했다고 평가한다. 절반만 맞는 말이다. 넥슨이 과감한 인수 합병을 성공시킬 수 있었던 건 탄탄한 내부 개발력이 뒷받침됐기 때문이었다. 개발 조직 없이 투자와 협상만으로 성장한다는 건 사상누각에 불과하다. 데이비드 리는 넥슨이 그렇게 갈 수밖에 없다고 봤다. 데이비드 리의 후예인데도 박지원의 생각은 좀 달랐다. 박지원은 개발 회사로 출발한 넥슨이 개발력을 회복하려면 상징 차원에서라도 대표를 개발자 출신으로 선임해야 한다고 주장했다. 대표 자리를 고사하는 박지원의 명분이었다. 또 진심이었다. 대신 박지원은 김태환과 자신이 자리를 맞바꿔서 어둠의 세계에서 보이지 않게 일을 계속하겠다고 약속했다.

　김정주의 생각은 달랐다. 대표가 개발자냐 아니냐가 중요한 게 아니었다. 넥슨은 강력한 개혁가를 필요로 했다. 사람이라는 변수에 얽매이지 않고 필요하다면 얼마든지 조직에 칼을 댈 수 있어야 했다. 이번엔 박지원한테 힘을 몰아줘야 한다고 봤다. 박지원도 김정주의 논리를 간파했다. 그래서 한동안 도망 다니다시피 했다. 하지만 박지원은 김정주의 의사 결정 스타일을 누구보다 잘 알고 있었다. 일단 몇 차례 이메일이 오고 가면 결국 자신이 대표를 맡을 수밖에 없을 거란 사실을 알고 있었다. 포위망은 서서히 좁혀져오고 있었다.

방에서 나온 대표

　박지원은 데이비드 리와 연락을 주고받아 온 몇 안 되는 넥슨 임직원이었다. 박지원한테 데이비드 리는 사수였다. 박지원은 데이비드 리와 상의했다. 데이비드 리는 농담처럼 말했다. "연봉은 많이 준다냐?" 데이비드 리는 답을 줬다. "해봐. 해도 될 것 같다." 박지원은 최승우한테도 연락했다. 박지원은 수년 동안 넥슨 일본 법인에서 최승우의 오른팔이었다. 최승우답게 한마디만 했다. "고생해라." 최승우는 박지원을 데리고 술을 마시러 갔다. 그래도 박지원은 끝까지 고사했다. 박지원은 이제 겨우 30대 후반이었다. 대표 자리 몇 년 하고 나면 갈 곳이 없었다. 주변 친구들은 "치킨집 할 차례"라고 놀렸다.

　박지원은 분명 데이비드 리부터 최승우까지 넥슨 비개발 사업부가 키워낸 최고의 후계자였다. 데이비드 리의 유산과 최승우의 유산을 모두 접목할 수 있는 유일한 인물이었다. 김정주도 그걸 알고 있었다. 데이

가지 않은 길

비드 리와 최승우도 모르지 않았다. 그건 개발과 비개발의 균형 감각을 되살릴 수 있는 인물이란 의미였다.

박지원이 판교 사옥에 출근했을 때였다. 정상원한테서 메일이 한 통 와 있었다. "축하합니다." 인사 발령이었다. 오웬 마호니 넥슨 일본 법인 CFO가 넥슨 일본 법인의 CEO를 맡았다. 박지원이 넥슨코리아의 대표를 맡았다. 정상원이 넥슨코리아의 개발을 총괄하게 됐다. 박지원은 올 것이 왔구나 싶었다. 입사 11년 만이었다. 그동안 네 번쯤 넥슨을 떠나려고 했다. 데이비드 리가 나갈 때도 따라 나갈 작정을 했다. 이제 진짜 마지막 자리였다.

2014년 3월이었다. 박지원은 대표로 취임하자마자 자리부터 바꿨다. 창가에 거창하게 자리한 대표실에서 뛰쳐나왔다. 바깥 일반 직원들 자리 한가운데에 책상을 놓고 앉았다. 대표가 그렇게 하자 다른 임직원들은 좌불안석이었다. 박지원은 판교 사옥 자체가 마음에 안 들었다. 꽉 막힌 조직에서 조금이라도 벗어나려면 대표실을 없애버리는 수밖에 없었다. 최승우한테 배운 부분도 있었다. 박지원은 최승우한테서 "일단 부딪히고 보라"라는 말을 자주 들었다. 최승우는 언제나 맨땅에 헤딩하듯이 해외 시장을 개척했다. 되든 안 되든 일단 가서 보면 그나마 성공 확률이 올라갔다. 박지원은 최승우의 과단성을 닮았다.

박지원이 맨 먼저 겨냥한 건 넥슨의 관료주의였다. 넥슨은 어느새 직책이 중요한 회사가 돼버렸다. 본부장과 실장이 즐비했다. 우선 본부장들부터 하나씩 면담을 했다. 각자의 업무에 대해 꼬치꼬치 캐물었다. 자기 본부의 업무조차 제대로 파악하지 못하는 본부장도 있었다. 실장들도 다르지 않았다. 자리는 있지만 해야 할 업무는 사라진 이들이 곳곳에 산재했다. 문제가 심각했다.

박지원은 일본에서부터 사람 대신 객관적 자료로 상황을 파악하는 데 익숙해 있었다. 본부장 직책과 실장 직책을 과감하게 개편하기 시작했다. 박지원이 없애고 싶었던 건 관료주의뿐만 아니라 평등주의도 있었다. 넥슨은 상승 욕구가 강한 회사였다. 밑에서 위로 치받는 힘이 강했기 때문에 위에서도 언제나 긴장했다. 이 상승 욕구가 사라지고 대신 평등주의가 만연한 상태였다. 넥슨을 다시 배고픈 회사로 만들어야 했다.

게임 회사는 유연한 조직이 필수다. 평범한 개발자들도 게임 개발에 성공하면 금세 실장도 되고 본부장도 되는 구조여야 한다. 예전엔 서른 중반이면 실장이 됐지만 지금은 그 나이가 점점 늦어지고 있었다. 조직이 커지자 안정을 좇는 이들도 늘어났고, 이는 결국 조직의 노화를 부추겼다. 박지원은 이걸 뜯어고쳐야 한다고 봤다. 조직 내 서열 이동이 활발해야 변화 욕구도 커질 수 있었다. 실제로 본부장 자리를 대거 없애고, 작은 팀 체제를 복원했다. 의사소통의 절차도 최소화했다. 골리앗 넥슨은 다시 작아져야 했다. 자기 자신도 대표 임기가 끝나는 몇 년 뒤면 넥슨을 떠나야 한다. 다니는 동안 최선을 다해 최대의 개발을 하고 그 성과를 갖고 나가야 한다. 보상을 안 받는 대신 싸우지도 않겠다는 직원은 필요 없었다. 넥슨의 야성을 일깨워야 했다.

검투사 개발자들

정상원도 같은 생각이었다. 사실 정상원을 개발총괄로 끌어다 앉힌 건 오웬이었다. 오웬 마호니는 EA 시절부터 정상원을 알고 있었다. 오웬 마호니는 넥슨에 합류하기 전 EA에서 오래 일했다. 정상원이 〈피파 온라인〉을 개발하는 걸 보면서 실력을 인정했다. 오웬 마호니는 넥슨 일본 법인의 대표를 맡으면서 한국의 개발 조직을 정상원한테 맡겨야겠다고 생각했다. 그래서 정상원이 10년 만에 다시 한번 넥슨의 개발 조직을 정식으로 이끌게 됐다. 그 역시 개발 조직을 글래디에이터 집단으로 만들어야 한다고 판단했다. 그러자면 싸울 수밖에 없는 환경과 싸워서 살아남았을 때의 보상을 극대화해야 했다.

정상원은 넥슨 개발자들한테 동기를 부여해줘야 한다고 봤다. 단지 돈의 문제가 아니었다. 돈과 그 이상이 결합돼야 했다. 소신을 갖고 싸우되, 대신 실패했을 때 불행하다고 느끼면 안 된다고 생각했다. 실패했다고 패배자는 아니란 얘기다. 정상원은 패잔병을 치료해 복귀시키는 게 자기 일이라고 여겼다.

정상원은 오랫동안 여러 개발 조직을 이끌어왔다. 초창기 넥슨부터 네오위즈와 땡소프트까지 다양했다. 그러면서 기본의 중요성을 절감했다. 거창한 포상 제도를 내세우기에 앞서 보상이 명백하고 실패하면 안아주는 기본을 지켜야 개발 조직에 틀이 잡혔다. 실패한 팀을 감싸주고 다독여서 다시 전장에 내보내면 이전보다 훨씬 더 경쟁력 있는 팀워크를 보여주곤 했다. 그렇게 나온 게임이 정영석의 〈카트라이더〉였고 이승찬의 〈메이플스토리〉였다.

개발 조직도 본부별로 지나치게 쪼개져 있었다. 본부장의 힘은 결국 얼마나 많은 인력을 자기 본부에 확보하느냐에 달려 있게 됐다. 정상원은 TO^{table of organization}라는 인력 제한이 개발 조직을 개발보단 정치에 휩쓸리게 만들었다고 판단했다. 정상원은 오웬에게 이렇게 말했다. "TO라는 게 한번 정해지면 왜 일절 말을 못 합니까?" 개발 조직은 유연해야 했다. TO도 마찬가지였다. 결국 신규 개발 인력을 빼내기가 어려우니까 본부들이 서로 개발을 기피하는 모습을 보이곤 했다.

김진만도 이게 가장 큰 불만이었다. 개발자 한 명을 뽑는데 서류 심사만 서너 번이었다. 이래선 개발팀의 기동성이 떨어질 수밖에 없었다. 개발 조직은 역동적이어야 한다. 필요하면 덜컥 사람을 뽑았다가 다시 다른 부서로 옮기는 일을 반복할 수 있어야 했다. 살아 움직이는 조직이어야 했다.

박지원은 정상원의 글래디에이터론에 원칙적으로 동의했다. 그도 정상원이 개발자들한테 한마디 툭 던지는 게 얼마나 큰 감성의 연결 고리를 만들 수 있는지 잘 알고 있었다. 정상원은 개발자들의 우상이었고 전설이었다. 게임 개발은 결국 인력 싸움이다. 최고의 인재가 창의적인 게임을 만들 수 있다. 다만 최고의 인재도 항상 최고의 게임을 만드는 건 아니다. 정상원이 패잔병도 끌어안아야 한다고 했던 이유다. 박지원은 우선 최고의 인재부터 대령해야 한다고 봤다.

동시에 박지원은 기존 게임을 착취하는 걸 멈췄다. 당장의 매출과 영업이익보다 중요한 건 게임의 가치를 지켜내는 일이라고 생각했다. 올해 더 성장하겠다고 게임을 죽이는 일을 멈췄다. 라이브 개발본부의 내부 반성이 이뤄졌다. 게임도 살고 게이머도 살고 회사도 사는 균형을 찾아나가기 시작했다.

충격요법

2014년 6월이었다. 넥슨은 충격적인 결정을 내렸다. 네오플을 제주도로 이전하기로 한 것이다. NXC가 제주도에 있었던 건 오래됐다. 그러나 NXC는 지주회사였다. 네오플은 게임 회사의 생산 공장이자 캐시 카우였다. 개발 거점을 제주도로 이전한다는 건 엄청난 모험이었다. 네오플 안에서도 몇 달째 논란거리였다. 결국 네오플 핵심 인력들 대부분이 제주도로 내려가기로 결정했다. 다음커뮤니케이션이 본사를 제주도로 옮긴 이후 가장 큰 기업 이전이었다.

네오플을 제주도로 이전하면서 넥슨은 새로운 개발 생태계를 조성하고자 했다. 넥슨은 이미 여러 차례의 인수 합병을 통해 다양한 개발 회사를 거느린 상태였다. 넥슨 내부 개발팀뿐만 아니라 외부 개발사들의 개발력에서 새로운 창의력을 찾아낼 수도 있었다. 실제로 강신철 대표가 네오플을 이끌던 시절부터 네오플은 넥슨의 개발 주축으로 부상한 상태였다. 오히려 넥슨 내부보다도 더 공격적이었다. 네오플은 일본의 프로덕션 IG와 함께 〈공각기동대〉를 개발하고 있었다. 〈공각기동대〉가 성공한다면 네오플은 〈던전앤파이터〉로 중국 중원을 토벌하고 일본열도까지 공략할 수 있었다. 실패하면 넥슨에도 상당한 위기가 닥칠 수밖에 없었다. 네오플은 덥석 그런 일을 저질렀다. 다시 배고파지기 위해 제주도로 갔다. 답답한 도시를 벗어나 창의적인 개발 DNA가 복구되길 바랐다. 선릉역의 점조직을 광활한 바다의 땅 제주도에 복원하는 셈이었다.

박지원은 6개월 동안 욕만 먹을 작정이었다. 넥슨은 안에서부터 하나씩 깨져야 했다. 내부에 반발을 불러일으키더라도 상당한 변화를 요구해야 했다. 우선 본부장과 실장들이 위기의식을 갖게 만들어야 했다. 우선 충격요법을 썼다. 넥슨을 떠나 있던 개발 인력을 하나둘 재등용하기 시작했다. 또 예전엔 당연하다고 여겼던 것들에 하나씩 제동을 걸기 시작했다. 직원들 옆자리에 앉아서 대표가 하나씩 질문을 던지자 모두 진땀을 흘릴 수밖에 없었다. 박지원은 묻고 또 물었다. "이게 최선입니까? 정말 이것밖에 안 됩니까?" 박지원은 자기 임기 안에 넥슨이 극적인 변화를 거두리라고 생각하진 않았다. 3년 안에 재무제표를 극적으로 개선하겠다는 욕심은 버렸다. 자신은 장기 성과를 이룰 수 있는 기반을 마련하겠다고 결심했다. 만일 오웬이 단기 성과에 집착한다면 싸울 결심도 했다. 박지원은 생각했다. "굳이 내가 다 할 필요는 없다."

새로운 세대들의 실험

2014년 6월 말이었다. 상반기가 다 지나가고 있었다. 넥슨은 정중동 상태였다. 외부적으론 뚜렷한 인수 합병이나 신규 개발이 이뤄진 건 아니었다. 하지만 내부에선 박지원과 정상원을 중심으로 대대적인 조직 혁신이 일어나고 있었다. 박지원은 냉정하게 조직을 흔들었다. 지금 넥슨 한테 필요한 건 박지원 같은 칼잡이였을 수도 있겠다는 평가가 대다수였다. 겉으론 냉정해 보이지만 실제론 인간적인 것 같다는 의견도 있었다. 어쨌든 박지원이 넥슨에 긍정적인 변화를 몰고 오고 있다는 것에는 모두가 동의했다.

그 사이에 김정주와 오웬 마호니와 정상원과 박지원은 NDC ^{넥슨개발} ^{자컨퍼런스}에서 색다른 간담회를 가졌다. 넥슨의 경영진이 NDC에서 공개 대담을 한 건 처음 있는 일이었다. 그때 김정주는 넥슨은 지금 체크포인트를 지나고 있다는 입장을 밝혔다. NDC 자체가 개발자들과 경영진이 자기 검증을 하고 변화를 모색하기 위한 자리다. 이 행사는 큰 화제를 모았다. 무엇보다 넥슨이 열린 자리에서 자기 반성을 했다는 데 큰 의미가 있었다. 문제 해결은 문제가 있다는 걸 인정하는 것에서부터 출발한다. 넥슨다운 전략이었다.

2014년 7월이었다. 박지원 대표 명의로 공지가 올라왔다. 박지원 체제의 밑그림이 들어 있었다. 넥슨은 임원들한테 부여했던 각종 혜택을 모조리 없애버렸다. 실장들한테 주어졌던 주차장 무상 이용 권한부터 각종 수당도 없애버렸다. 실장들도 똑같은 비용을 내고 주차장을 이용하게 했다. 본부장들에게까지 적용해야 한다는 의견이 있었지만 주차장까진 열외로 해주기로 했다. 중요한 건 주차장이 아니었다. 이제까지 넥슨은 개혁을 한다고 해놓고도 늘 밑에서만 바꿨다. 박지원 체제 이후 처음으로 위에서부터의 개혁이 가시화됐다는 의미가 컸다. 직급에 의한 혜택은 줄이는 대신에 능력에 따른 보상은 커졌다.

정상원은 신규 개발을 강화하기로 했다. 인큐베이팅실을 만들었다. 소수 인력만 갖고 개발을 하는 정예 조직이었다. 넥슨 안에서도 배고픈 글래디에이터만 골라 만들어진 팀이었다. 대신 이런 신규 개발 조직엔 매출에 따른 인센티브 제도를 직용하기로 했다. 데이비드 리 체제 때의 매출 기준 인센티브 제도가 부활한 셈이었다. 매출을 기반으로 하는 신규 개발 인센티브는 정상원이 이끄는 신규 개발 조직과 김동건이 주축이 된 데브캣 스튜디오에 적용됐다. 결국 넥슨 안에 신규 개발 별동대가 조직된 셈이었다. 그리고 보상은 파격적이었다.

반면에 나머지 조직엔 KPI 인센티브가 적용됐다. 박지원은 KPI 제도를 넥슨에 도입한 당사자였다. 누구보다 KPI의 필요와 한계를 잘 알고 있었다. 박지원은 개인이 아니라 팀 단위 KPI를 선택했다. 미리 정한 팀별 목표를 달성하면 회사 전체의 매출과 상관없이 약속한 보상을 해주는 제도였다. 인센티브 제도를 양면으로 적용하기로 했다.

　인사관리 역시 양면 전략이었다. 정상원은 개발자가 관리자가 되지 않아도 개발에만 집중할 수 있는 인사 구조를 제안했다. 개발만 열심히 하면 얼마든지 직급과 보상을 받을 수 있는 길이 열렸다. 이제 모든 개발자가 기획자나 관리자가 되기 위해 애쓸 필요가 없어졌다. 넥슨의 경쟁력은 자기 개발에만 몰두하는 전문가들한테서 나온다는 걸 정상원은 누구보다 잘 알고 있었다. 정상원이 한때 그런 인물이었다. 넥슨을 거쳐간 수많은 인재들이 다 그런 전문가들이었다.

　박지원은 넥슨이 기술 크리에이티브 조직이란 걸 누구보다 잘 알고 있었다. 기술만 개발하는 회사가 아니었다. 기술로 게임이라는 문화를 만들었다. 제도만 마련한다고 되는 게 아니었다. 전문가와 관리자라는 양 축으로 조직을 이끌기로 한 건 사람을 봤기 때문이다. 사람에 따라 게임의 결과물이 확연하게 달라졌다. 결국 넥슨은 하나의 제도만으로 모든 걸 해결할 수 있는 회사가 아니라는 사실을 인정해야 했다. 게임은 기술과 사람의 결과물이었다. 박지원은 제도엔 정답이 없고 사람에게서 늘 새로운 답을 찾아야 한다는 걸 알고 있었다.

　사실 그건 데이비드 리한테서 배운 것이다. 데이비드 리는 2008년 회사를 그만두면서 박지원한테 이런 말을 했다. "너한테 200명짜리 조직을 못 맡겨봐서 미안하다. 그러면 네가 사람 보는 눈이 달라졌을 텐데." 박지원은 그게 무슨 소리인지 몰랐다. 그런데 나중에 최승우가 박지원한테 200명이 넘는 개발 조직을 맡겼다. 그때 알았다. 그런 조직 안에선 제도 하나로 모든 걸 해결할 수가 없었다. 대신 사람 하나하나를 챙겨 봐야 했다. 하나의 장점이라도 있다면 조직 전체에 쓸모가 있을 수 있었다. 그렇다면 버려선 안 됐다. 대신 그 사람이 일으키는 문제를 그때그때 해결하면서 조직의 성과로 이어가야 했다. 그게 리더의 몫이었다. 지금 박지원은 2000명이 넘는 조직을 맡아 자신만의 공식을 만드는 중이다.

개발자, 디자이너, 스토리 작가, 콘텐츠 기획자…… 등등
그런 이름으로 불리는 자들은 누가 뭐래도 창의적인 프런티어들이다.
DNA 속에 어떤 유형으로든 아방가르드 의식을 새기고 태어난
그들은 원래 전위 대열의 전사들이었다.

그런데 언제부터인가 제법 업계에서 위용을 갖춘 회사에서
어떤 것에 도전하고 무엇을 새롭게 만들어서 얻는 쾌감보다
든든한 회사의 명함에 새겨진 직함에 안주하게 되었다.
그리고 알게 모르게 더 나은 직함을 얻기 위한 경쟁도.

무엇이 그들에게서 실험하는 자의 패기와 먼저 나서는 창조자의 쾌감을 앗아갔을까?

문제는 회사가 성장과 더불어 얻은 풍요와 안정을
더 나은 혁신을 위한 발판으로 삼지 못한 것이다.

단지 소비재가 된 풍요는 유능한 직원들마저
안전함 속에 머물게 만들었다.

살 만해졌으니까 재미난 거 만들어볼까요?

지금도 재미있는데? 뭘 더?

안전해진 회사는 전사들에게 나른한 휴식처가 되었고 예술가들의 열정은 포근한 회사에서 잠들어 버렸다.

급기야 회사는 대표를 교체했다.
새 경영진은 전사들의 잠을
깨우고 싶어 한다.
넥슨코리아의 대표를
맡은 박지원과
개발부사장으로
돌아온 정상원은
의견 일치를
본 것 같다.

개발자 입장에서
요즘 넥슨 어때 보이나요?

평온~하지. 근데 신은 안 나.

이 대목에서 우려되는 건?
도전 정신과 활력을 되찾기 위해,
이를테면 그 알량한 헝그리 정신이라는 퇴행적
용어로 아방가르드를 변질시키지 않을까?

이제 와서 회사가 거꾸로 불편하고
각박해진다면 당연히 다른 쪽을 고려해야지?

현대 문화에서 혁신은
배고픔보다 여유에서 나온다고.

박지원 대표는 단순히 제도를 손질해서 단기 성과를
얻는 것보다 좀 더 스스로 고단해지는 길을
택할 것 같다. 그는 콘텐츠 회사에서는 사람의 가치를
믿어야 한다고 말한다.

좋은 게임과 문화를 만들려면?

좋은 사람들의 역량 발굴이 중요해.

콘텐츠건 문화건 결국
만든 사람을 닮는 법이니까.

세상 모든 회사의 사회적 가치는
결국 일하는 사람들의 삶과 보람이어야 한다는 것.
그리고 아무리 오합지졸이 판을 치고
소모적인 경쟁이 난무하는 곳에서도
스스로 잠을 깨는 총명한 문화 전사들은
어딘가에서 무언가에 몰두하고 있다는 걸
박지원도 정상원도 믿는다.

찾아보면 이 속 어딘가에 많이 있을 거야.

미래 예측 같은 건 없다

경영학의 아버지 피터 드러커는 말했다. "미래를 예측하는 가장 좋은 방법은 미래를 창조하는 것이다." 지난 20년 동안 이어진 넥슨의 눈부신 성공 비결도 바로 미래 예측에 있다. 넥슨은 넥스트 제너레이션 온라인 서비스를 줄인 말이다. 넥슨은 사명처럼 매 순간마다 다음 세대의 온라인 서비스를 예측했고 선점했고 성공했다.

사실 넥슨만큼 드러커의 조언에 충실해온 기업도 없다. 물론 다른 많은 기업들도 미래를 창조하려고 애쓰고 있다. 그러나 그들의 방식은 드러커의 조언과는 거리가 있다. 드러커는 기업이 만든 서로 다른 미래가 경쟁하는 과정에서 더 나은 미래가 자연선택되는 시장 논리를 기대했다.

현대의 거대 기업들은 미래를 창조하는 것보다 더 손쉽게 미래를 예측하는 우회로를 찾아냈다. 바로 미래를 지배하는 것이다. 미래 표준 전쟁이 대표적이다. 자신들이 창조한 미래 기술을 표준으로 만들면 미래 시장을 지배할 수 있기 때문이다. 일단 미래 표준을 선점하면 다른 미래는 말살한다. 결국 "미래를 창조해서 미래를 예측하라"라는 드러커의 조언은 "미래를 지배해서 미래를 독점하라"로 변질된다. 현대 기업 간 미래 경쟁의 실상은 창조적이라기보단 정략적이다. 더 창조적인 미래가 권력과 돈을 앞세운 덜 창조적인 미래한테 질식되는 경우가 종종 일어난다.

넥슨이 서식하는 게임 생태계는 그런 미래 파워 게임이 애당초 불가능한 영역이다. 게임은 기술과 문화가 결합된 재미 상품이기 때문이다.

재미는 표준화가 불가능하다. 미래에 사람들이 무엇에서 재미를 느낄지는 아무도 모른다. 재미 시장에선 내일이 되면 어제의 성공은 아무런 의미가 없다. 오히려 어제의 성공은 내일의 성공에 방해만 될 뿐이다. 어제의 성공 탓에 미래가 아니라 과거에 기대서 예측을 하기 십상이라서다.

게임 시장에서 미래를 예측하는 유일한 방법은 정말로 미래를 창조하는 것뿐이다. 넥슨은 〈바람의나라〉로 온라인 게임이라는 미래를 창조하는 데 성공했다. 부분 유료화 모델이나 〈카트라이더〉 같은 캐주얼 게임 역시 넥슨이 창조한 미래였다. 넥슨은 온라인 게임이라는 새로운 시장을 아예 창조했다. 하나도 힘든 혁신을 몇 개씩 이뤄냈다. 이쯤 되면 넥슨은 피터 드러커의 모범 답안이다. 넥슨은 늘 미래로 가는 길목을 지키고 있는 기업처럼 보일 정도다.

정작 넥슨이 미래를 창조하는 방식은 그렇게 단순하지가 않다. "창조경제가 있으라"라는 말 한마디에 미래가 창조되는 게 아니다. 미래를 창조하고 있는 기업들 가운데 상당수가 예언자한테 의존한다. 미래를 읽는 눈을 가진 특정 인물한테 기업의 전망을 전적으로 맡긴다. 한두 번은 맞힐 수 있다. 언제까지나 맞힐 순 없다. 시장은 영원한 영웅을 허락하지 않는다. 영웅이 몰락했을 때가 문제다. 미래를 예측하고 창조하는 내부 시스템을 미처 성숙시키지 못한 탓에 순식간에 기업의 눈이 멀어버린다. 그때 진짜 실력이 드러난다.

겉보기엔 넥슨도 영웅들한테 기대어 성장한 기업처럼 보인다. 창업주 김정주의 신출귀몰한 선견지명 덕분에 넥슨이 도쿄에 본사를 둔 글로벌 게임 기업으로 성장했다는 논리다. 이런 논리대로라면 김정주는 점점 더 신격화될 수밖에 없다. 은둔의 경영자라는 이미지 탓에 김정주 신화는 더욱 확대 재생산된다. 이미 일부 언론은 넥슨이 게임 산업에서 차지하는 위상에 빗대어 김정주를 게임 황제라고 부른다.

재벌 대기업이라면 오히려 반가워할 일이다. 총수들을 신격화하지 못해서 안달인 경우도 많다. 기업의 성과도 모두 총수의 업적으로 포장되기 일쑤다. 이런 기업은 미래를 예측하거나 창조하기 어렵다. 총수 한 사람의 입만 바라보는 조직 안에 미래를 바라보는 인재가 남아 있을 턱이 없다.

언론 스스로가 이런 신화에 길들어왔다는 것도 문제다. 기업의 성과를 총수 한 사람의 성취로 치환하는 데 익숙하다. 그편이 독자한테도 이해가 쉽기 때문이다. 덕분에 기업의 미래 예측과 총수의 선견지명 신화는 끊임없이 순환되며 강화된다. 기업의 성공 방정식이 총수 한 사람만으론 설명될 수 없는 고차방정식이라는 진실은 무시된다.

넥슨은 게임 황제 김정주의 선견지명 신화로 설명될 수 없는 기업이다. 김정주가 모든 의사 결정의 중심에 있다는 가정에서 출발하면 넥슨의 움직임은 도무지 이해하기 어렵다. 설명이 안 된다면 일단 전제부터 의심해봐야 한다. 처음부터 넥슨은 불세출의 기업 영웅 김정주의 기문둔갑식 경영 능력 덕분에 성공한 기업이 아니었다. 〈바람의나라〉는 송재경이 만들던 게임을 김정주가 정상원과 함께 완성한 결과다. 부분 유료화는 〈퀴즈퀴즈〉의 실패가 낳은 반작용에 가까웠다. 캐주얼 게임은 뜻밖의 대박이라고 보는 게 맞다.

김정주가 넥슨의 미래를 창조하는 방식은 미래는 만드는 게 아니라 미래가 태어나게 하는 것에 가깝다. 이쪽에 미래가 있다고 제시하는 게 아니다. 기업 안에서 미래가 잉태되도록 만들고 출산될 때까지 기다린다.

이때 김정주는 미래의 아버지가 아니라 산파에 가깝다. 각각 미래의 아버지는 따로 있다. 〈바람의나라〉의 아버지는 송재경이고 어머니는 정상원이다. 〈퀴즈퀴즈〉의 아버지는 이승찬이다. 〈카트라이더〉의 아버지는 정영석이다.

창업주의 카리스마에 기대기 마련인 여느 스타트업과 달리 넥슨은 초창기부터 조직 안에서 미래가 잉태되게 만들었다. 김정주는 개인이 미래를 예측하고 창조하는 것보다 창조적 집단이 더 우월하다는 걸 알고 있었다. 넥슨을 개인기 위주의 기업이 아니라 조직력 기반의 기업으로 이끌었다. 그걸 위해서 김정주는 언제나 뒤에 빠져 있었다. 김정주가 은둔의 경영자가 된 건 낯을 가려서가 아니다. 김정주가 꿈꾸는 넥슨은 김정주가 필요 없는 넥슨이기 때문이다.

넥슨이 미래를 창조한 두 번째 방식은 미래를 사들이는 것이었다. 창업 10년 차 이후부터 넥슨은 인수 합병으로 급성장했다. 넥슨 바깥에서 성장한 미래를 거금을 주고 구매했다. 그런데 넥슨의 인수 합병은 단순한 거래가 아니었다. 넥슨이 인수한 게임 회사들은 처음부터 이른바 범넥슨으로 분류됐던 경우가 많았다. 넥슨 출신 개발자들이 창업한 회사거나 넥슨이 초기 투자에 참여했던 회사들이었다. 〈메이플스토리〉를 개발한 위젯이 대표적이다.

넥슨은 미래를 회사 안에서뿐만 아니라 회사 바깥에서도 창조했다. 회사라는 좁은 울타리에서 창조할 수 있는 미래에는 한계가 있다. 회사 바깥 게임 생태계 전체에서 기대할 수 있는 창조가 훨씬 많다. 넥슨은 일찍부터 오픈 이노베이션을 시작했던 셈이다. 넥슨만이 세상의 전부가 아니란 걸 진작부터 인식하고 있었다.

덕분에 넥슨은 인수 합병전에서 늘 경쟁자들보다 우위에 설 수 있었다. 인수 합병전은 머니 게임이면서 동시에 네트워크 게임이다. 사람의 마음을 움직이는 게 돈뿐이라고 생각하면 오산이다. 넥슨은 한국 게임 생태계의 허브가 됐다. 이때 김정주의 역할도 컸다. 일찍부터 김정주는 미래가 어디에서 자라는지 알아내는 후각을 지녔다. 송재경과 카이스트 기숙사에 있을 때부터 그랬다. 일부러 인맥을 맺는 게 아니다. 언제나 미래에 예민한 호기심을 가지는 덕분에 누구한테 미래가 있는지 느낀다. 넥슨에선 "신은 늘 김정주 사장 옆에 있다"라는 말이 있다. 사실 김정주가 늘 미래 곁에 있었다.

최근 넥슨은 또다시 미래로 나아가기 시작했다. 넥슨이 찾은 미래는 두 가지다. 재미라는 게임의 본질이 하나다. 게임의 재미에 집중하겠다는 말은 함부로 미래를 지배하려고 들지 않겠다는 얘기다. 한때는 넥슨도 브랜드에 치중하면서 '넥슨이 만들면 다르다'라는 이미지를 심는 데 치중했다. 그렇게 미래를 장악하려고 들었다. 결국 더 창조적인 게임들한테 주도권을 완전히 빼앗길 뻔했다. 이젠 재미 그 자체에만 집중한다. 초창기 넥슨처럼 넥슨의 내부와 외부에서 미래가 잉태되는 시스템을 만들어 나가고 있다. 정상원이 심혈을 기울이고 있는 인큐베이션실이 대표적인 사례다.

넥슨은 신화 창조도 거부한다. 새로운 CEO가 게임 산업의 미래를 제시하고 조직은 일사불란하게 따라오는 식이 얼마나 위험한지 잘 알고 있기 때문이다. 전 세계 게임 산업은 점차 미래 예측이 불가능해지는 혼전 양상으로 접어들고 있다. 게임 회사 CEO의 역할은 기업을 바른길로 이끄는 게 아니라 조직이 길을 찾도록 돕는 데 있다. 넥슨은 이미 창업주의 카리스마보다 전문 경영인과 전문 개발자들이 협의를 통해 의사 결정을 하는 거버넌스 기업으로 진화했다. 어쩌면 한국 기업사에서 넥슨이 이룬 최고의 성과 가운데 하나다. 넥슨은 창업 21년 만에 스스로 생각하는 기업으로 진화했다.

넥슨은 미래를 예측하고 창조할 뿐만 아니라 이젠 스스로 미래 기업의 대안 모델이 됐다. 미래를 예측하는 방법은 많다. 미래를 지배하고, 미래를 창조하고, 미래를 인수하고, 미래를 잉태할 수도 있다. 어쩌면 미래를 예측하는 최상의 방법은 스스로 미래가 되는 것이다. 지금 넥슨은 한국의 게임 산업과 기업 경영의 미래다.

15장

패스파인더

길 아닌 길 찾기

오웬 마호니가 시작했다. 오웬 마호니 넥슨 일본 법인 대표는 박지원 넥슨코리아 대표에게 메일을 한 통 보냈다. 2014년 8월 무렵이었다. 넥슨과 엔씨소프트의 관계를 이대로 방치할 수는 없다는 내용이었다. 넥슨과 엔씨소프트는 2013년 1월부터 사실상 공회전 상태에 있었다. 〈마비노기 2: 아레나〉 공동 개발이 1년여 만에 중단된 뒤론 개발자들끼린 사실상 아무런 교류도 없었다. 지분만 엮여 있을 뿐 남남이나 다름없었다.

봉합되지 못한 상처

마호니도 박지원도, 게임 개발 쪽은 하루아침에 결과가 나올 수 없다는 걸 알고 있었다. 일단 게임 개발 쪽은 정상원 신규개발총괄 부사장을 믿고 기다려보기로 했다. 정상원에 대한 둘의 신뢰는 도타웠다. 정상원을 다시 넥슨으로 불러들인 것도 마호니였다. EA에서 일할 때 〈피파 온라인〉을 개발하는 실력을 보고 반한 상태였다.

인수 합병 쪽엔 커다란 걸림돌이 하나 놓여 있었다. 엔씨소프트였다. 넥슨 입장에서 보자면 엔씨소프트는 8045억 원짜리 자산이었다. 넥슨이 보유한 자산 중에서도 가장 덩어리가 컸다. 그러나 무용지물에 가까웠다.

그동안 진짜 할 만큼은 다 했다. 넥슨과 엔씨소프트는 서로 맞지 않는다는 사실만 확인했을 뿐이었다. 더 이상 방치해 둘 수는 없는 지경이 됐다. 2014년 여름 넥슨 경영진은 엔씨소프트와의 불안한 균형을 어떤 식으로든 깰 필요가 있다는 결론에 도달했다.

마호니의 메일을 받은 박지원은 마침내 넥슨과 엔씨소프트 문제에 손을 댈 결심을 한다. 두 사람은 넥슨 일본 법인과 넥슨코리아 판교 사옥을 오가면서 다각도로 해법을 고민했다.

엔씨소프트 깨우기

2014년 10월 8일이었다. 그날은 엔씨소프트의 주가가 역사적 저점을 찍은 날이었다. 2011년 10월 21일엔 38만 6000원까지 갔던 주가는 2014년 10월 8일엔 장중 한때 12만 2000원까지 떨어졌다. 박지원은 판단이 빠른 사람이다. 일단 판단이 섰으면 행동에 옮기는 데에도 주저함이 없다. 박지원이 이끄는 넥슨코리아는 10월 8일 하루 동안 엔씨소프트의 주식 8만 8806주를 장내 매수했다. 모두 116억 원어치였다. 엔씨소프트 주식의 0.4퍼센트에 해당됐다. 이로써 넥슨은 엔씨소프트의 주식 15.08퍼센트를 확보하게 됐다.

그런데 넥슨은 엔씨소프트에 지분 추가 취득 계획을 사전에 알려

가지 않은 길

주지 않았다. 10월 8일 이전에 지분 확보 계획을 알려주는 건 불가능한 일이었기 때문이다. 넥슨의 장내 매수 계획이 외부에 유출되면 주가가 널을 뛸 게 뻔했다. 누군가 탐욕에 눈이 멀어서 장난을 치면 넥슨과 엔씨소프트 모두 자칫 금융감독원의 조사 대상이 될 수도 있었다. 넥슨은 지분 취득 사실을 2014년 10월 14일에 공시했다. 10월 8일부터 주말을 제외한 5일 이내에 공시해야 한다는 법 규정에 따랐다.

넥슨은 공시에서 추가 지분 취득의 목적을 단순 투자로 명시했다. 넥슨은 엔씨소프트의 잠재력을 믿기 때문에 추가 투자를 했다는 설명이었다.

루비콘 강을 건너다

2015년 1월 21일 수요일이었다. 넥슨 이사회는 엔씨소프트 주식 15.08퍼센트의 보유 목적을 단순 투자에서 경영 참여로 변경하기로 의결했다. 넥슨 경영진은 2015년까지 허송할 수는 없다는 입장이었다. 2014년 10월에 균형을 깨면서 어쨌든 상대방의 태도 변화를 이끌어내는 데는 성공했다.

2015년에도 이런 새로운 균형 상태를 유지할 것인지 아니면 한발 더 나아갈 것인지 선택해야만 했다. 이때 오웬 마호니와 박지원이라는 넥슨 경영진의 캐릭터가 중요한 변수로 작용했다. 오웬 마호니는 EA에서 잔뼈가 굵은 미국 기업인이다. 미국에선 주주 자본주의가 보편화돼 있다. 주주 이익을 극대화하기 위해 경영을 하는 건 너무도 당연한 일이다. 심지어 주주 행동주의까지 확산 일로다.

박지원은 넥슨코리아의 대표를 맡기 전 2006년 5월부터 2012년

5월까지 넥슨 일본 법인에서 일했다. 한국인도 일본인도 아닌 경계인으로서 사고하는 데 익숙해지게 된다. 인간관계에서 벗어나서 의사 결정을 하는 데 익숙하다. 한국처럼 학맥과 인맥으로 얽히고설킨 곳이었다면 불가능했을 일이다. 넥슨코리아 대표가 되고 나서도 박지원의 방식은 달라지지 않았다.

마호니와 박지원은 엔씨소프트 문제를 놓고서도 그들답게 결정했다. 덕분에 2014년 하반기엔 엔씨소프트의 전향적인 태도 변화를 이끌어낸 게 사실이었다. 심지어 엔씨소프트는 2014년에 사상 최대 실적을 기록했다. 우연히도 넥슨이 지분을 추가 취득한 2014년 10월 이후인 4분기 실적이 특히 화려했다. 전년 동기 대비 영업이익이 54퍼센트나 급증했다. 어쨌든 주주인 넥슨 입장에선 희소식이었다.

당연히 2015년엔 한 발짝 더 나아가기로 했다. 단순 투자만으론 더 이상의 발전적 변화를 도모하기 어렵다는 판단에서였다. 2015년 1월 21일 이사회는 마호니와 박지원의 결정에 따라 지분 보유 목적을 단순 투자에서 경영 참여로 변경하기로 의결했다. 물론 이사회 멤버인 김정주도 동의했다. 김정주도 자신의 방식으론 더 이상 넥슨과 엔씨소프트 문제가 풀리지 않는다는 걸 잘 알고 있었다.

이사회 다음 날인 1월 22일 목요일에 즉시 엔씨소프트 측에 넥슨 이사회의 결정을 알렸다. 엔씨소프트는 넥슨 측에 공시를 주말 동안만 늦춰달라고 요청했다. 넥슨의 경영 참여 의사를 어떻게 받아들여야 하는지 내부에서 논의해보겠다는 의미 같았다.

2015년 1월 23일 금요일이었다. 엔씨소프트는 돌연 윤송이 글로벌 최고전략책임자 겸 북미유럽법인 대표를 부사장에서 사장으로 승진 발령했다.

2015년 1월 27일 화요일이었다. 넥슨은 예정대로 지분 보유 목적을 단순 투자에서 경영 참여로 바꿔 공시했다. 공시를 통해 뒤늦게 이 사실을 알게 된 게임 업계와 증권시장과 관련 언론은 난리가 났다. 안 그래도 2014년 10월 이후로 넥슨과 엔씨소프트 사이를 예의 주시하고 있던 터였다.

배신자 프레임에 갇힌 여론

여론이 문제였다. 언론이 개입할 거란 사실을 알았지만 사태를 이렇게까지 몰아갈 거라곤 넥슨도 미처 예측하지 못했다. 기본적으론 넥슨과 엔씨소프트가 풀어야 할 문제였다. 여론전으로 비화되자 더 이상 당사자들의 의도는 상관없어졌다. 일단 넥슨은 동맹의 서약을 깨고 엔씨소프트를 집어삼키려는 탐욕스러운 기업으로 그려졌다. 동맹의 내용이 무엇이었고 그동안의 사정이 어땠는지는 중요하지 않았다.

2015년 2월 3일이었다. 일단 넥슨은 엔씨소프트에 경영 참여의 구체적 목적을 나열한 주주 제안서를 발송했다. 2월 6일엔 주주 제안서의 전문을 언론에 공개했다. 주주 제안서는 합리적인 요구들로 채워져 있었다.

일단 경영 참여 공시가 마치 엔씨소프트의 경영권을 통째로 빼앗으려는 것처럼 보도되는 것부터 바로잡아야 했다. 넥슨이 원하는 건 엔씨소프트의 경영권 같은 거창한 게 아니었다. 김택진 대표이사를 제외하고 엔씨소프트 이사회의 이사 자리가 비었을 때 넥슨이 후보를 추천하고 싶다는 수준이었다. 증권 전문가들은 오히려 기업결합 신고까지 한 15.08퍼센트 지분을 가진 1대 주주가 보낸 주주 제안서라고는 믿기지 않을 정도로 완곡하다고 평했을 정도였다. "당사는 귀사의 이번 제18기 김택진 현 대표이사를 재선임하는 것을 제외하고 이번 제18기 정기 주주 총회일 또는 임시 주주총회일 이전까지 귀사 이사에게 발생한 임기 만료, 사임, 사망, 결격사유 발생 등의 여하한의 사유로 인해 귀사가 주주 총회에서 후임 인사를 선임하거나 다른 여하한의 사유로 인해 추가적으로 이사를 선임할 경우 당사가 이사 후보자를 금번 정기 주주총회 의안 제안일 이전까지 추천할 예정이며 해당 후보자를 이사로 선임할 것을 제안합니다."

사실 주주 제안서엔 넥슨의 진심이 많이 들어가 있었다. "비록 당사와 귀사가 지난 2년 반 동안 다양한 협력의 기회를 찾아 노력했지만 의미 있는 성과를 거두지 못했고 급변하는 시장 환경, 특히 나날이 경쟁이 심화되는 글로벌 마켓에 유기적으로 적용하기 위해서는 개방성이 필요하다고 생각합니다. 당사는 그동안 텐센트, EA, 밸브, 타임워너 등 다양한 문화를 가진 글로벌 기업들과 협업을 하며 의미 있는 성과를 거둔 만큼 양 사가 충분한 시간을 갖고 진지하게 협력한다면 양 사의 기업 가치 향상으로 이어지는 좋은 결과를 얻을 수 있을 것이라 믿습니다." 물론 언론에선 거의 다뤄지지 않았다. 넥슨은 시종일관 배신자였다. 넥슨의 명분과 논리는 거의 보도되지 않았다.

엔씨소프트의 선택

이미 공방은 주고받을 만큼 받았다. 이제 관심은 3월 27일로 예정된 엔씨소프트의 주주총회로 모아졌다. 서로 루비콘 강을 건넌 만큼 주주총회에서 양 사의 표 대결이 벌어질지도 모른다는 예측과 기대와 우려가 교차하는 상황이었다. 사실 넥슨은 엔씨소프트의 경영권을 요구한

게 아니었다. 주주 제안에서도 김택진 대표를 제외한 이사로 선임 요구를 국한했다. 주주총회장에서 전면전까지 벌어질 일은 아니었다.

2월 둘째 주 동안 엔씨소프트는 백기사가 돼줄 만한 상대와 연쇄 접촉했다는 소문이 돌았다.

2015년 2월 16일 월요일이었다. 주말이 지나면서 예상보다 상황이 급박하게 전개되기 시작했다. 엔씨소프트와 넷마블은 각각 이사회를 열고 상호 지분 투자를 통한 전략적 협력 관계를 결의했다. 넷마블은 엔씨소프트의 자사주 8.9퍼센트를 주당 20만 500원에 전량 인수했다. 3900억 원어치였다. 대신 엔씨소프트는 넷마블의 신주 9.8퍼센트를 3800억 원을 들여서 인수했다. 넥슨과 엔씨소프트의 빅딜 때와 결정적인 차이점이었다. 이번엔 엔씨소프트도 넷마블의 주주가 됐다.

2015년 2월 17일 엔씨소프트의 김택진 대표와 넷마블의 방준혁 의장은 서울 플라자호텔에서 기자회견을 열었다. 김택진 대표는 이번 전략적 제휴로 "엔씨소프트와 넷마블게임즈는 서로의 심장을 나누려고 했다"라고 밝혔다.

전쟁의 결말

2015년 3월 27일은 엔씨소프트의 18기 주주총회가 있는 날이었다. 넥슨에선 한경택 CFO 등이 참석했다. 넥슨에서 무슨 말을 할지에 언론의 이목이 집중된 상태였다. 김택진 대표의 재선임 건에 반대 의견이라도 던질 경우 주총에서 통과는 안 되더라도 파장은 어마어마해질 수 있었다. 사실 그럴 가능성은 처음부터 없었다. 넥슨은 주주 제안을 할 때부터 김택진 대표에 대해 예의를 갖췄다. 이사 선임을 요구할 때에도 김택진을 제외한다는 단서 조항을 달았을 정도였다. 넥슨은 주총을 앞두고 엔씨소프트 측에 이미 김택진 대표 재선임 건에 대해선 이의가 전혀 없다는 의사를 전달한 상태였다. 그렇다면 넥슨발 이변은 없을 수밖에 없었다.

2015년 10월 16일이었다. 6개월 동안 넥슨은 내부적으로 오랜 번민을 거듭했다. 엔씨소프트 지분 15.08퍼센트는 넥슨이 보유한 가장 큰 증권 자산이었다. 한때는 화려한 합종연횡으로 평가받았던 엔씨소프트와의 동맹 시도가 무위로 끝났다는 건 자명했다. 그렇다고 실패하고 말았다는 비판이 두려워서 이걸 계속해서 땅속에 묻어둘 수는 없었다. 넥슨은 주주 이익을 최우선시하는 회사다. 오웬 마호니와 박지원은 투명하고 용감한 경영인들이다. 실패하는 걸 지연시키면 더 큰 실패를 하게 된다는 걸 누구보다 잘 안다. 결국 결단을 내렸다.

넥슨은 엔씨소프트의 지분 15.08퍼센트를 블록딜을 통해 매각했다. 매각 대금은 주당 18만 3000원이었다. 총 6052억 원 규모였다. 당초 매입 가격인 8045억 원과 비교하면 2000억 원 정도의 손실을 봤다. 대신 넥슨은 환차익을 얻었다. 넥슨은 엔씨소프트 주식을 엔화로 샀다. 2012년 엔화 가치가 높았을 때 투자를 했기 때문에 매각 대금을 환전하면 오히려 62억 엔 정도 이득이다. 역시 넥슨은 손해 보는 법이 없다.

넥슨이 매각한 지분 중 일부는 김택진 엔씨소프트 대표가 취득했다. 김택진 대표는 44만 주를 취득해서 엔씨소프트의 지분을 11.98퍼센트로 높였다. 엔씨소프트는 다시 온전한 김택진 대표의 회사로 되돌아갔다. 그렇게 김정주의 꿈은 끝났다.

여기까지였다. 넥슨은 원래 실패해도 해보는 기업이다. 게임은 성공

가지 않은 길

을 장담할 수 없는 콘텐츠다. 내부 기댓값과 시장 기댓값이 늘 다르다. 그래서 넥슨은 늘 해본다. 실패해도 거기에서 반드시 무언가를 배운다. 결국 실패에서 성공하곤 했다. 2014년 10월부터 2015년 10월까지 1년 동안의 전쟁이 넥슨에 남긴 긍정적인 변화가 있다면 바로 이것이다. 이젠 넥슨이 가야 할 길이 좀 더 뚜렷하게 보인다.

넥슨 안의 전쟁

인큐베이션실은 정상원 부사장의 오랜 꿈이었다. 정상원은 2004년 넥슨을 퇴사한 뒤에도 넥슨을 지근거리에서 지켜봤다. 10년 가까이 김정주와 연락조차 없이 지냈지만 정상원도 어쩔 수 없는 넥슨 사람이었다. 넥슨의 개발자들은 수시로 정상원을 찾아와서 고민을 상담했다. 넥슨을 떠났어도 영원한 큰형님이었다. 덕분에 정상원은 넥슨 내부의 보이지 않는 문제점들을 넥슨 경영진보다도 속속들이 파악할 수 있었다.

창업 첫 10년 동안 무엇이 넥슨을 창의성이 넘치는 조직으로 만들었는지 찬찬히 되짚어볼 기회였다. 막연하게 그 시절 넥슨이 좋았다는 것만으론 부족했다. 그 시절 넥슨이 무엇이 특별했었는지 그 시절 넥슨을 이끌었던 정상원도 똑바로 알아야 했다.

넥슨이 〈바람의나라〉와 〈카트라이더〉를 만들 수 있었던 건 넥슨이라는 회사 자체가 하나의 작은 게임 생태계였기 때문이었다. 한 회사에 있다뿐이지 각자 자기 게임을 개발하기에 바빴다. 내부적으로 견제와 경쟁과 협업도 치열했다. 개발자들끼리 의기투합했다가 사분오열됐다가 하면서 개발 쟁투를 이어갔다. 회사에서 내려 준 기획은 거들떠도 안 봤다. 회사도 강요하지 않았다. 대신 모두가 지금 만들고 있는 게임이 자기 게임이라고 생각하면서 몰두했다. 스스로 기획하고 개발했기 때문이었다. 자연히 돈보단 재미가 우선이었다. 재미야말로 넥슨 안에서 개발자들이 얻을 수 있는 최대의 보상이었다. 당연히 넥슨의 게임들은 재미가 있었다. 재미있게 만들었으니 당연했다.

김정주와 정상원은 그렇게 내부 경쟁을 통해 부상한 게임을 제대로 평가해주는 역할을 맡았다. 대신 평가는 공정했다. 김정주나 정상원이 반대했더라도 결과가 좋으면 두말하지 않고 밀어줬다. 그렇게 해서 성공한 게임들이 〈퀴즈퀴즈〉였고 〈카트라이더〉였다.

2004년 이후 정상원은 넥슨 바깥에서 넥슨 같은 게임 생태계를 만들고 싶어 했다. 그래서 첫 번째 띵소프트를 차렸다. 띵소프트가 네오위즈에 팔리면서 그 안에서 같은 시도를 했다. 쉽지 않은 일이었다. 회사는 돈을 벌어야 산다. 개발자들을 돈이 되는 게임에 최우선 배치한다. 개발자들에겐 선택권이 별로 없다. 돈이 될지 안 될지도 모르는 게임에 개발자가 시간을 쓰는 건 결코 허락하지 않는다. 회사에 잉여란 없다. 정상원은 잉여에 길이 있다고 믿었다. 충돌했다.

2000년대 중반 이후 게임 업계에서는 전체적으로 라이브 개발의 중요성이 부각되기 시작했다. 이것도 넥슨이 주도했다. 회사는 기존 게임에서 수익을 극대화하는 방향으로 개발 자원을 재배치하기 시작했다. 신규 개발에 비해 위험은 적고 이익은 컸다. 게임 업계의 모습은 정상원의 꿈과는 자꾸만 거리가 멀어져갔다. 네오위즈에서 나온 정상원은 두 번째 띵소프트를 차린다. 작은 띵소프트엔 잉여가 더 없었다. 정상원 대표 본인도 적은 개발 자원을 더 쪼개서 쓰느라 정신이 없었다. 2013년 9월 넥슨의 띵소프트 인수 제의를 받아들인 것도 그래서였다. 작은 띵소프트가 조금이라도 잉여력을 가지려면 넥슨 같은 큰 회사의 도움이 요긴했다.

막상 넥슨의 판교 사옥 옆으로 띵소프트 식구들과 이사 와 보니 눈에 보이는 게 너무 많았다. 일단 넥슨 스스로가 신규 개발에 목말라 있었다. 넥슨이 하면 무엇이든 대박이 난다는 10년 전의 오만함도 사라졌다. 이젠 절박함만이 남아 있었다. 정상원은 꿈이 되살아나는 기분을 느꼈다. 지금이야말로 넥슨 안에 작지만 강한 게임 개발의 사파리를 만들 절호의 기회라는 걸 깨달았다. 2014년 2월 정상원은 넥슨코리아의 신규개발총괄 부사장으로 복귀했다.

2014년 3월 27일이었다. 넥슨코리아는 신규개발본부 산하에 인큐베이션실을 신설했다. 인큐베이션실은 한마디로 말해서 잉여 조직이었다. 성공할지 못 할지, 완성될지 안 될지 모르는 게임들을 개발해보는 인력 집단이었다. 신규개발총괄 부사장을 맡자마자 정상원은 넥슨의 전후 좌우를 살펴봤다. 신규 개발에 대한 의지를 가진 개발자들이 없지 않았다. 넥슨 초기에도 게임을 만드는 것 자체에 미쳐 있는 개발자들이 여럿 있었다. 지금이라고 없진 않았다.

정상원은 넥슨의 외인 구단 멤버들을 하나둘씩 모으기 시작했다. 다 모아놓고 보니 130명이 넘었다. 넥슨코리아에 있는 개발 인력은 줄잡아 1500명 정도 된다. 전체 개발 인력의 10퍼센트에 육박했다. 적지 않은 인원이었다. 그만큼 많은 개발자들이 신규 개발 의지를 갖고 있는 건 환영할 만했다. 다만 경영진 입장에선 고민이었다. 매일 매출이 나오는 개발 조직에서 130명을 빼내서 매출이 제로인 인큐베이션실에 투입한다는 건 모험이었다. 당장 투자 대비 수익률 문제가 발생한다. 그렇다고 제 발로 참전한 전사들을 그냥 집으로 돌려보낼 수도 없었다. 정상원의 꿈은 경영진의 의지에 달린 문제였다.

컴투사들의 콜로세움

오웬 마호니는 CFO ^{최고재무책임자} 출신이다. 재무 전문가 특유의 깐깐함이 몸에 배어 있는 미국 비즈니스맨이다. 넥슨 일본 법인의 수장이 되기 전까지만 해도 마호니가 이렇게까지 변화를 무릅쓰는 CEO가 될 줄은 아무도 몰랐다. 오히려 그가 숫자에 예민하게 굴 거란 예상들이 많았다.

오웬 마호니는 김정주는 물론이고 넥슨의 어느 누구와도 사적인 인연으로 얽혀 있지 않다. 서민 전 넥슨코리아 대표나 강신철 전 네오플 대표처럼 창업 공신도 아니다. 넥슨을 누구보다도 객관적으로 볼 수 있다. 그는 지금 넥슨에 혁신이 필요한 때라고 판단했다. 그 혁신의 한 방향이 엔씨소프트와의 비생산적인 균형을 깨는 일이었다. 다른 한 방향은 정상원에게 달려 있었다. 정상원이 넥슨의 개발력을 부활시키느냐에 혁신의 성패가 달려 있었다.

박지원 넥슨코리아 대표도 그 사실을 정확하게 꿰뚫고 있었다. 박지원은 지금의 글로벌 게임 시장 환경이 누군가 작두를 타서 길을 열어줄 수 없는 상황이란 걸 직시했다. 유통 플랫폼에선 앱스토어와 구글플레이와 스팀이 무한 경쟁을 벌이고 있었다. 게임 환경이 모바일로 변하면서 로컬라이제이션은 의미가 점점 퇴색되고 있었다. 전 세계 게이머들이 동시에 앱스토어에서 하나의 게임을 다운 받아서 한꺼번에 즐기는 게 흔한 일이 돼버렸다. 전 세계 게이머가 동시에 〈리그 오브 레전드〉를 하고 〈도타〉를 하는 시대였다. 중국 게임이니 미국 게임이니 하는 구분 자체가 이젠 별 의미가 없어졌다. 넥슨코리아가 실리콘밸리의 게임 스타트업과 경쟁해야 하는 상황이다. 모바일엔 국경이 없다.

이때 CEO가 어떤 플랫폼에 무슨 게임이 뜬다고 점쳐줄 수 있다면 더 바랄 게 없다. 그게 박지원이 얘기하는 작두 타기다. 그런 CEO한텐 기업도 시장도 열광하게 마련이다. 기업 실적도 퀀텀 점프하게 된다. 그런데 작두에서 삐끗해서 떨어졌을 때가 문제다. 한 번 예측이 빗나가면 여파가 엄청나다. 특히 넥슨 같은 거함은 한 번 방향을 잘못 잡으면 되돌리는 데 시간이 오래 걸린다. 겨우 되돌리면 이미 풍향은 또 바뀐 상태다. 그렇게 몇 차례 실수하면 기업 자체가 사라져버릴 수도 있다. 예측이 불가능한 시장에서 예측을 하려 한 죄다. 이미 실수를 여러 차례 감당하기엔 덩치가 작은 중견 규모 게임사들이 하나둘씩 낙오돼가고 있다. 한국 게임의 허리가 없어져가고 있다. 넥슨도 예외가 아니다. 항공모함이라 웬만큼 파도를 견뎌낼 수 있을 뿐이다.

박지원은 자기부터 작두를 안 타기로 결심했다. 프레젠테이션 무대에 서서 청바지에 터틀넥을 입고 게임의 미래가 훤히 다 보이는 척하는 위대한 비저너리 연기를 안 하기로 했다. 그의 성격과도 잘 맞지 않았다. 박지원은 언제나 음지에서 양지를 지향하는 걸 좋아했다. 그런 성격은 대표가 된 뒤에도 바뀌지 않았다. 이번에도 뒤에서 움직이기로 했다. 박지원이 찾은 답은 정상원이었다. 박지원은 정상원의 인큐베이션실에서 넥슨의 미래를 찾아보기로 했다.

정상원의 인큐베이션실은 단순히 게임 개발자의 이상향 같은 게 아니다. 글로벌 게임 시장은 예측이 불가능한 시계視界 제로 상황이다. 그렇다고 선지자가 나서서 이리 가라 저리 가라 할 수 있는 것도 아니다. 방법이 없는 건 아니다. 예측할 수 없는 시장에 대응하는 유일한 방법은 기업 내부에 시장과 유사한 개발 생태계를 조성하는 것뿐이다. 정상원의 인큐베이션실은 넥슨이란 항공모함의 키잡이다. 넥슨 바깥의 벤처 생태계에서 시도했을 법한 도전들을 넥슨 안에서 반복해서 변화의 여러 방향을 동시에 모색하는 방법이다. 시장엔 시장이다.

　오웬 마호니와 박지원은 정상원의 인큐베이션실을 중심으로 하는 신규 개발 전략을 전폭적으로 지원했다. 덕분에 정상원은 130명이나 되는 신규 개발 인력들을 한자리에 몰아넣고 「글래디에이터」를 찍을 수 있게 됐다. 검투사에 비유해서 컴투사다. 정상원은 평소에 입버릇처럼 신규 개발자 생태계는 로마 시대의 콜로세움 같아야 한다고 주장해왔다. 콜로세움에서 사투를 벌여서 승리한 검투사한텐 엄청난 보상이 따른다. 게임 개발 생태계에서도 우선 컴투사들이 전장에 설 수 있도록 유도해야 한다. 그런 컴투사들이 인큐베이션실에 몰려들었다.

　한때 인큐베이션실엔 177명이나 되는 컴투사들이 힘든 싸움을 치르고 있었다. 그만큼 버닝되는 코스트도 커졌다. 박지원이 버텨줬다. 덕분에 정상원은 컴투사들을 마음껏 사지로 몰아넣을 수 있었다. 박지원은 인큐베이션실을 '넥슨의 원대한 실험'이라고 불렀다. 컴투사들은 인큐베이션실을 '사파리'라고 불렀다.

　일단 인큐베이션실에 모인 컴투사들은 각자 팀을 짰다. 많게는 열 명이 넘었다. 적으면 두세 명 수준이었다. 자생적으로 리더들이 생겨났다. 리더의 절대 조건은 두 가지였다. 신망이 두텁거나 개발 능력이 뛰어나야 했다. 정상원과 박지원을 비롯한 넥슨 경영진은 3개월에 한 번씩 자연 발생적 팀들의 개발 결과를 검토했다. 이런 리뷰 회의는 이전의 허들 회의와는 성격이 달랐다. 당시엔 죽느냐 사느냐였다. 그러다 보니까 개발자들이 허들 회의의 입맛에 맞는 개발 결과를 가져오려고 애썼다. 정답만 맞히려다 보니 게임들이 다 비슷비슷해졌다. 이번엔 그때의 실수를 답습하지 않았다. 정상원도 박지원도 인큐베이션실을 거들 뿐이다. 다만 기존에 없던 장르의 게임에는 가산점을 준다. 이 장르의 게임이 시장에 출시될 때까지 지속 가능하느냐도 중요하다. 다양성과 지속 가능성이야말로 인큐베이션실의 유일한 룰이다. 넥슨 바깥의 다양성에 대응할 만큼 다양한 게임들을 개발해야만 예측 불가능한 시장에서 개발사가 살아남을 수 있다.

그렇게 3개월에 한 번씩 팀들이 생겨났다 사라지는 걸 반복하면 자연히 다양한 기획들이 속출할 수밖에 없다. 창조는 이렇게 두뇌 집단이 끊임없이 서로를 병렬화시킬 때 나타나는 돌연변이 같은 현상이다. 인큐베이션실에선 넥슨의 컴투사들이 매일매일 뛰어난 두뇌들을 이리 맞춰보고 저리 맞춰보는 창조 현상들이 벌어졌다. 그러다 좋은 기획이 떠오르면 눈 밝은 경영진이 알아보고 키워주는 선순환 구조가 만들어졌다. 초창기 넥슨에서 자연 발생됐던 창조의 선순환 구조가 넥슨의 인큐베이션실에서 인공적으로 조성돼가고 있었다.

3개월 뒤 허들 회의를 통과하면 6개월 동안 시제품 개발에 들어간다. 이때 회사의 다양한 지원을 받을 수 있다. 시간과 돈과 장비다. 6개월 뒤 프로토타입 허들 회의까지 통과하면 이젠 정식 개발팀이 된다. 3개월 단위 허들 회의에서 거듭 미끄러져서 시제품 개발 단계까지 못 가면 해당 컴투사는 결국 글래디에이터들의 아레나에서 밀려날 수밖에 없다. 그렇다고 넥슨에서 잘리는 건 아니다. 전환 배치를 해준다. 수많은 게임들을 운용하고 있는 넥슨 내부엔 언제나 라이브 개발 수요가 있기 때문이다.

2015년에 접어들면서 인큐베이션실은 점점 치열한 전쟁터로 변해가고 있었다. 30개 정도의 시제품이 만들어졌고 그중에서 9개 정도가 정식 개발 단계에 들어갔다. 지난 1년여 동안 인큐베이션실에 입소했던 177명의 컴투사 가운데 극소수만 살아남았다. 대신 살아남은 컴투사들은 누구보다 강하다. 위험이 충만한 실험이었다. 지금이야말로 그런 도전을 해볼 최적기였다. 시장이 넥슨에 변화를 요구하고 있다는 건 명백했다. 오웬 마호니와 박지원과 정상원으로 이어지는 넥슨의 경영진은 역대 어느 체제보다도 도전적이고 개혁적이며 혁신적이었다. 그렇게 넥슨은 전진하고 있었다.

샴페인 치우기

박지원은 넥슨의 2015년 1분기 실적을 보고 받고 오히려 오싹했다. 2015년 넥슨은 사상 최대 실적을 기록했다. 매출은 519억 7200엔이었다. 영업이익은 222억 엔이었다. 순이익은 185억 3900만 엔이었다. 전년 동기 대비 매출은 9퍼센트, 영업이익은 5퍼센트, 순이익은 15퍼센트나 증가했다. 넥슨은 2014년 4분기엔 영업손실과 당기 순손실을 기록했다. 불과 1분기 만에 극적인 턴어라운드에 성공했다. 심지어 2015년 2분기 매출도 좋았다. 매출은 426억 6400만 엔, 영업이익은 113억 2000만 엔 정도가 기대됐다. 실적의 내용도 양질이었다. 무엇보다 1분기에 한국 시장에서 모바일 게임 매출의 성장세가 두드러졌다. 모바일 게임 매출은 222퍼센트나 증가했다. 캐주얼 게임의 명가로 불렸던 넥슨이 정작 모바일 게임에선 뒤처진 상태였다. 그러나 2015년 1분기 대차대조표에 떠오른 숫자들은 넥슨이 모바일 시대에도 잘 적응하고 있다는 걸 보여주고 있었다. 박지원은 그래서 불안했다. 모든 회사의 위기는 사상 최대 실적으로부터 시작된다는 걸 알고 있기 때문이었다.

2015년 5월 박지원은 분기 실적 보고를 받고 얼마 뒤 팀장과 본부장급 이상을 대상으로 글로벌 서밋을 열었다. 워크숍 오후 세션에서 박지원은 이렇게 말했다. "지금부터 매우 불편하고 매우 언해피하고 매우 언컴포터블한 이야기들을 끄집어내겠습니다." 사상 최대 실적이란 성적표를 보고받은 사장님은 웃는 낯으로 순식간에 모두를 얼어붙게 만들었다. 다들 표정들이 좋지 않았다.

박지원은 넥슨이 분기 실적 하나에 일희일비할 여유가 없다는 걸 잘 알고 있었다. 오웬 마호니-박지원-정상원 체제가 추진하고 있는 넥슨 혁신의 근본적인 목적은 개발과 사업이라는 넥슨의 양 날개에 선순환 구조를 만들어내는 것이다. 이런 시도가 가능한 건 당장은 매출 흐름이 나쁘지 않기 때문이다. 일단 믿는 구석이 있긴 했다. 넥슨코리아의 라이브본부를 맡고 있는 강대현 본부장은 최강의 게임 운용 실력을 보여주고 있었다.

이제부턴 인큐베이션실을 비롯한 신규 개발에서 뭔가 나와줘야 했다. 자칫 매출이 꺾이거나 주가가 헤매는 순간 현 경영진의 혁신 노력은 물거품이 될 수도 있었다. 2015년 초에 박지원은 마호니한테 "넥슨코리아의 올해 매출은 기대하지 마세요"라고 엄포를 놓았다. 그렇게라도 엄살을 부려야 정상원에게 시간을 더 벌어줄 수 있었다.

박지원이 가장 경계하는 건 악순환의 시작이었다. 선순환을 일으키는 건 어렵지만 악순환에 빠져드는 건 순식간이다. 가장 넥슨다운 길을 가야 했다.

2014년 2월 넥슨코리아 대표를 맡았을 때 박지원은 걱정부터 들었다. 넥슨은 게임 회사의 탈을 쓴 소프트웨어 회사였다. 넥슨은 박지원이 생각했던 것보다 훨씬 빨리 바뀌고 있었다. 1년여 만에 조직 이곳저곳에서 선순환이 일어나는 걸 느낄 수 있었다.

그런 변화 조짐이 느껴질 때마다 박지원이 가장 경계한 건 바로 자기 자신이었다. 최고경영자의 말 한마디 표정 한 토막이 아래 조직에 권위로 작용할 수 있다는 걸 모르지 않았기 때문이다. 박지원은 일부러 주요 본부장들도 사장한테 직언할 수 있는 사람들로 바꿨다. 그들로 하여금 성격 급한 자신을 견제하게 만들었다. 대부분 박지원의 이런 성격을 잘 아는 참모들이었다.

박지원은 자신이 내릴 결정을 상대방에게 미루는 법도, 결정 자체를 지체시키는 법도 없다. 그렇게 되면 경영진은 최고경영자의 의도를 파악하려고 노심초사하게 된다. 박지원은 의사 결정에 불투명한 영역이 많을수록 조직의 속도가 느려진다고 생각했다. 경영진과 일대일로 접촉하면서 빠르고 분명하게 의사 결정을 했다. 대신 본부장 회의 같은 공식 행사는 거의 없애버렸다. 그렇게 경영진 내부에서 자유로운 소통이 일어나자 조직 전체에도 소통의 선순환이 발생했다. 넥슨은 속도가 빠른 조직으로 전진했다.

넥슨은 이미 창업주나 최고경영자의 카리스마에 기대서 누군가 앞장서고 뒤에선 따라가는 기업의 단계를 넘어서고 있었다. 박지원은 넥슨의 진화가 그동안 지체됐다고 느꼈다. 김정주가 전면에서 이끌던 시절부터 넥슨은 수직적 조직과는 거리가 멀었다. 창사 21주년을 지나면서 넥슨은 진짜 넥슨의 모습을 되찾아 가고 있다. 넥슨의 현재와 미래를 가장 잘 아는 전문 경영인이 게임의 현재와 미래를 가장 잘 아는 개발자들과 머리를 맞대고 전진하는 기업 말이다.

패스파인더

2015년 5월 19일이었다. 2015년 NDC의 개막일이었다. 오웬 마호니 넥슨 일본 법인 대표는 넥슨 21년 역사의 전환점이 될 기조연설을 했다. "재미야말로 게임에서 가장 중요한 목표여야 합니다. 재미있는 게임이라는 진정한 목적지를 잊어버리면 이용자들은 떠나게 될 것입니다. 넥슨도 시행착오를 겪었습니다. 실수와 과오를 통해서 게임의 본질이 재미라는 걸 다시 한번 깨달았습니다." 오웬 마호니는 게임 업계에선 유명한 아타리 쇼크를 사례로 들었다. 한때 비디오 게임의 선구 주자였던 아타리가 스티브 스필버그의 영화 〈ET〉가 흥행하자 불과 5주 만에 〈ET〉의 카피캣 게임을 만들었다가 무너진 일화다. 당시 아타리가 만든 〈ET〉 게임 타이틀 400만 장은 뉴멕시코의 사막 한가운데에 묻혔다. 마호니는 말했다. "산업이 길을 잃었을 때 이런 결과를 맞이하게 됩니다. 10년, 20년, 30년이 지나도 존재 가치가 있는 위대한 게임 작품을 만들면 상업적인 성공은 자연스럽게 뒤따라옵니다. 지금의 상업적인 분위기에 휩쓸려서 카피캣만 양산하기보다는 자신만의 길을 찾는 패스파인더pathfinder가 돼야 합니다." 패스파인더는 2015년 NDC의 주제였다.

글로벌 게임 시장의 흐름에도 주목했다. "현재 다시 게임 업계가 길을 잃고 있습니다. 서양은 페이스북 게임이 발달하면서 이런 현상이 나타나고 있습니다 전 세계적으로는 모바일 게임이 발달하면서 이런 현상이 강화되고 있습니다. 우리와 다음 세대를 사로잡기 위한 멋진 게임을 만들기 위해서는 예술이 중요한 목표가 돼야 합니다. 이 길을 가면 게임 산업의 르네상스가 열릴 것입니다."

의미심장했다. 넥슨의 간판 행사인 NDC 2015에서 그저 인사치레로 한 말이 아니었다. 한국 게임 업계를 선도하고 있는 넥슨의 최고경영자가 넥슨과 게임 업계 전체에 던지는 화두였다. 길 찾기는 이미 마호니와 박지원과 정상원이 1년 넘게 붙들고 있었던 화두였다. 패스파인더라는 화두를 맨 처음 제시한 건 정상원이었다. 그걸 마호니가 넥슨의 철학으로 발전시켰다. 박지원은 청소부였다. 넥슨을 새로운 철학에 맞는 회사로 혁신해왔다. 마호니의 기조연설은 어떤 면에선 자신감의 표현이었다. 1년여 동안의 길 찾기 끝에 아직 길을 다 찾진 못했지만 길을 찾는 게 맞는 방법이라는 확신은 얻었다는 의미였다. 자신과의 약속이라고 할 수도 있었다. 과거처럼 옛 성공에 안주하려는 모습으론 돌아가지 않겠다는 의지의 표현이었다. 그들도 안다. 이런 노력의 결실들은 자신들 몫이 아닐 수도 있다. 지금 씨를 뿌려도 수확은 후임자들의 몫일 수 있다. 박지원은 말한다. "나중에 후임자들한테 잘난 체 정도만 할 수 있으면 됩니다. 이것들 모두 내가 한 거라고." 괜한 얘기가 아니다. 진심이다. 그들은 넥슨 역사상 가장 혁신적인 경영진들이다.

자신만만할 만도 했다. 사상 최대 실적 얘기가 아니다. 지금 넥슨엔 신규 게임이 차고 넘칠 정도로 많다. 29개에 달한다. 북미에서 개발되고 있는 게임까지 합하면 31개다. 신규 게임이 너무 많아서 운영이나 관리 쪽에선 줄여달라고 얘기할 정도다. 오웬 마호니의 표현처럼 요즘 넥슨은 개발의 르네상스를 맞이하고 있다.

넥슨은 다시 글로벌 게임 업계의 선두로 복귀하고 있다. 넥슨은 세계 최초라는 수식어를 달고 사는 혁신적인 회사였다. 개발과 사업이라는 양 날개에서 모두 혁신적이었다. 다중 접속 그래픽 온라인 게임을 개발했다. 부분 유료화라는 게임 비즈니스 모델을 세계 최초로 개발했다. 라이브 개발을 통해 온라인 게임의 현금 창출 능력을 극대화했다. 신출귀몰한 인수 합병을 통해 극적으로 성장해왔다. 일본 상장을 통해 글로벌 기업으로 발돋움했다.

21년 만에 넥슨은 다시 혁신의 최전선에 섰다. 지금은 재미있는 수많은 신작 게임들을 앞세워서 가보지 않은 길을 가려고 하고 있다. 인큐베이션실을 통해 넥슨 안에 게임 생태계를 만들어내고 있다. 동시에 넥슨이 준비하는 대작들도 즐비하다. 스퀘어 에닉스의 〈파이널 판타지〉와 프로덕션 GI의 〈공각기동대〉를 온라인 게임으로 만들었다. 오래 준비한 〈메이플스토리 2〉도 있다. 〈마비노기 듀얼〉도 있다. 〈서든 어택 2〉도 있고 〈니드포스피드 엣지〉도 있다.

〈던전앤파이터〉를 인수하면서 놓쳐버리고 말았던 개발과 사업의 균형도 되찾아 가고 있다. 라이브본부의 운영 노하우를 매뉴얼화하는 시도도 하고 있다. 게임 회사의 대표적인 암묵지가 라이브 운영의 노하우다. 게이머들이 언제 어떤 패치에 열광할지 알아내는 건 흥행사의 감각에 가깝다. 그렇지만 게임 운영의 기초적인 부분은 형식지로 만들 수 있다. 매뉴얼화해 놓으면 신규 게임에서도 실수를 줄일 수 있다. 빅 데이터를 활용하면 암묵지의 영역에 있던 노하우를 수치에 기초해서 더 구체화시킬 수도 있다. 넥슨은 수많은 게임을 공개했고 실패했고 성공시켰다. 성공의 고차방정식은 어렵더라도 기초적인 성공 방정식 정도는 정리해 볼 수 있게 됐다.

넥슨은 게임 머니를 기반으로 기축통화를 만들고 환율 제도까지 도입하는 방안도 연구하고 있다. 넥슨이 개발하거나 배급한 수많은 게임들에서 쓰이는 게임 머니들을 서로 맞교환할 수 있게 해준다는 기획이다. 미국에서 쓰던 달러를 유럽에선 유로로 바꿨다가 한국에선 원화로 바꾸듯이 〈메이플스토리 2〉에서 쓰던 게임 머니를 〈던전앤파이터〉의 게임 머니로 바꿨다가 다시 〈바람의나라〉의 게임 머니로 바꿀 수 있다. 부분 유료화 못지않게 혁신적이다. NDC 2015에선 〈마비노기〉의 주력 개발자였던 이은석이 게임 속 게임 머니와 로봇 경제에 대해 발표했다. 게임 안에서 게임 머니를 자동으로 벌어들이는 로봇들에 대한 내용이었다. 넥슨의 개발 수준은 단순한 코딩을 넘어선 지 오래됐다. 개발자들이 게임 경제까지 연구하는 수준이다. 넥슨이 디즈니라는 절대 군주 콘텐츠 기업에 맞설 수 있는 몇 안 되는 글로벌 게임 회사로 손꼽히는 이유다. 다소 파격적으로 진행된 네오플의 제주 이전도 직원들의 이탈 없이 안착했다. 네오플은 〈던전앤파이터〉의 중국 퍼블리싱 구조가 개선되며 2014년 6000억 원가량의 해외 매출을 올렸고, 2015년 상반기 제주 지역 전체 수출액의 약 34퍼센트를 차지하는 성과를 거두었다. 다시 넥슨은 전진하고 있다. 가보지 않은 길을 가고 있다.

다시 2009호에서

1994년 12월 26일이었다. 역삼역 4번 출구 앞에 있는 성지하이츠II 2009호에서 김정주와 송재경과 유정현이 마주 앉았다. 게임 이름은 송재경이 지었다. 〈둠바스〉였다. 나중에 〈바람의나라〉가 되는 그 게임이다. 회사 이름은 김정주가 지었다. 넥슨이었다. 넥스트 제너레이션 온라인 서비스의 줄임말이었다. 유정현이 넥슨의 빵과 재정을 책임졌다. 성지하이츠II 2009호에서 밥 먹듯이 밤을 새우던 스물여섯 살 청년들은 나중에 자신들이 무엇이 돼서 다시 만날지 그땐 알지 못했다. 그들은 단지 게임이 재미있었을 뿐이었다. 재미있어서 만들고 싶었을 뿐이었다. 재미는 기업이 됐고 산업이 됐고 새로운 세상이 됐다.

2015년 7월 김정주는 뉴욕에 있다. 뉴욕의 성지하이츠II 2009호 같은 작은 사무실에서 21년 전처럼 일하고 있다. 새로운 스타트업들을 만나러 다닌다. 대단한 투자자들과 교류한다. 김정주가 찾고 있는 건 될 성부른 스타트업이나 거창한 투자처가 아니다. 넥슨의 경영진들끼린 종종 이런 농담을 하곤 한다. "신은 늘 김정주 사장 옆에 있다." 정작 김정주는 늘 새로운 세상과 가장 가까이 있고 싶어 할 뿐이다. 1994년 서울의 작은 사무실에서 잠깐 만났던 적이 있는 새로운 세상 말이다.

CARTOON ⑭ 여전히 회장님을 위한 안락의자는 없다

사업을 해서 회사가 크게 성장하고 주식 가치가 높아지면 그다음엔 뭘 할까?
잘나가는 회사의 창업주나 최고 경영자의 자격에 걸맞게 더
특별하고 질 높은 것들을 누리고자 할 것은 인지상정.
견고한 사회적 지위와 기득권을 지키면서
회사의 성과를 개인 자산으로 삼고 싶은 욕망으로부터
자유로울 수 있는 사람은 극히 드물 거다.

창업주나 최고 경영자의 욕망은 어김없이 회사와 조직의 문화에 투영된다.
그런 습관과 문화는 조직 구성원을 전염시킨다.
성장의 과실을 또 다른 발전을 위한 동력으로 쓰지 않고
서열에 따라 나누어 가지며 안주하려는 욕망과 경쟁의 문화.
그것은 회사가 순항할 때는 다른 회사들의 진로에도 영향을 끼치지만
어느 순간 회사가 구태의연한 길로 접어들면
사회는 그것을 반면교사로 삼게 된다.

이른바 잘나가는 큰 게임 회사 넥슨과 창업에 관계한 사람들의 서사로
이야깃거리를 엮어보라는 의뢰를 받았을 때,
뭔가 의미 있는 걸 찾을 수 있을까 시큰둥했던 이유가 바로
넥슨도 어차피 위에서 말한 전형적인 우리나라 회사들의 화석화 과정에서
절반 정도에 와 있을 거라는 짐작 때문이었다.

355

그런 짐작은 적어도 넥슨을 창업한 김정주 사장의 경우에는
선입견이었다.

이를테면 천문학적인 거금을 들여 엔씨소프트 지분을 인수하고
빈털터리가 되었다고 하는 말을 어찌 믿어야 할지 궁금해할 때,
그는 회사가 돈이란 걸 손에 쥐고 전전긍긍하고 있을 때보다
뭔가 일을 벌여 가진 걸 다 털어버렸을 때
훨씬 더 홀가분한 기분이 든다고 말했다.

넥슨이라는 이름을 단 모든 회사에 단 한 번도 자신의 권위를 세우고
직원들로부터 예의 갖춘 인사를 받을 만한 책상과 안락의자를 둔 적이
없다는 걸 대체 무슨 수작으로 이해해야 할지 궁금해할 때,
그는 넥슨을 시작한 사람 중 한 명이긴 하지만
다음 세대를 맞이하는 넥슨에서 더 이상 자신은
회사의 주역이지 않을 거라고 말했다.

회사에 진득하게 머물지 않고 해외 각지를 다니면서
하는 일이란 게 과연 뭘까 궁금해할 때,
스페인 어디에서 작지만 묘한 매력이 있는 게임을 만들고 있는
남자 두 명을 만나 사귀고 그들을 또 핀란드의 저명한 게임 회사
사장에게 소개해주는 걸 보게 되었다.
에초에 넥슨이 초창기에 그랬다는 사람 사귀기를 지금도 하고 있었다.

해외 출장길에 왜 수행 비서 없이 혼자 짐을 들고 다니는지 궁금해할 때,
때마침 현지에서 일정이 변경되는 바람에
직접 항공사에 전화해서 스케줄을 조정하는 모습을 보았다.

그리고 세상 어느 회사에나 유능한 인재들이 있고
오래되고 걸출한 회사들에는 계획이나 방법론이 아닌
다른 뭔가가 있는 것 같다는 얘기를 하면서
자신은 공대 출신이지만 꽤나 운명적으로 사는 편이라고 말했다.

핀란드에서 볼일을 마치고 다음 행선지로 향하기 위해
혼자 공항으로 가는 택시를 타는 그와 동행한 것은
기내에 들고 탈 수 있는 크기의 가방과
등에 매는 배낭 하나가 다였다.

김정주에게
묻다

책을 만들기 위해 넥슨 안팎의 많은 이들을 인터뷰했다. 그중에서 가장 여러 차례, 오랜 시간 인터뷰한 사람은 물론 창업주 김정주 대표다. 서울과 제주에서 서너 시간씩 제법 긴 시간 이야기를 나눴다. 그리고 한번은 김정주 대표의 핀란드 출장에 동행하며 그의 생각과 평소 모습을 옆에서 지켜보기도 했다. 여기 싣는 질문과 대답은 세 차례의 만남 중 넥슨의 어제와 오늘, 그리고 내일을 이해하는 데 도움이 되는 내용을 발췌하고 재조합하여 정리한 것이다.

신기주(이하 신) 벌써 창업한 지 20년이 넘었네요. 20여 년 전 넥슨을 창업했을 때 만들고 싶었던 넥슨의 모습과 지금 넥슨은 다른가요, 닮았나요?

김정주(이하 김) 중학교 3학년 때 컴퓨터를 처음 만지기 시작했는데 고등학교 때 이거 들고 그냥 모이면 회사 할 수 있겠구나 싶었죠. 원래부터 소프트웨어를 만들고 싶었어요. 그렇게 시작해서 21년이 된 거죠. 지금 넥슨은 게임 회사이기도 하고, 돈을 많이 버는 회사이기도 하고, 일본에 상장한 회사이기도 하고, 돈슨이기도 하죠.

신 (한숨) 돈슨이라는 말은 누가 지어냈는지, 원. 모두가 유행가처럼 창조경제를 얘기하면서 정작 가장 창조적인 게임 산업을 미워하는 사회적 분위기가 있죠.

김 게임을 부정하는 사람들한텐 논리가 없어요. 게임 없이 어떻게 세상을 살아요. 세상 어떤 엔터테인먼트보다 게임이 재미난데요. 영화보다도 드라마보다도 잡지보다도 게임이 재미있어요. 한국이 이만큼 할 수 있는 것도 게임밖에 없어요.

신 세계 소프트웨어 산업 생태계에서 한국이 차지할 수 있는 유일한 자리가 게임이라는 말씀이시군요.

김 실제로 그래요. 미국 말고는 소프트웨어로 돈을 벌 수가 없는 구조니까요. 깔끔해요. 우리는 운영체제를 못 만들어요. 오피스 프로그램도 만들기 어려워요. 흔글이나 훈민정음이 있긴 하지만 쉽진 않죠. 데이터베이스도 못 만들어요. 미국 이외의 나라에서 소프트웨어로 돈을 버는 건 IT 역사에서도 단 하나였어요. 일본의 게임 산업뿐이었죠.

신 일본처럼 한국에도 기회는 게임뿐이라는 이야기인가요?

김 게임도 쉽지는 않아요. 나라마다 게임 문화가 다르거든요. 닌텐도가 성공했던 건 소비자가 아이들이었기 때문이에요. 아직 문화적 차이가 벌어지기 전이니까요. 성인 게임 소비자들은 더 까다로워요. 일본 게이머들이 원하는 슈팅 게임과 미국 게이머들이 원하는 슈팅 게임은 정서가 완전 달라요. 일본 격투기와 한국 격투기도 다르고, 그걸 다 맞춰 줄 수 있는 게임을 만들긴 참 어려워요.

신 그래도 게임 말고는 기회가 없다고 생각하시는군요.

김 그 부분에 있어서는 전 확신범 수준입니다. 넥슨은 게임 말고 다른 사업은 당분간 못 할 것 같아요.

신 당분간이라면?

김 (미소) 한 30년 정도일까요. 닌텐도도 아직 게임밖에 못 하고 있잖아요. 디즈니처럼 모든 콘텐츠 분야를 다 아우르게 되려면 갈 길이 멀어요.

신 넥슨이 디즈니 같은 회사가 되길 꿈꾸는 거군요?

김 제가 디즈니에 제일 부러운 건 디즈니는 아이들을 쥐어짜지 않는다는 겁니다. 아이들과 부모들이 스스로 돈을 싸 들고 와서 한참 줄서서 기다리며 디즈니의 콘텐츠들을 즐기잖아요. 기꺼이 즐거운 마음으로 디즈니한테 돈을 뜯기죠. 넥슨은 아직 멀었어요. 누군가는 넥슨을 죽도록 미워하잖아요. 우리 콘텐츠는 재미는 있는데 어떤 이들에게는 불량식품 같은 재미인 거죠. 우리가 풀어야 할 숙제이기도 하고.

신 넥슨마저 그러면 서글픈데요.

김 그래서 다들 넥슨에 와서 게임을 만들자고 말하고 싶진 않아요. "넥슨은 좋은 회사다. 그러니까 너희들도 포기하고 고개 숙이고 넥슨의 울타리 안으로 들어와라" 이러면 안 돼요. 오히려 "넥슨이 못 했던 걸 마음껏 해봐라. 우리가 도와줄 수 있다" 그렇게 말하고 싶어요. 넥슨이 조금 기반을 닦긴 했죠. 그래도 도처에 아직 기회는 남아 있어요. 다들 그걸 잡았으면 좋겠어요. 대신 열심히 하다가 한계에 부딪히면 넥슨에 오면 돼요. 괜히 말 안 통하는 나라에 가서 비효율적으로 일하기보단 넥슨과 손잡자. 하지만 넥슨민 바라보진 마라.

신 넥슨은 이제 글로벌 기업인가요?

김 그게 그렇지만도 않아요. 한국의 콘텐츠가 해외로 수출되고 있다고는 하지만 정말 푼돈 규모죠. 〈메이플스토리〉가요, 미국에서 좀 벌어요. 그래 봤자 미국 게임 산업의 메이저 콘텐츠는 절대 아니죠. 한계가 있어요. 그럼 우리는 평생 메이저는 못 하는가에 대한 근원적인 질문이 늘 제 안에 있어요. 디즈니를 부러워하는 것과 같은 맥락이죠. 글로벌의 기준으로 보면 넥슨은 아직도 조그마한 회사에 불과해요. 넥슨이 한국 게임 시장에선 리더니까 리더답게 행동하라고 하면 그건 인정하지만, 밖으로 나가면 넥슨은 체력도 맷집도 턱없이 부족한 회사거든요. 진짜 훌륭한 게임 회사들이 도처에 널렸어요. EA만 해도 그래요. EA는 단순히 게임 몇 개를 갖고 있는 게 아니에요. 문화가 쌓여서 조직 안에 생존력과 경쟁력과 창의력이 생겼어요. 그래도 그런 회사 사람들이 넥슨에서 왔다고 하면 요즘은 만나주기는 해요. 닌텐도는 솔직히 잘 안 만나주지만. 그래도 이제 웬만한 회사의 회장님들과는 직접 연락이 되긴 해요. 〈파이널 판타지〉 시리즈를 만든 스퀘어 에닉스 회장님도 편지 보내고 그러면 몇 달 있다가 밥이나 한번 먹자고 답변이 오는 수준은 됐죠. 딱 그 정도.

신 창업자가 넥슨의 위상을 매출이나 순익이 아니라 다른 곳에서 찾는다는 게 더 흥미롭네요. 게임 업계의 선수들이 넥슨을 어떻게 대하느냐 혹은 넥슨을 만든 김정주를 어떻게 대하느냐에서 위상이 달라졌다고 느끼는군요. 회사의 성장을 평가하는 잣대가 지극히 개인적인 체험이라니. 수치가 아니라 사람이 기준인 거죠. 김정주답네요.

김 아직도 비서 통해서 연락하라거니, 만났을 때 무시하는 경우도 많아요. 그런 정도의 느낌이죠. 그래서 아직도 갈 길이 멀어요. 앞으로 10년은 더 굴러가야 뭔가 교류가 될 거예요. 가까운 닌텐도만 놓고 봐도 아직은 우리가 더 아쉽죠.

신 닌텐도와 넥슨의 결정적인 차이는 뭔가요?
김 역사와 문화죠.
신 덧붙이자면 경험이나 디테일인가요?
김 경험에서 나오는 디테일이겠죠. 그런 디테일들이 지금의 닌텐도를 만든 걸 테니까요. 설사 사람은 나가도 그런 경험의 디테일은 회사 어딘가에 남는다고 생각하거든요.

신 회사란 사람들의 디테일한 경험들이 모인 집합체라고 생각하시는군요. 누가 나간다고 해서 그런 경험이 사라진다면 그건 처음부터 온전한 회사가 아니었던 거고.

김 저는 이런 건 안 믿어요. 누구 하나만 '뻥' 잘해서 성장이 딱 되는 경우요.

신 기업한텐 지속 가능성이 있어야죠.

김 그러니까요. 회사뿐만 아니라 세상 모든 면에서 그런 우연은 없어요. 때론 시간이 필요하고 때론 피가 필요한 거죠. 오늘 당장 혁명을 했다고 해서 그냥 300년 가는 왕조가 될 수 있다고 생각하진 않아요.

신 넥슨은 어떤가요?

김 이제 저희는 겨우 21년 차인걸요.

신 남들 눈에 넥슨은 도쿄 증시에 상장한, 어마어마한 시가총액을 기록하는 회사 같아 보이지만 김정주가 보기엔 아직도 이 회사가 계속 갈 수 있는 체력이 있는 건지, 반짝하고 말지 모르겠다 싶은 건가요?

김 반짝은, 아니라고 생각해요. 닌텐도는 창업한 지 얼마나 됐나요?

신 화투를 만들던 때부터 셈하면 반세기 정도 됐네요.

김 반세기 된 회사에 비하면 체력이 훨씬 떨어지는 회사라고는 생각해요. 그렇다고 지금 상태가 나쁘다는 얘기는 아니에요. 21년 차의 가능성과 한계를 모두 지닌 회사란 거죠. 어디 가서 사고 한번 잘못 치면 망가질 수도 있는.

신 넥슨도 갑자기 매출이 폭증하면서 성장통을 겪은 적이 있었죠.

김 다른 회사들보다는 비교적 꾸준했어요. 갑자기 회사가 성장하면 내부에서 거품이 부글부글거리게 돼요. 회사가 절대로 쉬운 게 아니거든요. 성장하면 거품이 생기고 그걸 눌러서 3년 정도 끌고 가면 다시 터지기 일보 직전까지 가고, 또 누르고, 그렇게 끌고 나가야 힘이 있는 회사가 되는 것 같아요.

신 넥슨의 체력은 어떻게 해야 강해질까요? 상장을 했는데도 아직도 모자라니. 어떻게 끌고 가야 하는 겁니까?

김 제가 어디까지 넥슨을 끌고 갈지는 잘 모르죠. 제가 10년쯤 더 하고 나서 회사의 주인이 바뀌고 그러면서 성장해나갈지도 모르죠. 회사를 경영하면서 길을 몰라서 어려웠던 적은 없는 것 같아요. 답은 늘 있죠. 어떤 답을 선택할지가 고민이죠. 회사의 백년대계 큰 그림은 이미 다 있는 것 같아요. 제가 100년을 못 사니까 아쉬울 뿐인데 욕심은 나요. 제주도 NXC를 찾아오면 다들 왜 제주도에 〈카트라이더〉 테마파크를 안 짓느냐고 그래요.

신 진짜 왜 안 짓죠? 디즈니 같은 기업을 꿈꾸신다면서요.

김 그게 역사책을 보면, 오늘 하면 안 된다고 적혀 있거든요. 앞으로 20년쯤 더 지나서 더 많은 똘똘한 게임 IP^{지적 재산권}가 더 있어야 하는 거죠. 지금 욕심을 부려서 제주도에 동네 카트장 서너 개 인수하는 것처럼 해선 안 된다고 써 있더라고요. 결국 절대 시간이 필요한 거죠. 저는 10년쯤 더 넥슨을 튼튼하게 만들고 빠지면 또 다른 친구가 와서 다음 단계로 넥슨을 도약시키는 거죠. 닌텐도의 〈슈퍼마리오〉 캐릭터와 우리가 가진 캐릭터의 파워 차이는 현격해요. 그런데 닌텐도도 아직 테마파크가 없잖아요. 저도 디즈니 수준까지 넥슨을 키워보고는 싶은데 인간 수명이 길지 않다는 게 아쉽죠. 그래도 우리 세대에서 성급하게 굴지 않고 참고 가면 넥슨은 거기까지 갈 수 있을 것 같아요.

신 그땐 누가 넥슨을 이끌고 있을까요?

김 모르죠. 사실 모든 회사는 결국엔 창업자가 한 번은 잘리든 물러나든 하게 돼 있어요. 그러곤 다음 도약기로 넘어가는 거죠. 전 잘리기 전에 한번은 해보고 싶은 게 있긴 해요.

신 혹시 하드웨어 쪽인가요?

김 그렇죠. 사실 여러 번 해봤어요. 봉제 인형도 만들어봤고 완구도 만들었고. 다 망해서 참고 있는 거예요. 그렇게 창업자가 도전했다가 실패하고 쫓겨나고 그러면 회사는 타인의 손에 의해 다른 방향으로 성장하고. 델이 그랬고, 스타벅스가 그랬고. 세가도, 아시잖아요?

신 따지고 보면 애플도 그랬죠. 창업자인 스티브 잡스가 쫓겨났었으니까. 다시 돌아왔지만.

김 저는 그런 걸 보면 두려워요. 역사는 되풀이되거든요. 내가 그걸 이길 순 없다고 생각해요. 전 잡스처럼 하고 싶진 않아요. 나갔다 들어오고 그런 건 하고 싶지 않거든요. 가까운 사람들이랑 가끔 얘기해요. 마지막에 꼭 하고 싶은 일은 못 하고 누군가에게 회사를 넘겨줘야 우리도 살고 회사도 산다고. 그땐 좀 건실한 친구한테 잘 주고 가자고.

신 지금 넥슨은 창업 초기처럼 대박이 나는 신작 게임을 만들 수가 없어서 노심초사하고 있어요. 말씀을 듣다 보니, 지금 넥슨이 봉착하고 있는 문제는 개발력의 한계가 아닌 것 같네요. 장기적으로 넥슨만의 DNA가 무엇이냐를 끊임없이 고민하고 있는 거죠. 그 DNA를 찾아내면 잠시 침체됐어도 얼마든지 부활할 수 있는 저력 있는 회사가 되는 거고 아니면 어렵고. 그 DNA는 20년 동안 넥슨이 거쳐온 역사 속 어딘가에 있을 수도 있는 거고.

김 예를 들어서, 좀 거칠게 말하면, EA는 훌륭한 회사지만 EA가 내는 게임이 다 훌륭한 건 아니잖아요. 그런데도 EA는 계속 가요. 그건 게임의 완성도를 넘어선 게임 회사의 저력 덕분이거든요. 조직원과 게이머들한테 널리 공유된 회사에 대한 믿음이나 기대 같은 게 있죠. 그게 회사의 진짜 가치라고 생각해요. 특정 게임 하나를 만들 수 있느냐 없느냐의 기술력 차이가 회사의 가치가 아니란 거죠. 그 진짜 가치를 잊어버리면 회사는 끝나는 거죠. 이건 사실 기술도 아니죠. 회사가 몸으로 익힌 것들이라서요.

신 일본에선 설명할 수는 없지만 습득되고 공유되고 전승되는 지식을 암묵지라고 표현해요. 넥슨의 DNA 혹은 넥슨의 암묵지, 뭐 그런 거겠네요.

김 넥슨만의 가치가 뭔지는 모르겠지만.

신 그게 있다고는 보시는 거죠.

김 제가 회사를 좋아하는 이유가 모든 회사에 그게 스며들어 있기 때문이에요. 사람과 사람 사이에 숨어 있는 뭔가. 말로는 설명할 수 없지만 분명 존재하는 기운. 참, 디즈니 본사 건물에 일곱 난쟁이가 사는 건 아세요? 디즈니는 일곱 난쟁이를 그만큼 소중히 여기는 거죠. 디즈니는 이것이란 거죠. 넥슨은 아직 그런 게 없어요. 거의 없다시피 하죠.

신 정말 디즈니처럼 되고 싶으신 거군요?

김 디즈니야말로 세상에서 제일 좋은 회사라고 봐요. 어떻게 100분의 1이라도 따라가 볼까 싶죠. 그런데 이건 길도 안 보여요. 그저 디즈니를 찾아만 가는 거죠. LA에 갈 때마다 노크하고. 맨날 찾아가죠. 그래도 요즘은 연락하고 찾아가면 밥은 사줘요.

신 디즈니의 누굴 만나세요?

김 누구든 만나주면 무조건 만나요. 가서 아무거나 우리한테 나눠 달라고 그래요. 노하우든 경험이든 그게 뭐든. 그랬다가 아무것도 안 주면 울면서 오고 그래요. 회장이 직접 맨날 나오진 않죠. 한 번 얼굴은 봤고 통성명은 했죠. 그 아래 정도까지는 그래도 연락하죠. 디즈니 애니메이션 파트를 제일 열심히 만나요. 아무래도 제 입장에선 디즈니의 애니메이션 노하우가 궁금하니까. 가끔 심각하게 만나자고 하면 오히려 안 만나줘요. 지나가다 들른 것처럼 해야 만나주죠. 잠깐 LA에 들렀는데 갈까? 와. 이런 식이죠. 사실 멀리 있는데도 비행기 타고 날아가요. 커피 한잔하려고.

신 요즘 한국의 게임 산업은 정체돼 있는 것 같습니다. 요즘 대작 게임들을 보면 과거의 성공을 재현하려는 경향이 있거든요. 자기 복제의 위험 징후가 있죠.

김 늘 새로울 순 없는 것 같아요. 새로운 트렌드도 찾아내야 하지만 조직 안에서 누군가는 망할 줄 알면서도 그걸 또 해야 해요. 그래야 조직이 지금의 트렌드를 인식하고 실패를 배우면서 진짜 미래를 준비할 수 있어요. 가끔 송재경한테 이렇게 압박해요. "넌 제임스 캐머런이야. 넌 새로운 트렌드를 좇는 게 아니라 하던 걸 계속해야 해. 그걸 대작으로 만들어야 해. 계속 「타이타닉」 같은 것에 도전해야 해. 죽으나 사나 넌 그거야. 다음에 또 하면 내가 돈도 빌려줄게." 재경이는 불쌍한 인생이에요. 잘못된 사이클에 걸려서 계속 대작을 만들어야만 하는 운명이 된 거죠.

신 게임 산업 전체가 그렇게 각자의 역할을 하면서 함께 성장하는 거군요. 그런데 정말 실패가 두렵지 않으세요?

김 〈카트라이더〉할 때 그랬어요. 정영석이라는 친구가 계속 게임을 말아먹고 있었거든요. 그러다 터진 거죠. 그럼 이젠 알잖아요. 실패에 일희일비하면 안 된다는 게 회사 안에 각인되는 거죠. 〈제라〉도 그래요. 당시 우리한텐 제일 큰 프로젝트였죠. 망했죠. 그럼 다시 처음으로 돌아가는 거죠. 그렇게 흘러가는 거죠.

신 김정주는 넥슨의 대주주지만 사실 한국 게임 산업 전체의 제작 총지휘executive producer에 가깝단 생각이 드네요.

김 그만하라고 하면 그러겠죠. 그나마 제가 다른 것보다 그건 잘하고 있는 것 같아요.

신 요즘 넥슨의 회사 분위기는 만족하세요? 넥슨에 입사하는 직원들은 뭘 원하는 걸까요? 게임을 만들고 싶은 열정에 휩싸인 걸까요? 아니면 넥슨이라는 대기업의 출입 카드를 가슴에 달고 다니고 싶어 하는 걸까요?

김 솔직히 저도 넥슨의 경영진들과 비슷한 생각이에요. 넥슨은 지금보다는 훨씬 더 창의적이어야 하죠. 그런데 조직이 커지면서 대기업병 같은 게 생긴 게 맞아요. 몰라서 못 막는 게 아니잖아요. 아는데 대책이 없죠.

신 넥슨의 대기업 병을 고칠 수는 없는 건가요?

김 제가 언제부터 이 회사는 내가 못 다닐 회사라고 느꼈느냐면, 극단적으로 얘기하면, 넥슨의 인원이 한 30명쯤 됐을 때였던 것 같아요.

신 30명이요? 너무 초창기인데요?

김 인간의 인지능력으로는 조직원이 30명을 넘어가면 이름을 다

기억하지 못해요. 100명 정도 될 때 정상원한테 회사를 맡겼죠. 그러다 회사가 동아리에서 기업으로 변모하는 시기가 있었는데 그땐 데이비드 리한테 맡겼죠. 그때 이미 난 못 한다는 생각이 있었던 것 같아요. 그렇다고 회사에 내가 못 한다고는 얘기할 수 없잖아요. 그러니까 자꾸 도망 다니는 거죠.

신 그래서 회사에서 아저씨라고 불러달라고도 하고, 머리도 노랗게 물들이고, 개발팀장을 자처하고 그러셨던 거군요.

김 모바일핸즈 같은 직원 10명짜리 회사를 이끈 적도 있어요. 지금도 그렇게 작은 조직으로 옮겨 다니고 있죠. 컴퓨터 박물관 만드는 일도 그렇게 적은 인원으로 하는 거고요. 그 이상의 조직이 되면 사실상 리더는 한계에 부딪혀요.

신 다음 세대한테도 다음 세대의 넥슨이 가능할까요?

김 충분히 가능할 거라고 봐요. 가능성도 높고. 그런 꿈을 꾸는 친구들을 제가 돕고 있어요. 두려워하면서.

신 어떻게 돕나요?

김 조언을 해주죠. 작은 수익에 만족하지 말고 회사를 더 크게 만들어보라거나. 돈 좀 벌었다고 차 사고 아파트 사고 코스닥 하고 그러지 말고 회사를 키워보라고 꼬시죠. 그리고 좋은 사람들이 있으면 그 길을 같이 걸어보라고 이야기해주죠.

신 김정주가 일하는 방식은 어떤 건가요?

김 그냥 저는 즐겁게 살아요. 아직도 불러주는 사람이 있는 게 즐겁고 제 일이 있는 게 즐겁고요. 이렇게 일도 하고 책도 내고 오늘 할 일이 있는 게 즐겁죠. 누가 나한테 어떻게 지금까지 버텼느냐 그러면, 늘 부담은 크지만 일에서 재미를 찾으려고 노력한다고 말해요. 그중 가장 큰 게 함께하는 사람들이죠. 좋은 사람이 있으면 일단 차에 태우고 물어봐요. 어디 좀 같이 가겠느냐고.

회사를 하는 건 지그소 퍼즐을 맞추는 것과 비슷해요. 옛날엔 그게 100조각짜리였으면 이게 200조각, 300조각짜리가 되는데 요즘 느끼는 건 이런 거예요. 마트에서 2만 원짜리 지그소 퍼즐을 사면 맞출 수가 있잖아요. 근데 이게 막 쌓여 있는데, 막상 맞추면 늘 안 맞고 조각 몇 개는 없어지고, 누가 갖다 버린 것 같고 그런 느낌. 어쨌거나 이렇게 안 맞는 퍼즐을 늘 하다가 제일 아까운 거는 그렇게 마지막 순간에 놓치게 된 사람들이죠.

신 예를 들면 어떤 사람들이죠?

김 정상원 씨한테 제일 미안하죠. 마지막 10년을 잘 버텼어야 했는데. 물론 다시 돌아왔지만요. 그리고 이승찬이는 나갔다 들어오잖아요. 그럴 때가 행복하죠. 회사를 떠나더라도 원한은 안 갖고 나가게 하고요. 언제든 다시 들어올 수 있게 문을 열어두죠. 또 나가년 뒤에서 냉장고도 보내고 소파도 보내고. 그래도 아직 저한테 응어리가 많은 사람들이 있을 거예요. 이 책에도 그런 내용들이 많이 들어갈 테고. 내 입장과 다르더라도 날것 그대로, 그렇게 나가는 것도 나쁘진 않겠다, 그것도 그 사람들이 보는 넥슨이고, 또 나름의 가치가 있으니까, 그렇게 생각해요. 사장은 뭐 그냥 씹히는 게 직업인 거예요. 사원들이 잘 씹으면 씹혀주면 되는 거예요. 내가 어떻게 다 잘해요. 정답이 없는데.

신 넥슨은 게임 생태계 안에서 중간 회수자 역할을 하고 있잖아요.

실리콘밸리의 구글처럼. 이쯤에서 넥슨에 회사를 팔아서 이 돈 받고 빠질까 하는 생각을 하게 만들죠.

김 이제까지는 꽤 그랬죠. 그것도 생태계보단 생존이 문제였죠, 이승찬한테 〈메이플스토리〉를 살 때도, 허민한테 〈던전앤파이터〉를 살 때도 결국 생존이 문제였어요. 결국 그런 딜을 성공시켜야 넥슨도 살아남는 거니까요. 살아남기 위해 덩치를 키우고, 경쟁자가 다시 파트너가 되고. 게임 산업 안에는 영원한 친구도 영원한 적도 없어요. 같이 가는 사이가 되는 거죠.

신 그렇게 큰 딜을 한다는 게 두렵지 않은가요?

김 두려워요. 늘. 그런데 제가 깡통 차는 건 전혀 두렵지 않아요. 원래 맨몸으로 태어났는데 돌아간다 해도 뭐 어때요. 회사 인수 합병이라는 게 물건 사는 거랑 다르잖아요. 제가 사러 간다고 살 수 있는 것도 아니고, 안 사겠다고 안 살 수 있는 것도 아니거든요. 뭐 언론에 나온 것처럼, 김택진 사장을 만나서 전격적으로 합의, 이런 건 절대 없어요. 10년 동안 매일 만나는 거예요. 술 사주기도 하고, 싸우기도 하고, 안 만나기도 하고, 놀기도 하면서. 결과는 하늘이 주면 하는 거예요.

신 데이비드 리가 그런 빅딜이 가능하게 회사의 근간을 만들었죠.

김 데이비드 시기에 회사가 완전히 바뀌었고 회사가 돈을 잘 끌어올 수 있도록 시스템을 완전히 구축했죠. 아주 튼튼한 회사를 만들어주고 나갔어요. 대단한 능력이죠. 인정해요. 그때 직원들이 많이 나가서 크리에이티브가 떨어지고 인수 합병에 의존하는 회사가 됐다, 그것도 인정하고요. 제가 그렇게 결정한 거죠. 회사가 이 정도 구조가 되면 더 이상 내부 개발에만, 이렇게 불확실한 것에만 의존한 채 안 되면 쪽박 차고 그럴 순 없어요. 그래도 내부 개발은 꾸준히 하죠. 저희가 전 세계적으로 개발자가 제일 많은 회사예요. 계속 노력하고 있어요.

신 하지만 넥슨은 꽤 오랫동안 침체기라는 얘기를 들었잖아요.

김 밖에서 침체기로 보일 때 사실은 뭔가 준비가 잘되는 시기라고 할 수 있어요. 뭔가가 빵 터져서 잘나간다고 하면 오히려 다음 게 없는 거겠죠. 그런 괴리가 늘 있는 거예요. 그래도 지금 침체기냐고 물어보시면, 제 생각엔 항상 침체기인 것 같아요. 넥슨은 정말 잘나가는 그런 회사는 아니에요. 한참 부족하죠. 아무도 안 할 것 같은 거, 그걸 해야 해요. 근데 그게 얼마나 불안한데요. 뭔가 우리만의 것을 내야 하는 거죠. 남들이 안 하는 시도를 해야 되는데 그게 굉장히 어려운 일이죠.

신 21년을 돌아보면서, 넥슨을 어떻게 평가하시는지도 궁금하네요.

김 그냥 제가 욕심이 많은 놈이라는 생각을 하죠. 근데 개인적 욕심은 아니에요. 회사가 10억일 때도 있었고, 97년인가? 100억이 넘어가던 순간이 넥슨에도 있었죠. 근데 비슷한 과정을 겪는 친구들을 보면 상장도 하고, 회사를 팔기노 하면서 가정 문제를 겪거나 삶이 변하는 것을 많이 봤어요. 저는 그동안 회사만 바라보며 살았거든요.(웃음) 사는 것도 비슷하고요. 그래서 저는 앞으로도 돈 때문에 변하고 살진 않으려고 해요. 그러면 너는 지금 매출이 1조나 됐는데 아직도 배고프고 욕심을 부려서 더 해먹으려고 하는 거냐 하고 물어볼지도 모르겠네요. 근데 사실 10조를 번다고 해도 제 삶은 특별히 달라질 게 없거든요. 대박 게임을 만들 때나 쪽박 게임을 만들 때나 그냥 게임이라는 어마어마한 시장에서는 영원한 승자도 패자도 없다는 생각을 해요. 그냥 열심히 기도하고 착하게 살고 빌고 살다보면 크게 망하지는 않겠지, 뭐 그런.

신 김정주에게 넥슨은 어떤 의미인가요?

김 무엇보다 넥슨은 창업 이래 많은 사람들의 인생과 함께해온 회사예요. 그러니까 넥슨은 이런 회사일 수도 있어요. 여러 사람들이 모여서 하고 싶은 일을 하면 인생이 즐거워질 수도 있다는 걸 보여준 그런 회사. 고생하고 괴롭고 실패할 수도 있지만 여러 명이 안 싸우고 버티면 좋은 회사 비슷한 걸 만들 수도 있고 돈도 벌 수도 있다는 걸 보여준 회사. 그냥 취직해서 사는 인생과는 다른 인생을 살 수도 있다는 걸 보여준 회사. 놀듯이 다니는 회사. 어떻게 이런 애들이 회사를 만들었지? 이렇게도 회사가 굴러가는구나, 어쩌면 우리도 할 수 있겠구나 하는 생각을 만든 회사. 그런 의미에선 넥슨이 단지 게임 회사만은 아니죠. 그래서 넥슨이 흘러온 이야기는 결코 김정주 혼자만의 이야기일 순 없어요. 함께한 모두의 이야기죠. 그리고 한국은 콘텐츠 비즈니스를 정말 잘해요. 자기 나라 영화를 50퍼센트 이상 소비하는 나라도 없고, 드라마 찍어서 전 세계에 파는 나라들도 없어요. 노래는 또 어떻고요. 그래서 그런 재능을 타고난 우리들이니까, 재미나게 한번 해봐라, 이런 거죠. 이 책 읽고, '삼삼오오 모여서 좋은 게임이라도 만들면 넥슨에서 연락 올지도 모른다' 생각해주면 좋겠어요. 최근에 그런 친구들을 도와주는 비즈니스를 미국에서 시작했는데 넥슨 초창기처럼 작은 방에서 서너 명이 모여서 같이 일하고 있어요. 얼마 전에 스페인 어느 시장통에서 발견한 게임을 사서 핀란드에 팔고 왔거든요. 그렇게 반짝반짝하는 친구들 도와주는 게 정말 즐거워요. 넥슨도 그렇게 누군가의 도움으로 지금까지 왔으니까요. 결국 혼자 할 수 있는 일은 없는 거죠. 아무것도.

사람, 돈, 경쟁,

그리고 바람에 관한 이야기

글 쓰고 그림 그려놓고 보니, 사람 사귀는 이야기가 되어버렸다. 어쩌면 당연한 것일지도 모르겠다. 어쨌든 회사에 관한 이야기니까. 회사를 만들고 키워온 과정의 이야기니까. 그 가운데 사람들이 나오고 그들이 어떻게 사귀었고 어떻게 헤어졌고 또 어떻게 재회하게 되었는지에 관한 이야기니까.

돈에 관한 이야기가 되어버렸다. 그것도 어쩌면 당연한 것일지도. 어쨌든 회사에 관한 이야기니까. 돈을 벌고 돈을 쓰는 회사에 관한 이야기니까. 그 가운데 누가 얼마를 더 벌었고, 누가 얼마를 더 벌길 원했고, 또 생각처럼 더 많이 벌지 못하게 되었을 때 어떻게 우왕좌왕하는지에 관한 이야기니까.

경쟁의 두 얼굴에 관한 이야기가 되어버렸다. 경쟁은 순수하면 성장을 위한 양분이 되고 자정을 위한 햇살이 되지만, 변질되면 맹목적인 이전투구가 된다. 경쟁을 오염시키는 것은 물론 돈이다. 경쟁은 그 옛날

대검을 차고 허세를 부리던 귀족들이 역사의 뒤안길로 사라지면서 부르주아 시대에 떨어뜨리고 간 희비극의 원석이다. 게임에도 경쟁이 있고 게임을 만드는 사람들과 회사들 사이에도 경쟁이 있다. 넥슨이 겪어온 21년의 세월이 마치 하나의 게임 서사 같았다. 재미도 있고 낭만도 있던 때와 왠지 우울하고 답답한 때가 나뉘는 건 역시나 돈과 관련 있다.

그리고 그 모든 것들보다 먼저 있었던 바람에 관한 이야기가 되었다. 목표에 구속된 채 욕망했다기보다 자유롭게 바랐던 것, 그래서 누렸던 것. 그 시절을 겪은 이들이 기억하고 있는 것들에 관한 이야기가 되었다.

당사자들이 전하는 이야기들 속에서 진술한 부분을 어떻게든 골라내면서 글을 쓰고 그림을 그리다보니 사람 사귀기, 돈, 경쟁, 바람, 한데 뒤섞여 있던 그것들이 따로 떨어져 보였다. 따로 놓고 보니 전에 없던 애정도 생기나보다. 이야기 속에 나온 사람들도 회사도 게임도 그리고 이 책을 읽는 사람들도 다 잘되었으면 좋겠다.

2015년 남자는 역시 가을

김재훈

플레이

게임 키드들이 모여 글로벌 기업을 만들기까지,
넥슨 사람들 이야기

1판 1쇄 펴냄 2015년 12월 4일
1판 5쇄 펴냄 2022년 3월 10일

지은이 김재훈, 신기주
발행인 박근섭, 박상준
펴낸곳 (주)민음사
출판등록 1966. 5. 19 (제16-490호)

서울특별시 강남구 도산대로1길 62(신사동)
강남출판문화센터 5층 (우편번호 06027)
대표전화 02-515-2000
팩시밀리 02-515-2007

ISBN 978-89-374-3234-7 03320

* 잘못 만들어진 책은 구입처에서 교환해 드립니다.